# 美術のレシピ

―全国の中学校美術実践事例集―

日本文教出版編集部　編

## 本書について

本書は，現在全国の先生方が行っている「中学校美術」の実践事例を紹介するものです。学年別の３部構成で，各題材は「絵や彫刻など」「デザインや工芸など」の二つの分野にわけています。

「美術」の学びを通して，生徒たちにどのような力を身につけさせたいのかを示しています。

本書を参考にされ，ご自身の授業を通じて，生徒たちが美術のすばらしさを味わい，成長する様子を実感していただければ幸いです。

日本文教出版編集部

## もくじ

### 1年 … 3

**絵や彫刻など**
- 輝く春に思いをのせて … 4
- 詩画　〜私の大切なもの〜 … 6
- 私の木 … 8
- フレッシュピーマン　〜本物そっくりにつくろう〜 … 10
- 目と手と心で表そう　〜そっくりアート〜 … 12
- 想像の翼を広げて　〜木材に命を吹き込もう〜 … 14
- 髙山辰雄の作品を通して … 16
- わたしの大切な人 … 18
- 一瞬を表す　〜「思い」を表現しよう〜 … 20
- 木版画のイメージをかえて … 22
- クレイアニメーションに挑戦 … 24
- 芸術家の生き方　〜ピカソを知ろう，ピカソになろう〜 … 26

**デザインや工芸など**
- 和の風を感じよう … 30
- 魚の平面構成を用いた下敷きづくり … 32
- 粋にならべて，日本を感じて　〜マイ手ぬぐいへのデザイン〜 … 34
- 生活を豊かに　〜形や色彩，文字のデザインを工夫して〜 … 36
- 手づくり文字で遊ぼう … 38
- 音を感じて文字で表そう … 40
- 文字で伝える … 42
- 文字を感じて　〜感性の言葉　オノマトペ〜 … 44
- 千年の輝き！　私のメタル家紋をつくろう … 46
- グリーティングカード　「ありがとう」を贈ろう … 48
- アイヌ文様を生かした木彫リコースター … 50
- 革に親しむレザークラフト … 52
- 広がれ！藍色の小宇宙　〜藍染を楽しむ〜 … 54
- 灯りのデザイン　〜和傘アートライト・桜中工房〜 … 56

### 2年 … 59

**絵や彫刻など**
- 抽象を撮る　〜写真を表現する抽象表現〜 … 60
- 「不思議な空間」や「時の流れ」を感じさせる写真　〜フォトコラージュによる表現〜 … 62
- 心に残った風景（日本の四季）… 一版多色木版 … 64
- 頑張っている自分と頑張れない自分　〜手のある自画像〜 … 66
- 紙でつくる食べ物オブジェをつくろう … 68
- 飛びだせ　MY WORLD … 70
- 学校での自分，いま考えていることの像 … 72
- 墨がくすぐる感性・墨で表す小宇宙 … 76
- 水墨によるスケッチ … 78
- 墨で楽しく表現する　〜郷土をテーマに〜 … 80
- 日本画に挑戦　〜My"Cool Japan"〜 … 82

**デザインや工芸など**
- みんなで楽しくミニ面づくりをしよう！ … 84
- マスク＜仮面＞で変身！　〜構成美の要素・美の秩序を基本として〜 … 86
- 日本的な和の空間を味わう … 92
- コマーシャル映像から発見！ … 94
- 環境問題について考えてみよう … 96
- 自分でプロデュースする本　〜こんな装丁が並んだら〜 … 98
- お菓子のパッケージデザイン … 100
- 越前和紙を生かしたランプシェードをつくろう … 102
- 生活を彩る明かり … 104
- オリジナルキーホルダー＆ストラップをつくろう！　〜「イメージ」で自分を表現しよう〜 … 106
- 願いを叶えるお守り石 … 108
- 誰かのための椅子 … 110
- 「使える」スプーンをつくろう … 112
- 私だけの箸置きづくり … 114
- うるし様文様小箱 … 116
- 伝統工芸に触れる　〜漆塗りのほう箱づくり〜 … 118

### 3年 … 121

**絵や彫刻など**
- 自画像　〜15年間の技を結集して自分を表現しよう〜 … 122
- 自己との対話 … 124
- 素材から広がる世界「いりこの詩」（色紙画） … 126
- 社会の不安や矛盾を基に … 128
- 墨で表すわたしの短歌の世界 … 130
- キュビスムで描く構想画　〜写実から抽象へ・誰にでも描ける抽象画〜 … 132
- わたしが出会う「私の世界」 … 134
- 抽象彫刻に挑戦！！ … 136
- パブリック・アートに挑戦　〜札幌の街に彫刻を〜 … 138
- 植物を基にした抽象彫刻をつくろう … 140

**デザインや工芸など**
- 交いの美を見つめて　〜甲斐絹の美しさ〜 … 142
- 目指せ！ネイルアーティスト … 144
- 長崎くんちん手んげんばプロデュースすうで　〜長崎くんち手ぬぐいをプロデュースしよう〜（版画） … 146
- 卒業制作　ポップアップブック … 148
- 標識で案内！　安全に○○中学校へ避難 … 150
- 校内に，こんなピクトがあったらいいな … 152
- ワンルーム・マイ・ミュージアム … 154
- 卒業記念制作　〜自分だけの手づくりアクセサリーをつくろう〜 … 156
- 手鏡づくり … 158
- きみもデザイナー … 160
- おもてなしを彩ろう！！　〜紙でつくるナプキンリング〜 … 162

# 1年

# 輝く春に思いをのせて

第1学年　　A 表現 (1)(3)　　B 鑑賞

時間数 **7** 時間

## 題材設定の理由

期待と不安に胸躍らせる春。中学に入り，美術という新しい授業が始まる。図工との違いに戸惑いながらも，どのような学びがあるのか，難しくても頑張りたい気持ちが膨らむ。

新しいスタートのこの時期は，自然物に感情を見い出しやすく，自己との思いを重ね合わせやすい。

特に，校庭に咲く美しい花や，春の日差しの光の中で，力一杯伸びようとする植物に自分の姿が重なって見えてくるだろう。

さて，今回の作品づくりのベースとなるスケッチ学習は，それ自体が表現の喜びを味わえ，見る力や感じる力，考える力，描く力を育てる上，あらゆる場面でも必要となってくる。また，完成作品からは，新しい友人たちの見方や感じ方の違いも楽しめ，仲間を知る上でも効果的である。

## 準備物

（教師）参考資料，画仙紙，墨汁，筆（面相筆，彩色筆），透明水彩絵の具，はさみなど
（生徒）スケッチブック，鉛筆など

## 学習目標

○対象を見つめ，感じ取った形や美しさを基にスケッチを重ね主題を生み出す。
○スケッチしたものから，表現意図に応じて創意工夫を行い，心豊かな表現の構想を練る。
○描画材料（筆・墨汁・絵の具・画仙紙）の特性を生かし，言語活動（言葉や文章）を取り入れながら，創造的に表現する。
○完成した作品を鑑賞し合い，表現意図や工夫，それぞれのよさについて感じ取り，見方を広げ味わう。

## ［共通事項］の例

形や色彩の特徴や材料などがもたらす感情や対象のイメージをとらえる。

## 評価規準

| 評価の観点 | 各観点の評価規準例（B） | Aと評価するキーワードの例 |
| --- | --- | --- |
| 美術への関心・意欲・態度 | 身近なもののイメージを基にした表現に関心をもち，主体的に創意工夫して表したり，表現の工夫を感じ取ったりしようとしている。 | 継続的に意欲をもちながら |
| 発想や構想の能力 | 身近なものから感じ取った色彩の特徴や美しさなどを基に主題を生み出し，創造的な構成を工夫し，構想を練っている。 | 主題を生かす効果的で創造的な構成を工夫し |
| 創造的な技能 | 表したい身近なもののイメージをもちながら描画材料の特性を生かし，創意工夫して表現している。 | 材料の特性を効果的に生かし |
| 鑑賞の能力 | 造形的なよさや美しさ，身近なもののイメージを基にした主題と表現の工夫などを感じ取り，自分の思いや考えをもって味わっている。 | 広い視点から感じ取り<br>深く感じ取り |

## 学習の流れ

関…美術への関心・意欲・態度　発…発想や構想の能力　創…創造的な技能　鑑…鑑賞の能力　【　】…評価方法

絵や彫刻など　表現　1年

| 活動内容 | 指導者の働きかけ | 評価 | 留意点及び評価方法など |
|---|---|---|---|
| **導入1（鑑賞）30分**<br>● 春を感じる自然の変化について考え発表し合う。<br>● 今の自分を見つめながら，植物に思いを巡らす。<br>● 先輩たちの作品を鑑賞し，課題を確認する。 | ● 春を待ちわびていた植物の力強さと「中学生になって」という生徒作文から，頑張りたい気持ちを引き出していく。<br>● 自分と重なる植物の姿や先輩たちの表現の工夫，様々な視点等，理解を深め意欲をもたせる。 | 関<br>鑑 | 【鑑賞の様子】<br>【発言内容】 |
| **導入2（次回の内容把握）20分**<br>● 次回の取り組む内容を確認。<br>● スケッチとは何かを学ぶ。<br>● スケッチのコツについて学ぶ。<br>● 5分スケッチを行う。 | ● 今後2時間，スケッチを行うが，時間の取り決めや具体的なやり方を確認させる。<br>● スケッチは似せることではなく，じっくり見て特徴をつかむことを教え，参考例を見せる。 | 発 | ● 規律と授業内容等，次回の確認。<br>● 1時間（50分）の中で7分スケッチを3回，植物を変え3枚用紙を使う。<br>【学習の態度】 |
| **展開1（スケッチ）100分**<br>● 1回目は，短い時間に慣れようと主体的に描くことを目標にスケッチ力をつける。植物の特徴をとらえながら形の面白さに気づく。<br>● 2回目は，スケッチを楽しめるように，これまでの視点を変え，言葉も想像しながら描く。 | ● 1回目は，時間をフルにいかし，躊躇せず描くことを促す。<br>● 植物の特徴や違いを確認し，描き分ける工夫を促す。<br>● 2回目，虫の視点や植物の気持ちになって楽しみながら描く。<br>● 授業内で納得のいかなかった者は，次回までに家でスケッチを数枚，描いてくる。 | 発<br>創 | 【制作の様子】<br>【制作途中の作品】<br>● 1回目，2回目のスケッチを終え，美術室へ戻った後は，みんなでスケッチを鑑賞し合う。 |
| **展開2（下書き）50分**<br>● これまでのスケッチを基に，画仙紙に下絵と言葉のバランスを考えて描く。気持ちを込めながら，自分の思いを言葉にし，味わいのある字で表現していく。 | ● 自分の思い，表現意図に応じた表現の工夫，全体と部分構成，大きさや配置等について参考例等で触れる。なお，自分の思いを言葉で表現する際，説明的にならないよう，シンプルにまとめさせる。文字より絵がメイン。 | 発<br>創 | 【制作の様子】<br>【制作途中の作品】 |
| **展開3（墨書き・彩色）100分**<br>● 本番用紙前に練習し，描画材料の特徴を学ぶ。<br>● スケッチの鉛筆書きの上を墨でなぞり，文字をなぞって絵の具（三原色カラー）で彩色する。 | ● 薄墨と濃墨を用意し，水の分量，筆の線の強弱やスピードといった効果的な表現や筆の持ち方等を確認する。<br>● 事前に墨汁と筆を用意し，下書きを終えた者から取らせ活動させる。 | 発<br>創 | 【制作の様子】<br>【制作途中の作品】<br>● 彩色では，三原色カラーを使い，白の絵の具を使わず，用紙の白を生かす。 |
| **まとめ（鑑賞）50分**<br>● 作品の紙枠を葉っぱの形にはさみで切って，名札を付ける。<br>● 友人の作品を鑑賞し合い発表する。 | ● でき上がった作品から黒板に展示し，自由に鑑賞させる。 | 関<br>鑑 | 【鑑賞の様子】<br>【発表内容】 |

# 詩画 ～私の大切なもの～

第1学年　A 表現(1)(3)　B 鑑賞

時間数　**6**時間

### 題材設定の理由

本校では，入学後最初の授業で自分の手や運動靴などの素描を経験し，スケッチの基礎を学ぶようにしている。その応用として詩を入れた静物画を描き，達成感を味わわせたいと考えている。また着彩については小学校で使い慣れている水彩絵の具を使い，絵の具の使い方も確認するようにしている。

本題材は，自分の大切にしているものの中からモチーフとして1点を選んで持ってくる。そして，モチーフに対する思いを，詩に表すことで明確にするとともに，自分の内面をも見つめることができる。これは絵画表現においても思いの表出につながり効果的であると考える。さらには互いの作品を鑑賞することで内面を知り，互いのよさに気づき相互理解することが期待できる。

### 準備物

(教師) パソコン，プロジェクター，参考作品，画用紙など
(生徒) 教科書，筆記用具，モチーフ（自分の大切にしているもの），水彩絵の具など

### 学習目標

○絵と詩の関係に興味をもち，表現する喜びを味わう。
○モチーフを見つめ特徴をとらえて表現する。
○友だちの作品を鑑賞し，作品のよさや友だちの思いに気づく。

### [共通事項]の例

形や色彩，詩などの特徴や感情に着目し，それらの効果を生かして表現する。

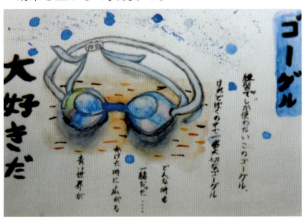

作品例

### 評価規準

| 評価の観点 | 各観点の評価規準例（B） | Aと評価するキーワードの例 |
|---|---|---|
| 美術への関心・意欲・態度 | 詩と絵を組み合わせた表現に関心をもち，主体的に創造的な工夫をして表したり，友だちの表現の工夫や内面を感じ取ったりしようとしている。 | 継続的に意欲をもちながら自主的に必要な資料を用意するなど |
| 発想や構想の能力 | 自分が大切にしているものに対する思いを基に主題を決め，詩と絵の配置を考え，構想を練っている。 | 主題を生かす効果的で創造的な構成を工夫し |
| 創造的な技能 | 表したい詩画のイメージをもちながら描画材料の特性を生かし，創意工夫して表現している。 | 描画材料の特性を効果的に生かし |
| 鑑賞の能力 | 造形的なよさや美しさ，創造的な表現の工夫などを感じ取り，自分の思いや考えをもって味わうとともに友だちの内面のよさにも気づいている。 | 広い視覚から感じ取り 深く感じ取り |

## 学習の流れ

関…美術への関心・意欲・態度　発…発想や構想の能力　創…創造的な技能　鑑…鑑賞の能力　【　】…評価方法

絵や彫刻など　表現　1年

| 活動内容 | 指導者の働きかけ | 評価 | 留意点及び評価方法など |
|---|---|---|---|
| **導入（鑑賞）50分**<br>● モチーフの確認。<br>● ワークシートの記入（詩を考える）。<br>● モチーフを机の上に設置する。 | ● 事前に自分の大切にしているものから1点を選び，モチーフとして持ってくるように伝えておく。<br>● モチーフに対する「思い」をワークシートに記入してから，詩を考えさせる。<br>● 自分のモチーフを机上にどのように置いて描くかや詩と絵を画面のどこに配置するかを工夫させる。 | 関 | ● 事前に参考作品を見せ，作品のイメージをもたせる。<br>【学習の態度】<br>● 持ってきたモチーフがなぜ大切なのかを考えることで，自分を見つめるようにさせる。<br>【ワークシートの記述】 |
| **展開1（制作）100分**<br>● 鉛筆で形をとらえる。<br>● 鉛筆で詩を下書きする。 | ● モチーフをしっかりと見て細部や影をとらえるようにさせる。<br>● ワークシートに書いた詩を画面の中に下書きさせる。 | 関<br>発<br>創 | 【制作の様子】<br>【制作途中の作品】<br>● 詩の位置と文字の大きさ，画面全体のバランスを意識させる。 |
| **展開2（制作）100分**<br>● 水彩絵の具で着彩する。 | ● 美しく丁寧に仕上げられるように，基本的な絵の具や筆の扱い方について確認をする。<br>　・水の分量<br>　・筆の持ち方<br>　・パレットの使い方<br>　・ぞうきんの使い方<br>　　　　　　　　　　など | 発<br>創 | 【制作途中の作品】 |
| **まとめ（鑑賞）50分**<br>● 自分の作品について，思いや工夫した点をカードに記入する。<br>● 教室内で掲示し相互鑑賞をする。<br>● メッセージカードを記入し，交換する。 | ● 制作を振り返らせる。<br>● 友だちの作品を見て美しさや工夫のよさ，内面についてなど感じ取ったことを鑑賞カードに記入させる。<br>● メッセージカードに友だちの作品のよさや共感できる思いなど，内面について気づいたことを書き交換させる。 | 関<br>鑑 | 【鑑賞の様子】<br>【鑑賞カードの記述】<br>● 友だちの思い，作品の美しさや工夫のよさ，表現の面白さを感じ取らせる。<br>● 作品を鑑賞することで友だちの内面を知り，互いのよさに気づき合うよう助言する。<br>● メッセージを伝え合うことで達成感を味わわせる。 |

# 私の木

第1学年　A 表現 (1)(3)　B 鑑賞　時間数 9時間

### 題材設定の理由

小学校高学年〜中学生の時期になると，苦手意識から意欲をなくしたり，友だちの目を気にしてのびのびと制作できなかったりする生徒が増えてくる。特に具象的な絵画表現の領域において，より写実的な絵を描きたいという欲求が自然発生的に生まれ，描きたい絵と自分の描画技術とのギャップがあまりにも大きいために意欲をなくしてしまう生徒を多く見かける。本題材は，そういった『美術が苦手な生徒』にスポットを当て，のびのびと楽しく制作する中で『描くとはどういうことか』ということをもう一度捉え直させることをねらいとしている。特に，形を正確に捉えて細かい部分まで丁寧に描くということが苦手な生徒に，光と陰（明るい部分と暗い部分）を意識して描くという造形的なものの見方やとらえ方を与え，混色や筆のタッチを生かした描き方を指導することで，写実的でなくても魅力的な作品に仕上がるように，様々な描き方に取り組ませたい。

### 準備物

(教師) ワークシート（スケッチ用），画用紙，プロジェクター，パソコン，デジカメ，樹木の写真，刷毛，ワークシート（鑑賞）など

(生徒) 鉛筆，教科書，資料集，水彩絵の具（ポスターカラー）など

### ［共通事項］の例

形や色彩，光などの性質や感情に着目し，それらの効果を生かして表現する。

### 学習目標

○身近な樹木を見つめて，感じ取った形や色彩の特徴や樹木から受ける印象などを基に，主体的に主題を生み出す。
○水彩絵の具（ポスターカラー）の性質や技法（混色，重ね塗り，筆のタッチ）を理解する。
○学んだ技法を生かし，混色や筆遣いを工夫しながら樹木のもつ魅力や印象を表現する。
○友だちの作品から表現の意図や工夫，造形的なよさや美しさを感じ取り味わう。

### 評価規準

| 評価の観点 | 各観点の評価規準例（B） | Aと評価するキーワードの例 |
|---|---|---|
| 美術への関心・意欲・態度 | 樹木から感じ取ったことを基にした表現に関心をもち，主体的に創意工夫して表したり，表現の工夫を感じ取ったりしようとしている。 | 継続的に意欲をもちながら 自主的に必要な資料を用意する など |
| 発想や構想の能力 | 樹木を見つめ感じ取った形や色彩などを基に主題を生み出し，創造的な構成を工夫し，表現の構想を練っている。 | 主題を生かす効果的で創造的な構成を工夫し |
| 創造的な技能 | 表したい木のイメージをもちながら描画材料の特性を生かし，創意工夫して表現している。 | 描画材料の特性を効果的に生かし |
| 鑑賞の能力 | 友だちの作品を鑑賞し，作者の表現の意図や工夫，造形的なよさや美しさを感じ取り，自分の思いや考えをもって味わっている。 | 広い視覚から感じ取り 深く感じ取り |

## 学習の流れ

関…美術への関心・意欲・態度　発…発想や構想の能力　創…創造的な技能　鑑…鑑賞の能力　【 】…評価方法

**絵や彫刻など　表現　1年**

| 活動内容 | 指導者の働きかけ | 評価 | 留意点及び評価方法など |
|---|---|---|---|
| **導入（鑑賞，スケッチ）100分**<br>● 絵本『木』を鑑賞し，主題をもって描くということを知る。<br>● 身近な樹木を観察し，表現したい部分に焦点を当ててスケッチする。 | ● 今回の題材では，写真のように対象を正確に写すのではなく，木から受ける印象や感じたことを大切に描くことを伝える。その際に，木の一部分に着目して描かせる。<br>● 木の一部分に着目して描くということをわかりやすく伝えるために，佐藤忠良画の絵本『木』を鑑賞する。<br>● スケッチを描かせる時に，後に絵の具で描く際の手がかりになるように，絵だけでなく言葉で木の印象を書かせるようにする。 | 関<br>発 | 【活動の様子】<br>【スケッチ】<br>● 写実的に描くことに集中してしまわないように，木から受ける印象を大切にさせながらスケッチさせる。 |
| **展開1（技法の練習）100分**<br>● 4人グループになり，混色で木の幹の色，葉の色をつくる体験をする。<br>● 水彩絵の具の様々な描画方法を知る。 | ● 緑，黄緑，茶色，黒の絵の具を使用しないで，幹の色，葉の色それぞれで，光が当たっているところの明るい色，陰になっているところの暗い色の計4色をつくらせる。<br>● 班ごとに樹木の写真を配布し，どの班が一番自然な色をつくれるか競争しながら楽しく練習させる。<br>● 鉛筆で下描きをせずに，直接絵の具で描画する描き方を黒板で実演し，絵の具の水分の量，筆の使い方を変えた様々な描画方法を紹介する。 | 関<br>創 | 【活動の様子】<br>【練習用紙】<br>● 話し合いの中で，混色の可能性を追求させる。 |
| **展開2（制作）200分**<br>● 樹木を水彩絵の具で表現する。 | ● 自分の表現したい内容に合わせて，画用紙のサイズを選ばせる。<br>● 細かい表現が苦手な生徒には，大きな画用紙に描くよう指導する。<br>● 必要な生徒には，刷毛を貸し出す。<br>● 試し描きの用紙を充分な量用意し，色やタッチを試してから描くようにさせる。<br>● 光と陰（明るい部分と暗い部分）を意識し，色調が全体的に平滑にならないよう指導する。 | 発<br>創 | 【制作の様子】<br>【制作途中の作品】<br>● 可能な限り個別指導し，個々の表現内容に合わせた技術指導を心がける。 |
| **まとめ（鑑賞）50分**<br>● 完成作品を相互鑑賞する。 | ● クラス全員分の作品を床に並べて，ギャラリートークを行う。<br>● その後，自分の気に入った作品を3点選ばせて感想を書かせる。 | 関<br>鑑 | 【鑑賞の様子】<br>【ワークシートの記述】<br>● 最初に全体で意見を出させ，様々なよさがあることを発見させる。 |

# フレッシュピーマン～本物そっくりにつくろう～

**第1学年** | **A 表現 (1)(3)** | **B 鑑賞** | **時間数 10時間**

## 題材設定の理由

本校周辺には農耕地が広がり，町の基幹作物である野菜が身近に栽培され，地元商工会は色とりどりの野菜を県内外へＰＲしている。中でも本町産のピーマンは明らかに他県の物とは違って肉厚で，鮮やかで深い緑色である。意外にも生徒たちはその違いを知らない。調理されたものは目にしても，実物を手にとって見ることがないからであろう。そこで，違いのはっきりした他県のピーマンと地元産のピーマンをスケッチや立体につくる活動を通して，見つめ感じ取った形や色彩の特徴や美しさを基に，力強く成長する姿などを見い出し，自然物の形や色彩の表し方を身につけさせたい。また，本物そっくりにつくり出すという具体的な目標を意識させることで，しっかりと見つめて表現する態度を育てたい。

## 準備物

（教師）ピーマン，紙，基本立体（石膏），加工粘土，粘土ベラ，ワークシート，ドライヤー，筆洗，ワックス（水性ニス），付箋紙（鑑賞），ビニール袋など
※ピーマンは３回用意する。
（生徒）スケッチブック，教科書，筆記用具，アクリル絵の具セットなど

## 学習目標

○対象をじっくりと見つめて表現しようとする。
○全体と部分の形を見ながら，立体に表現するための構想を練る。
○混色をしながら色彩を探すなど，創意工夫して表現する。
○身近な野菜など，自然物を観察しよさや美しさを感じ取る。

## [共通事項]の例

ピーマンの形や色彩の特徴などを基に，対象のイメージをとらえる。

作品例

## 評価規準

| 評価の観点 | 各観点の評価規準例（B） | Ａと評価するキーワードの例 |
|---|---|---|
| 美術への関心・意欲・態度 | 身近なものの立体表現に関心をもち，主体的に創意工夫して表したり，表現の工夫などを感じ取ったりしようとしている。 | 継続的に意欲をもちながら<br>自主的に必要な資料を用意するなど |
| 発想や構想の能力 | 対象を見つめ感じ取った形や色彩，質感の特徴や美しさなどを基に主題を生み出し，創造的な構成を工夫し，立体に表現するための構想を練っている。 | 独創的な構成を工夫し<br>全体のかたまりをとらえて |
| 創造的な技能 | 表したい対象のイメージをもちながら，粘土や絵の具などの特性を生かし，創意工夫して表現している。 | 材料や絵の具などの特性を効果的に生かし<br>用具の特徴を生かし |
| 鑑賞の能力 | 造形的なよさや美しさ，対象物のイメージ，主題と表現の工夫などを感じ取り，自分の思いや考えをもって味わっている。 | 深く感じ取り<br>細部の違いに気づいて |

## 学習の流れ

関…美術への関心・意欲・態度　発…発想や構想の能力　創…創造的な技能　鑑…鑑賞の能力　【　】…評価方法

絵や彫刻など　表現　1年

| 活動内容 | 指導者の働きかけ | 評価 | 留意点及び評価方法など |
|---|---|---|---|
| **（前時の学習）100分**<br>● ピーマンをスケッチする。<br>● 水彩で彩色をする（他県産のピーマン）。 | ● 手にとって見つめさせる。<br>● 好きな角度からスケッチさせる。<br>● 三原色の混色によって，見比べながら彩色するようにさせる。 | | ● 形や色の違い等に気づかせる。<br>● パレット上で混色したり，画面上で重色の効果を生かしたりして表現させる。 |
| **導入（鑑賞）100分**<br>● いろいろな野菜の形の特徴に気づく（発表）。<br>● 野菜を基本形で分類する（発表）。<br>● ピーマンの「かたまり」を見つめ，スケッチブックに鉛筆デッサンをする（本町産のピーマンで）。 | ● いくつかの本物の野菜を提示し，形の面白さや違いを発表させる。<br>● 球体，円柱，円錐のどの形に近いか分類させる。<br>● ピーマンを配布し，柔らかい白紙でくるんで，デッサンをさせる。 | 関<br>発 | ● 野菜は各種1個ずつでよい。<br>【発表の様子】<br>● 単純な形（基本立体）に分類させることで全体の形をおおまかにとらえさせる。<br>【デッサン】<br>● 紙にくるんで全体の形を一つのかたまりとしてとらえさせる。 |
| **展開1（粘土成形）100分**<br>● 加工粘土でピーマンをつくる。<br>（本町産のピーマンで） | ● 今日の2時間で粘土を完成させる<br>● 全体の形からつくり，部分と交互に見ながら成形を進めさせる。<br>● ヘラ等も利用させる。<br>● 清掃を分担してさせる。<br>※未完成はビニール袋に入れて保管 | 発<br>創 | ● 新しい，地元産のピーマンを用意する（1～2人で1個）。<br>【制作の様子】<br>【制作途中の作品】<br>● 削ったり，付けたりする。<br>● 指に水をつけ撫でるなどして表面を仕上げさせる。<br>● 袋に入れずに乾燥させる。 |
| **展開2（彩色）100分**<br>● アクリル絵の具で彩色する。<br>（本町産のピーマンで） | ● スケッチの際の彩色を念頭に，実物と見比べながら彩色させる。<br>● 凹凸による色の変化を観察させて，混色を工夫させる。<br>※彩色の段階で本物を見ない生徒が多くなるので，しっかりと観察をさせたい。 | 発<br>創 | ※新しいピーマンの色を参考にして彩色させる。<br>● 重色は下が乾いてから。<br>【制作の様子】<br>【制作途中の作品】<br>※ドライヤーを使うと，乾きが早く，次の塗り重ねがやりやすい。 |
| **展開3（仕上げ）50分**<br>● 布で磨いて仕上げる。 | ● ワックスをつけて，軽く磨かせる。<br>● だんだんと光沢が出てくるので，根気よくさせる。 | 創 | ●（水性ニスで仕上げてもよい。）<br>【作品】<br>● 丁寧に，光沢を出させる。 |
| **まとめ（鑑賞）50分**<br>● 鑑賞会を行う。<br>● 友だちの作品のよさ，工夫の跡を付箋紙に書く。<br>● 作品とワークシートを持ち帰り，家族の反応を見て，感想を記入してもらう。 | ● コメントは具体的に書くように，付箋紙には記名させておく。<br>● 自分の感想，反省を記入する。<br>● 作品を持ち帰り，家族の感想も書いてもらう。 | 鑑 | 【ワークシートや付箋の記述】<br>● コメントは，グループ全員へ＋気に入った10名程度（実際，全員に書く生徒が多い）。<br>● 持ち帰りの際は，ビニール袋に入れて，テープで留め，家族の反応を見させる。 |

# 目と手と心で表そう～そっくりアート～

**第1学年**　　**A 表現 (1)(3)**　　**B 鑑賞**

**時間数　6時間**

### 題材設定の理由
本校は山林を切り拓いて計画的に開発された新興住宅地で，教育熱心な家庭が多く，生徒たちの授業への取り組みは大変真面目である。しかしながら，美術の授業においては，ある一定の見映えで満足してしまい，作品の完成度をより高めようとする意欲に欠ける生徒が少なくない。そこで本単元では，ものをじっくりと観察して細部の表現までこだわる態度を身に付けさせ，"そっくりか否か"という誰もが判断しやすい基準で作品の完成度を高めていくことを期待した。創作過程においては，紙粘土と樹脂粘土という2種類の粘土の特性を生かし，アクリルガッシュでの着色に工夫をすることで表現の楽しさを味わわせたい。

### 準備物
（教師）参考資料，軽量紙粘土，樹脂粘土，ヘラ，ジェルメディウム，砂，木工ボンド，おろし金など
（生徒）つくりたい作品の資料，教科書，美術資料，筆記用具，デザインセット（アクリルガッシュ）など

### ［共通事項］の例
ものの形体や質感，色彩に着目し，素材の特性を生かして表現する。

作品例

### 学習目標
○つくりたいものを深く観察し，感性や想像力，造形感覚を働かせて，粘土と絵の具を用いて本物そっくりに表現する。
○作者の表現の工夫を感じ取り，自分の思いや考えをもってよさや美しさなどを味わう。

### 評価規準

| 評価の観点 | 各観点の評価規準例（B） | Aと評価するキーワードの例 |
|---|---|---|
| 美術への関心・意欲・態度 | 身近なものを深く観察し，よさや美しさ，表現方法などに関心をもち，意欲的に表現しようとしている。 | 継続的に意欲をもちながら<br>自主的に必要な資料を用意するなど |
| 発想や構想の能力 | 身近なものそっくりに感じられるように，形や色彩で美しく生き生きと表現する構想を練っている。 | 独創的な構成を工夫し |
| 創造的な技能 | 表したい対象のイメージをもちながら，材料や絵の具などの特性を生かし，創意工夫して表現している。 | 材料や絵の具の特性を効果的に生かし |
| 鑑賞の能力 | 作者がどのように本物に近づくように表現の工夫をしているかを感じ取り，自分の思いや考えをもってよさや美しさなどを味わっている。 | 広い視点から感じ取り<br>深く感じ取り |

## 学習の流れ

関…美術への関心・意欲・態度　発…発想や構想の能力　創…創造的な技能　鑑…鑑賞の能力　【　】…評価方法

| 活動内容 | 指導者の働きかけ | 評価 | 留意点及び評価方法など |
|---|---|---|---|
| **導入（鑑賞）　30分**<br>● 須田悦弘の木彫作品を美術資料で鑑賞する。<br>● 粘土でつくった白菜, みかんと, 本物の白菜, みかんを見て, 比較して違いや似ている部分について考える。 | ● 事前に写真などの資料を集めさせておく。<br>● 本物のような木彫をつくる作家を知り, 関心をもたせる。<br>● ものの大きさや色の感じなどに着目させ, 全体的なものの量感や質感に注意して制作していくと効率がよいことに気づかせる。 | 関<br>鑑 | ● 日常からものをよく観察し, 魅力を発見する目を養わせる。<br>【鑑賞の様子】<br>【発言内容】 |
| **展開1（制作）　20分**<br>● つくろうとするものの資料を観察し, アイデアスケッチをする。 | ● スケッチを通して, ものの形, 量感, 質感, 色調をとらえさせる。<br>● お皿や紙ナプキンなどで彩をよくする方法も考えさせる。 | 関<br>発 | 【活動の様子】<br>【アイデアスケッチ】 |
| **展開2（制作）　200分**<br>● 資料やアイデアスケッチを基に粘土で造形する。<br>● アクリルガッシュで彩色する。<br>● よりそっくりになるように工夫する。 | ● 紙粘土と樹脂粘土で立体のスケッチをさせて素材の適性を選ばせる。<br>● 粘土に絵の具を混ぜてカラー粘土にして造形してもよいことを伝える。<br>● ジェルメディウムで艶を出したり, おろし金で擦って表面をざらざらにしたり, 質感の表現にも工夫をさせる。 | 発<br>創 | ● 適宜, 技法についてデモンストレーションしてみせる。<br>【制作の様子】<br>【制作途中の作品】 |
| **まとめ（鑑賞）　50分**<br>● 鑑賞会を行う。まず全員の作品を見て回る。その後, 作者が簡潔に制作の意図を話す。<br>● 鑑賞ワークシートを記入する。本物にそっくりだと思う作品を3点, 魅力的だと思う作品を3点選んで記述し, 提出する。 | ● 相互鑑賞しながら, 作者と鑑賞者で対話することを奨励する。<br>● "そっくりだ"という視点の他に"魅力的だ"という視点で鑑賞させ, デフォルメや独創的な発想, 表現の工夫が人の目を惹く魅力となることを感じ取らせる。 | 関<br>鑑 | ● 友だちの作品のよさや美しさ, 表現の工夫を感じ取らせる。<br>【鑑賞の様子】<br>【鑑賞ワークシートの内容】 |

絵や彫刻など　表現　1年

# 想像の翼を広げて～木材に命を吹き込もう～

**第1学年　A 表現 (1)(3)　B 鑑賞　時間数 4時間**

## 題材設定の理由

本校は札幌市の西地区に位置し，以前は木工団地や鉄工団地を有する工業地帯であった。近年工場の廃業が進み跡地にショッピングモールやマンションが建ち並んでいる。廃材となった木材が再利用され，また保存されたりして，都市化の中で意外にも生徒たちは木材に触れることが多い。その見慣れた廃材である木材に目を留め，想像の翼を広げて命を吹き込み新たな形と色彩をつくり出す題材である。本題材で対象を感じ取る感性や，自分の感性を臆することなく表現する自尊感情や自信，他者の作品のよさを認めることのできる力を養いたい。

また，廃材である木材と向き合うことによりアスペルガーや場面緘黙等々の発達障害のある生徒にとって，誰にも邪魔されない自分だけの世界を追求することのできる時間である。生きづらいと思っている生徒にとって，安心して表現することのできる場をつくることは，集団の中で片隅に追いやられてしまいそうな生徒たちに光を当てる貴重な題材である。

## 準備物

（教師）過去の作品（画像），廃材，糸鋸，強力ボンド，木工ボンド，カッター，紙やすりなど
（生徒）教科書，資料集，新聞紙，絵の具，筆記用具，自己評価表，スケッチブックなど

## ［共通事項］の例

形や色彩，材料がもたらす感情をとらえ，それらを基に発想して新たなイメージを生み出す。

## 学習目標

○対象を見つめ，想像して新たな形と色彩を生み出すことに関心をもつ。
○対象から素材を生かして新たな形と色彩を生み出す構想を練り，それに適した制作の見通しをもつ。
○主題に応じて材料や道具を生かし，表現技法を創意工夫して表現する。
○自他の作品の造形的な美しさや発想を感じ取り，味わう。

## 評価規準

| 評価の観点 | 各観点の評価規準例（B） | Aと評価するキーワードの例 |
|---|---|---|
| 美術への関心・意欲・態度 | 廃材（木材）を用いた表現に関心をもち，主体的に創意工夫して表したり表現の工夫を考えたりしようとしている。 | 継続的に意欲をもちながら，自主的に資料を用意したり，道具を使いこなす練習などをする。 |
| 発想や構想の能力 | 廃材の特性を基に主題を生み出し，創造的な構成を工夫し表現の構想を練っている。 | 主題を生かす効果的で創造的な構成を工夫し，制作の見通しをもつ。 |
| 創造的な技能 | 表したい対象のイメージをもちながら，材料の形や色彩を生かし，創意工夫して表現している。 | 材料の形や色彩を効果的に生かし，主題に迫るための技法を駆使する。 |
| 鑑賞の能力 | 造形的なよさや美しさ，作者の意図と表現の工夫などを感じ取り，味わっている。 | 広い視点から感じ取り，作者の意図や造形的な美しさを深く感じ取り味わう。 |

| 学習の流れ | 関…美術への関心・意欲・態度　発…発想や構想の能力　創…創造的な技能　鑑…鑑賞の能力　【 】…評価方法 |

絵や彫刻など　表現　1年

| 活動内容 | 指導者の働きかけ | 評価 | 留意点及び評価方法など |
|---|---|---|---|
| **導入（鑑賞）20分**<br>● 教科書や過去の作品を鑑賞し，見慣れた木材から，想像の翼を広げ全く別の新しい形が生まれることを理解する。<br>● 見立ての学習を理解し，その面白さや楽しさを味わう。<br>● 興味のあるものについて質問をする。 | ● 50インチモニター用に過去の作品をデジタル映像化しておく。また一部詳細な説明をするために実物投影機を用意する。<br>● 想像の翼を広げることの素晴らしさを伝える。<br>● 素材を生かすものであれば形に制限がなく，自由な発想が大事であることを伝える。 | 関<br>鑑 | ● 制作前の木材と制作後の木材を印象的に提示する。<br>● 制作者の思い（想像）を伝える。<br>【鑑賞の様子】<br>● 制作時間と作品の大きさ，使える道具についての制限があることを理解させる。<br>【発言内容・学習の自己評価表】<br>●「指導のための声かけ評価」「到達度を明らかにする評価」「評定資料としての評価」以上三つの評価を区別して指導することが必要である。 |
| **展開1（制作）30分**<br>● 多様な木材（廃材・流木など）からひらめいたものを選び，机にセットし，向き合う。<br>● 試しに切ったり，接着したりする。あえてアイデアスケッチはしない。 | ● 生徒の発想のつぶやきや試行錯誤を認め，支援する。<br>● 個々のイメージに沿って，必要な道具や道具の使い方を紹介する。<br>● いろいろな形の見取り方を示唆する。 | 関<br>発 | ● 見立てる楽しさを演出する。<br>【学習の態度】<br>【制作の様子】 |
| **展開2（制作）120分**<br>● イメージ（主題）に合わせて材料集めをする。絶えず発想・構想・制作を繰り返しながら，イメージによっては着彩する。<br>● 制作中，互いに交流し，工夫している点を自作に生かす。<br>● 完成させる。<br>● 片付ける。 | ● 美しく丁寧に仕上げられるように，絵の具の選び方や塗り方，木材の重ね方などを教えながら，支援する。<br>● 困っていることに注意を傾け，適切なアドバイスを心がける。<br>● 速乾ボンドや強力ボンド，木工ボンドの接着力や乾く時間の違いなどもアドバイスする。<br>● 片付けに際しては，流しで洗ってはいけないものもあるので，適切な指導が必要である。<br>● 木材は特に床が滑りやすくなるので，念入りに掃き掃除を行う。 | 創 | ● 発達障害等で時間のかかりそうな生徒については，適宜放課後などで補習が必要である。<br>【制作途中の作品】<br>● 思いがけないスケールの作品も出現。「モンゴルの平原」 |
| **まとめ（鑑賞）30分**<br>● 鑑賞会を行う。<br>● 作品の美しさや発想の面白さについて発表する。 | ● 相互鑑賞によって，互いのよさを認め合う雰囲気がつくれるように働きかける。<br>● 順次作品をショーケースに入れて飾る。 | 関<br>鑑 | 【鑑賞の様子】<br>【鑑賞ノートの記述・発表内容】<br>● 自他の作品の美しさやよさ，発想力について語らせる。 |

# 髙山辰雄の作品を通して

第1学年　B鑑賞　時間数 4時間

## 題材設定の理由

髙山辰雄は大分市出身の画家で，人間や道，空をモチーフに，人生，生命を幻想的な深い色彩で描く日本を代表する画家の一人である。彼の作品には，家族の姿が多く描かれているが，作品に描かれている顔のほとんどが無表情である。しかし，作品をじっくり鑑賞していくと，なぜか人の温かさや家族のいとしさを感じてくる。彼の作品に多くの人々が魅了され続けるのは，生きていくことの大切さや命の重みをそれぞれの作品から深く感じ取ることができるからであろう。このように，髙山の作品には，彼の人間性がにじみ出たものが多く，子どもたちもそうしたものをうまくとらえやすいし，郷土の作家として親近感と意欲をもって取り組むことができると考える。そして，髙山の作品を通して学習を深めていく中で，自分の心情と照らし合わせながら，彼の「思い」に迫ることができるのではないかと考え，本題材を設定した。

## 準備物

筆記用具，ワークシート，作品「母」「いだく」「冬」複製画（黒板掲示用），作品「母」「いだく」「冬」の複製画（登場人物拡大掲示用），作品「母」「いだく」「冬」のアートカード（グループ用）

○作者や作品について学習を深めることで，作者が何を伝えようとしているか考える。
○グループ活動を通して，友だちとの感じ方の違いに気づき，作品をより深く鑑賞する。

## 学習目標

○作品に積極的に興味をもち，自分の体験と重ね合わせながら内容を読み取ろうとする。

## [共通事項]の例

形や色彩，描かれているものに着目し，作品の登場人物や作者の気持ちを考える。

髙山辰雄の鑑賞作品

母（1970）191.0 × 197.0cm
大分県立美術館

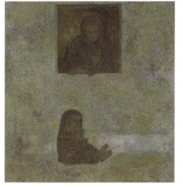
冬（1974）174.0 × 171.0cm
富山県立近代美術館

いだく（1977）212.0 × 198.0cm
東京国立近代美術館
Photo: MOMAT/DNPartcom

## 評価規準

| 評価の観点 | 各観点の評価規準例（B） | Aと評価するキーワードの例 |
|---|---|---|
| 美術への関心・意欲・態度 | 作者の心情や意図と表現の工夫などを主体的に感じ取ろうとしている。 | 継続的に意欲をもちながら |
| 鑑賞の能力 | 造形的なよさや美しさ，作者の心情や意図と表現の工夫などを感じ取り，自分の思いや考えをもって味わっている。 | 広い視点から感じ取り 深く感じ取り |

## 学習の流れ

関…美術への関心・意欲・態度　発…発想や構想の能力　創…創造的な技能　鑑…鑑賞の能力　【　】…評価方法

絵や彫刻など　表現　1年

| 活動内容 | 指導者の働きかけ | 評価 | 留意点及び評価方法など |
|---|---|---|---|
| **導入（鑑賞）　30分**<br>● 3枚の作品を提示し，第一印象をワークシートに記入する。〔生活班　個人〕 | ● 3枚の髙山辰雄の作品を黒板に提示し，作品を通して感じた特徴をつかませる。 | 関 | ● 3枚のアートカードを鑑賞させる。<br>【ワークシートの記述】<br>〔「作品 母」について〕<br>・早く子どもがほしいという願いが伝わる。<br>・母が子どものことを思い浮かんでいる様子。 |
| **展開1（エキスパート活動）　70分**<br>● エキスパート活動をする。〔課題班〕<br>● 登場人物の気持ちに迫る。〔課題班〕 | ● 3枚の作品の色彩や描かれている様子について考える。<br>● 作品に登場する人物はどのような気持ちでいるか，課題班で考えさせる。 | 関<br><br>鑑 | 【グループ活動の様子】<br><br>【ワークシートの記述】 |
| **展開2（ジグソー活動）　50分**<br>● グループで発表する。〔生活班〕<br>● 三つの作品から作者の伝えたいことに迫る。〔生活班〕 | ● 課題班で考えたことを生活班で発表し，さらに全体で深めさせる。<br>● 課題班や生活班で発表した内容を基に，作者が伝えたいことを考えさせる。 | 鑑 | 【生活班で発表した内容・ワークシートの記述】<br>〔生徒のワークシートより〕<br>〔「作品 母」について〕<br>・子どもが亡くなり，天に昇っていく姿を母親が見て悲しんでいる。<br>〔「作品 いだく」について〕<br>・どんなことがあっても我が子を守ろうと強い気持ちをもっている。<br>〔「作品 冬」について〕<br>・子どもの成長のために，あえてつき離している。 |
| **まとめ　50分**<br>● 自己評価をし，発表する。 | ● 今回の鑑賞を通して，髙山辰雄の作品を見る力ができたかワークシートにまとめ，自己評価をさせる。<br>● ワークシートにまとめた内容を発表させる。 | 鑑 | 【ワークシートの記述】<br>〔生徒のワークシートより〕<br>・はじめは，絵のまわりの色からしか感情が伝わってこなかったけど，班活動でみんなの感じた心情を聞いてから，登場人物を中心に考えることができ，鑑賞が前より楽しくなりました。 |

# わたしの大切な人

第1学年　A 表現 (1)(3)　B 鑑賞

時間数 **6** 時間

### 題材設定の理由

身近な人との関係とは，形式的な関係を越えた心と心のつながりであり，時には人間形成，自己形成にも密接に関わる関係でもある。互いに気持ちを交わし，相手の存在を意識しつつ行動するところに，かけがえのない「大切な人」への自然な思いやりや愛情の芽生えがある。日頃自分が「大切な人」に対して，思ったり，感じたりしていることを形にして伝えることによって，そのような関係をこれからの自分の生き方の支えの一つとしてとらえさせたい。また，造形表現で相手の姿，自分の思いを伝えようと考えた時，客観的なイメージの上に相手を深くとらえるまなざしを重ね，様々な形や色の関係をとらえ，造形素材を駆使して造形力を高めさせたい。授業の中で繰り広げられる活動は，作品を手にした「大切な人」にとっても，同様に美術の造形表現への理解に発展するだろう。このようにして，身近なところから美術を積極的に広げていく姿をこの題材を通してつくりあげていきたい。

### 準備物

**(教師)** 導入鑑賞資料，黒コンテ，茶コンテ，弁柄，色チョーク，彩色鉛筆，パステル，木炭，木炭紙，クラフト紙，水彩紙，ケント紙，黒ラシャ紙など
**(生徒)** 鉛筆，アクリル絵の具，水彩絵の具など

### 学習目標

○身近な人の特徴を描画材料や表現の方法を選び，表すための構想を立てる。
○想像力を働かせながら，描画材料の特性を生かして人物の表情を豊かに表す。
○完成作品を鑑賞し合った後，モデルとなった人に作品を贈り，いただいた感想の報告会を行う。

### [共通事項]の例

人のしぐさや骨格と形や色彩の関係に着目し，モデルのイメージをとらえる。

左2点：生徒作品
右上：描画材料の試し描き
右下：制作途中の様子

### 評価規準

| 評価の観点 | 各観点の評価規準例（B） | Aと評価するキーワードの例 |
|---|---|---|
| 美術への関心・意欲・態度 | 身近な人を描くことに関心をもち，その人の特徴やその人への思いを表現の工夫をし，表そうとしている。 | 継続的に意欲をもちながら |
| 発想や構想の能力 | その人らしさを表すために表現のもたらす効果を考え，材料や描き方の方法を選びながら作品の構想を練っている。 | 独創的な構成を工夫し |
| 創造的な技能 | 表したい対象のイメージをもちながら，材料や絵の具などの特性を生かし，創意工夫して表現している。 | 描画材料の特性を効果的に生かし |
| 鑑賞の能力 | 造形的なよさや美しさ，作者の心情や意図と表現の工夫などを感じ取り，自分の思いや考えをもって味わっている。 | 広い視点から感じ取り<br>深く感じ取り |

## 学習の流れ

凡例: 関…美術への関心・意欲・態度　発…発想や構想の能力　創…創造的な技能　鑑…鑑賞の能力　【　】…評価方法

| 活動内容 | 指導者の働きかけ | 評価 | 留意点及び評価方法など |
|---|---|---|---|
| **導入（鑑賞）50分**<br>● 私の「大切な人」について，まとめる。<br>● 表し方を考える。<br>● 作家の作品の鑑賞を通して表し方を考える。 | ● 導入プリントを使って，自分の思いを伝えたい人を選び，描きたい動機やその人の姿を文章でまとめさせる。<br>● 「大切な人」をどのように表したいか，印象から形や色彩へのおこし方や描画材料などを選ばせながら制作計画を整理させる。<br>● 人物表現に特徴のある作家作品を取り上げて自分の描きたい人物の表現の参考にさせる。 | 関<br><br><br><br><br>鑑 | 【鑑賞の様子】<br>● 身近な人をモデルにするにあたっての条件を伝える。<br><br>【導入プリントの記述】<br>● 表現の方法，印象から作品を分類して示す。 |
| **展開（制作）200分**<br>● 描画材料を選び，参考作品を見比べさせながら，試し描きを行う。<br>● 素描を主とした表現をねらいにして描く。<br>● 生活感のあるモチーフを加えながら描く。 | ● 複数の材料との併用も推奨し表現を少しでも自分の工夫で行えるようにする。<br><br>● 作例は人の性格や雰囲気を，しぐさや骨格のつくりからとらえ，陰影のもたらす効果や輪郭の強調，彩色によって描かれていることをつかませる。<br>● 人物の姿を思い描きながら関わりの深いモチーフなどを選び，加えながら表情豊かに描かせる。 | 発<br><br><br><br><br>創 | 【制作の様子】<br>● 途中経過の作品を画像に映し，形態のとらえ方の工夫されている点を挙げ，素材への関心と素材に触れる喜びや制作への意欲化につなげる。<br><br>【制作途中の作品】 |
| **まとめ（鑑賞）50分**<br>● 鑑賞会を行う。<br>● 作品を贈る人への手紙を書く。 | ● 相互鑑賞によって，自分の描いた思いを発表させる。<br>● 互いの作品のよさを紹介し合い，多様な造形表現を確かめ合わせる。<br>● 日頃の相手に対する思いを表現の工夫に重ねて書くようにさせる。 | 関<br>鑑 | 【鑑賞の様子】<br>【発表の内容】<br>● 後日紹介できる御礼文については，作品のコピーとともに校内掲示する。 |

〈作者の言葉〉「ぼくは，この絵の目のつぶれたところを本物のように描くことをがんばりました。自分の目を触り，どこがへこんでいるかなど手で感じて描きました。とても難しかったけれど，上手くできたのでよかったです。」

〈受け取った方の御礼文より〉「私の似顔絵を描いてくれてありがとう。細かいところまで特徴をつかんでありました。その絵が学校に出して（展示に）選ばれたよと聞いてびっくりしたけど，写真とは違う良さがあって，すごく嬉しかったです。私の宝物です。」

# 一瞬を表す ～「思い」を表現しよう～

**第1学年** / **A 表現 (1)(3)** / **B 鑑賞** / 時間数 **8〜9**時間

## 題材設定の理由

表現・鑑賞活動の基礎的な学習能力を身につける1学年において、「人」を立体で表現する塑像は、ぜひ体験させたい題材である。鑑賞活動では、特に導入において「作者の思い」を読み取り、「生命の美しさ」を感じ取れるようにすることを目指し、表現活動ではものの構造をとらえて表現する力を身につけさせたい。「人体制作」は表現・鑑賞活動の基礎段階において、自分自身を投影し、「思い」を作品に盛り込みやすい題材である。本学習を通じて、生徒一人一人が経験してきたことや取り巻く環境によって培われてきた感性を基に、素材と粘り強く葛藤しながら作品を完成させ、生徒に自己存在感を味わわせたい。

## 準備物

（教師）参考作品、参考資料、芯材セット、軽量粘土（白）、学習プリントなど
（生徒）教科書、筆記用具、参考資料、ビニール、粘土用布、古新聞、アクリル絵の具セットなど

## 学習目標

○主題となる「思い」を表現するために、形や色彩の効果を考えながら、構想を練る。
○自分の「思い」を表現するために、形・色彩の工夫をしながら表現する。
○造形的なよさや美しさ、作者の心情や意図を、自分の思いや考えをもって味わう。

## ［共通事項］の例

形や色彩、動きの感情効果をとらえ、対象のイメージをもつ。

作品例

## 評価規準

| 評価の観点 | 各観点の評価規準例（B） | Aと評価するキーワードの例 |
|---|---|---|
| 美術への関心・意欲・態度 | 人物の一瞬をとらえた表現に関心をもち、主体的に創意工夫して表したり、表現の工夫などを感じ取ったりしようとしている | 継続的に意欲をもちながら<br>自主的に必要な資料を用意する<br>など |
| 発想や構想の能力 | 形や色彩、動きの特徴や美しさなどを基に主題を生み出し、創造的な構成を工夫し、構想を練っている。 | 主題を生かす効果的で創造的な構成を工夫し |
| 創造的な技能 | 表したい対象のイメージをもちながら、粘土や芯材の特性を生かし、創意工夫して表現している。 | 材料の特性を効果的に生かし |
| 鑑賞の能力 | 造形的なよさや美しさ、作者の心情や意図を、自分の思いや考えをもって味わっている。 | 広い視点から感じ取り<br>深く感じ取り |

| 学習の流れ | 関…美術への関心・意欲・態度　発…発想や構想の能力　創…創造的な技能　鑑…鑑賞の能力　【 】…評価方法 |

絵や彫刻など　表現　1年

| 活動内容 | 指導者の働きかけ | 評価 | 留意点及び評価方法など |
|---|---|---|---|
| **導入（鑑賞）　50分**<br>● 題材を知る。<br>「思いはポーズに現れる」<br>● クロッキーで形のつかみ方を学ぶ。 | ● 参考作品の「人」が何を思っているか，考えさせる。<br>● 「思い」によって，体の動きや視線が変わることを，人体模型を使って理解させる。<br>● 人体の構造を理解し，骨格をとらえて表すクロッキーの技術を身につけさせる。 | 関<br><br>鑑 | ● 「人」をモチーフとした立体作品の鑑賞により，作者の思いを読み取る。<br>【鑑賞の様子】<br>● 人体クロッキーを通して，観察，骨格のとらえ方を身につける。<br>【活動の様子・クロッキー】 |
| **展開1（制作）　50分**<br>● 発想・アイデアスケッチ<br>● 表現したい「思い」の状況を小作文にする。<br>● もっとも「思い」の伝わるポーズを探し，スケッチする。 | ● 物語と情景を思い浮かべさせ，自分のイメージを広げさせる。（例：軽いジョギング，全力疾走，追いかけられて命がけで逃げる人の気持ちにより変わるポーズ）<br>● 自分自身が実際にポーズをとり，もっとも「思い」が伝わる一瞬を切り取らせる。<br>● 仲間と協力してポーズ＆スケッチさせ，後方からの観察もさせる。 | 関<br><br>発 | ● 人体モデルを使って，状況に応じた気持ちとポーズの変化を見せる。<br>● 場所・季節・天気・時間などを細かく具体的にイメージさせ，その時の思いに深く入り込ませて作文を書かせる。<br>【活動の様子・小作文】<br><br>【アイデアスケッチ】 |
| **展開2（制作）　150〜200分**<br>● スケッチを基に，骨組みをつくり，台に固定する。<br>● 軽量粘土で肉付けをする。 | ● 関節を確認しながら針金を曲げて形をつくらせ，より気持ちの伝わる傾きや位置を考えさせてから，台に固定させる。<br>● 人の体は中心から外に向かってだんだん細くなること，筋肉のつき方を意識させる。<br>● 服や髪などは最後につくらせる。（※つくりたいポーズによっては例外もある）<br>● 風になびく髪や服のふくらみ，袖や裾の揺れでスピード感や動きの表現ができることを伝える。 | 発<br>創 | 【制作の様子】<br>【制作途中の作品】 |
| **展開3（制作）　100分**<br>● 乾燥した粘土に，アクリル絵の具で彩色。 | ● 効果的な配色を考えさせる。（活動場所によって肌の色が違う。陰影をつけるとより立体感臨場感が増す） | 創 | ● 単純に色を塗るのではなく，絵を描くように彩色させる。<br>【作品】 |
| **まとめ（鑑賞）　50分**<br>● 作品カードを基に班内で発表後，クラス内鑑賞会（感想用紙交換）を行う。<br>● 鑑賞まとめ用紙に自分が気に入った作品について感想を記入する。 | ● 発表の際には，作品を囲む情景（作文）を発表する。<br>● 「思い」があることで，動き出す「人」の体を意識させながら鑑賞させる。<br>● 気に入った作品について，何名かに発表させる。 | 関<br><br>鑑 | ● 作者の心情や意図，造形的なよさや美しさ，創造的な表現の工夫を味わわせる。<br>【鑑賞の様子】<br>【発表内容・鑑賞プリントの記述】 |

21

# 木版画のイメージをかえて

**第1学年**　A 表現 (1)(3)　B 鑑賞　**時間数 11時間**

## 題材設定の理由

木版画は日本で発達した絵画表現で，浮世絵などは世界的にも高く評価されている。小学校の図画工作でも取り入れられており，ほとんどの生徒が一度は制作した経験をもっていた。小学校の経験を生かす方法も考えられるが，視点を変え，今までと違った表現方法を取り入れることで，生徒の関心を高め，意欲につなげることができることを狙って，棟方志功氏が制作してきた「板画」と同じように，黒インクで摺り上げた後から，彩色を施す「彩色木版画」を実践した。木版画のよさである彫り跡を生かし，色を絵画のように加えることができる上，複数摺ることで，違った表現を楽しむこともできる。また，絵画表現が苦手な生徒でも，摺り作業を支援することで作品が完成でき，表現の意欲につながることに期待したい。

## 準備物

（教師）参考資料，版画板，美濃紙，版画作業板，版画インク，バレン，版画ローラー，インク練り板，墨汁，刷毛，乾燥棚など

（生徒）教科書，筆記用具，表現資料，彫刻刀，水彩絵の具など

## 学習目標

○木版画のもつ白黒の対比や，彩色することを意識して表現を構想する。
○彫刻刀を使い分け，彫り跡を効果的に生かして表現する。
○完成した作品を鑑賞し，表現意図や工夫について批評し合う。

## [共通事項]の例

木版画のもつ白黒の対比や彫り跡の表現，彩色されたことがもたらす効果などに着目し，作品や作者の感情を理解する。

作品例

## 評価規準

| 評価の観点 | 各観点の評価規準例（B） | Aと評価するキーワードの例 |
|---|---|---|
| 美術への関心・意欲・態度 | 彩色木版画に関心をもち，主体的に創意工夫して表したり，表現の工夫などを感じ取ったりしようとしている。 | 継続的に意欲をもって作業する。自主的に必要な資料等を用意することができる。 |
| 発想や構想の能力 | 木版画の白黒の対比や彩色する効果が生かせるような題材の選択を考え，画面の構成を工夫し，構想を練っている。 | 独創的な構成を工夫し，彫り跡が生かせるよう構想を練る。 |
| 創造的な技能 | 表したい対象のイメージをもちながら，材料や用具の特性を生かし，創意工夫して表現している。 | 材料や用具の特性を効果的に生かす。思いを表す工夫を彩色に生かす。 |
| 鑑賞の能力 | 木版画のもつ白黒の対比や彫り跡の効果，彩色による表現などから，つくり手の意図などを感じ取り，自分の思いや考えをもって味わっている。 | 広い視点から版画のよさを感じ取る。つくり手の思いを表現の工夫や効果から深く感じ取る。 |

## 学習の流れ

関…美術への関心・意欲・態度　発…発想や構想の能力　創…創造的な技能　鑑…鑑賞の能力　【 】…評価方法

絵や彫刻など　表現　1年

| 活動内容 | 指導者の働きかけ | 評価 | 留意点及び評価方法など |
|---|---|---|---|
| **導入（鑑賞）　30分**<br>● 彩色木版画の方法を知る。<br>● 棟方志功の作品や生徒作品を鑑賞し，表現の効果や工夫を考える。<br>● 彩色木版画の効果を生かせる主題を考える（課題を把握する）。 | ● 事前に資料集めの課題を出しておく。<br>● 木版画の特徴や作業展開のあらましを伝え，適した題材や表現を考えさせる。<br>● 彫刻刀の彫り跡が生かされた作品や，彩色が工夫された作品を提示し，木版画に適した資料を選び，展開を想像させ，彫刻刀の作業や彩色作業についての工夫を考えさせる。 | 関<br>鑑 | ● 木版画に関心をもたせ積極的に資料集めをさせる。<br>【鑑賞の様子】<br><br>● 彫刻刀による彫り跡のイメージの違いを話し合いの中で発見させる。<br>【発言内容】 |
| **展開1（制作：下書き→転写）　100分**<br>● 主題を生かすための構図，黒い線を意識して下絵のスケッチを進める。<br>● 必要な線を濃く描いて，版画板に反転して転写する。<br>● 薄墨を塗り，線書きを太く描き出す。 | ● 様々な工夫を促すキーワードを提示する（生徒からの気づきも含めて）。<br>キーワード例：大きく，太い線，バランス，彫ったところが白，単純化，彫り跡，彩色，背景の処理<br>● 線が細くなりがちなので，意識して太くするように促す。 | 関<br>発 | 【活動の様子】<br><br>【アイデアスケッチ】<br>● 木版画に合った主題の設定・構成を考え，作業を進めさせる。 |
| **展開2（制作：彫り・摺り）　270分**<br>● 彫り跡を意識して彫りの作業を進める。<br>● 版画ローラーを使って，摺り作業を行う。 | ● 安全に留意し，作業台の使用方法や彫刻刀の使い方を確認する。<br>● 描くのと彫るのでは，白黒のイメージが逆転するので，下書き通りでない表現も考えさせる。<br>● 摺る手順やポイントを押さえて作業の効率を図る。<br>● インクをのせる際には，音や砂目模様に注目するよう確認する。 | 関<br>創 | 【制作の様子】<br><br>【制作途中の作品】 |
| **展開3（制作：彩色加色）　100分**<br>● 裏面から絵の具で彩色作業を進める。 | ● 水分に注意し，まわりの余白で試させる。<br>● 彩色は，塗り絵でなく，絵を描くように考えさせる。 | 関<br>創 | 【制作の様子】<br><br>【作品】 |
| **まとめ（鑑賞）　50分**<br>● 鑑賞カード記入後，鑑賞会を行う。<br>● 彫り跡・彩色の効果や木版画の面白さに着目して，作者の表現の工夫を感じ取る。 | ● 鑑賞により，木版画の効果や色彩から作品のねらいを考えて発表をする。<br>● 話し合いの中で感じ方の違いを大切にする。 | 関<br>鑑 | 【鑑賞の様子】<br><br>【鑑賞カードの記述・発表内容】 |

# クレイアニメーションに挑戦

第1学年　A表現 (1)(3)　B鑑賞

時間数　6時間

## 題材設定の理由

本校は生徒数が少なく，1年生は1学級である。二つの小学校から来るのだが，両方ともずっと1クラスという小集団の中で育ってきた。どの授業でもわからないところがあったら，班の中で「教えて」という言葉が自然に出てくる集団である。クレイアニメーションは一人での制作が難しく，複雑なものをつくろうとしたら他者の力が必要となってくる。班の仲間と関わり，お互いのアイデアを取り入れてよりよいものをつくれる教材にしたくて，クレイアニメーションにしたのが題材設定の理由である。撮影するアングルの初期位置は真上からなのだが，班で交流しながらつくっていると，斜め上になったり真横になったり，どうすればシーンをうまくつなげることができるかなど，たくさんの発展的なアイデアが出てくる。他者のアイデアを取り入れ，また自分で考えてみるなど，思考の連続性や変化の楽しさを味わわせたい。

## 準備物

(教師) タブレット，パソコン（編集用），USB，粘土，針金，ひも，ワークシート，振り返りシートなど
(生徒) 筆記用具など

## [共通事項]の例

粘土の可塑性や色彩の感情効果を生かし，アニメーションによる表現の構想を練る。

## 学習目標

○クレイアニメーションの制作過程を理解する。
○粘土で可能な表現のアイデアを考える。
○表現の意図に合わせて，制作の順序などを考えながら表現する。
○完成した作品から他者のこだわりや，工夫している表現を見つけて批評し合う。

## 評価規準

| 評価の観点 | 各観点の評価規準例（B） | Aと評価するキーワードの例 |
|---|---|---|
| 美術への関心・意欲・態度 | クレイアニメーションに関心をもち，主体的に創意工夫し，班での制作などに取り組んでいる。 | 継続的に意欲をもちながら 積極的にアイデアを出し |
| 発想や構想の能力 | 粘土の可塑性などから感じ取ったことを基に主題を生み出し，創造的な構成を工夫し，表現の構想を練っている。 | 主題を深める効果的で創造的な構成を工夫し |
| 創造的な技能 | 表したいアニメーションのイメージをもちながら，材料の特性を生かし，創意工夫して表現している。 | 材料の特性を効果的に生かし |
| 鑑賞の能力 | 造形的なよさや美しさ，主題と表現の工夫などを感じ取り，自分の思いや考えをもって味わっている。 | 広い視点から感じ取り 深く感じ取り |

## 学習の流れ

関…美術への関心・意欲・態度　発…発想や構想の能力　創…創造的な技能　鑑…鑑賞の能力　【 】…評価方法

絵や彫刻など　表現　1年

| 活動内容 | 指導者の働きかけ | 評価 | 留意点及び評価方法など |
|---|---|---|---|
| **導入　50分**<br>● クレイアニメーションについて知る。<br>● 制作の流れを理解する。<br>● 役割分担と制作。 | ● 参考作品を見る。教師と先輩の作品を使う。<br>● 写真の撮り方，粘土の動かし方など視覚支援も交えて説明する。<br>● 役割分担をしやすいようにワークシートを用意する。 | 関 | ● クレイアニメーションの制作過程全体を把握できるようにする。<br>【学習の態度】<br>● 班の中で決めた役割をこなしているかを見る。 |
| **展開1　50分**<br>● テーマに沿った粘土の動かし方を考える。<br>● 班の中で自分が監督をするシーンを決める（シーン1〜4）。<br>● シーン1制作。<br><br>● 振り返り | ● ワークシートを用意して，役割分担と，自分が監督をするシーンの粘土の動かし方を考える。<br>● 監督をするシーンのアイデアが出てこない生徒や，役割分担が決まらない班を支援する。<br>● タブレットの使い方など，制作がスムーズに進むように班の支援をする。<br>● ワークシートを回収する。 | 発 | ● 監督をするシーンのアイデアを思いつかない生徒には，班の仲間につなげたり教師が支援をしたりする。<br>【ワークシートの記述】 |
| **展開2　150分**<br>● シーン1で撮った写真をつなげたアニメーションを見る。<br>　＊以降は前時に制作したアニメーションを鑑賞してから活動に入る。<br>● シーン2の制作。<br>● シーン3の制作。<br>● シーン4の制作。 | ● 前時に撮ったものを編集しアニメーション見せる。<br>● 机間指導をし，機器のトラブルがないかどうかを確認し，制作がうまく進まない生徒や班を支援する。<br>● ワークシートを返却し，役割分担を確認した後，スムーズに制作に入れるようにする。 | 関<br>創 | 【制作の様子】<br><br>【制作途中の作品】<br>● 班での役割をこなしているかを見る。 |
| **まとめ（鑑賞）　50分**<br>● 班ごとにつくった作品をつなげたアニメーションを鑑賞する。<br>● ワークシートに感想や気づきを記入する。<br>● 全体交流 | ● 班での撮影枚数をアニメーションに入れて，すべてつなげたものを用意する。<br>● 各班のアニメーションを見て感想を書けるようにワークシートを用意する。<br>● 発表しやすい雰囲気をつくる。 | 関<br>鑑 | 【鑑賞の様子】<br><br>【ワークシートの記述】 |

# 芸術家の生き方 〜ピカソを知ろう，ピカソになろう〜

**第1学年**　　**A 表現 (1)(3)**　　**B 鑑賞**　　時間数 **2時間**

## 題材設定の理由

本題材は，20世紀を代表する画家パブロ・ピカソの作品から造形的なよさや美しさ，作者の心情や意図と表現の工夫を見つけ，ピカソの制作過程を追体験することで，表現の工夫点や創造性をとらえる学習である。

パブロ・ピカソは，絵画作品をはじめ，彫刻，工芸など様々なスタイルの作品を数多く制作した作家として知られている。生徒たちは，ピカソの作品について，よくわからないといった感想をもっている。そこで，ゲームを取り入れた作品鑑賞を行うことでピカソの創造性について興味をもって触れることができるようにした。さらに，プレゼンテーションソフトを活用し，ピカソの生い立ちをわかりやすく解説するとともに，キュビスムの技法について指導し，追体験できるようにする。またグループ活動による対話を行うことで，ピカソの形や色彩についての工夫点や創造性に気づかせたい。

## 準備物

○鑑賞ゲーム用
（教師）参考資料，ゲーム用ワークシート，油性ペン（黒），振り返りカードなど
（生徒）教科書，筆記用具など

○鑑賞，制作用
（教師）黒板掲示鑑賞資料，生徒用鑑賞資料，鑑賞ワークシート，パソコン，スクリーン，プロジェクター，ストップウォッチ，油性ペンなど
（生徒）教科書，筆記用具など

## ［共通事項］の例

形や色彩の構成，制作意図などを意識してとらえ，鑑賞の能力を豊かに働かせる。

## 学習目標

○ピカソの作品を鑑賞しながら造形的なよさや美しさ，作者の表現の工夫などを主体的に感じ取る。
○キュビスムの表現方法を知り，表したいイメージをもちながら，創意工夫して表現する。
○ピカソの造形的なよさや美しさ，作者の表現の工夫を感じ取り，自分の考えをもって味わう。

## 評価規準

| 評価の観点 | 各観点の評価規準例（B） | Aと評価するキーワードの例 |
|---|---|---|
| 美術への関心・意欲・態度 | 作品を鑑賞しながら造形的なよさや美しさに関心をもち，作者の意図と表現の工夫などを感じ取ろうとしている。 | 継続的に意欲をもちながら |
| 発想や構想の能力 | ピカソの作品の制作意図を基に主題を生み出し，形や表現の効果を生かして構成を工夫し，表現の構想を練っている。 | 独創的な構成を工夫し |
| 創造的な技能 | 表したいイメージをもちながら，描画材料の特性を生かし，創意工夫して表現している。 | 描画材料の特性を効果的に生かし |
| 鑑賞の能力 | 造形的なよさや美しさ，心情や制作意図と表現の工夫を感じ取り，自分の思いや考えをもって味わっている。 | 広い視点から感じ取り 深く感じ取り |

## 学習の流れ

関…美術への関心・意欲・態度　発…発想や構想の能力　創…創造的な技能　鑑…鑑賞の能力　【　】…評価方法

| 活動内容 | 指導者の働きかけ | 評価 | 留意点及び評価方法など |
|---|---|---|---|
| **導入（鑑賞）　50分**<br><br>● 絵画人間コピーゲームを行う。<br><br>　<br>　シートA　　　シートB<br><br>　<br>　シートC　　肘掛椅子に座る女<br><br>**人間コピーゲームのルール**<br>1　各班で，シートBの各色のどの部分コピーするか決めます。<br>2　班から1名ずつ，廊下（例）に掲示してある絵を，1分間観察して記憶します。<br>3　班に戻って，記憶した絵を，シートAに2分間で再現します。その時，班の人たちと正確にコピーするための話し合いをしてかまいません。<br>4　この活動を，作品のコピーが終了するまでくりかえします。<br>5　最後にどの班が最もコピー機のように正確に再現できたか，みんなで評価します。<br><br>● 描いた作品を相互鑑賞する。<br><br>▼<br><br>● 次時の学習について確認する。 | ● 4人グループの班を編成しておく。<br>● 題材名（主題のみ）と課題を板書し，本時の学習をおさえる。<br>● 班の机の上には，シートAと油性ペンを準備しておく。<br>● 黒板もしくは，電子黒板などにシートBを掲示する。<br>● 生徒の目に触れない場所に，シートCを掲示しておく。<br>● 人間コピーゲームのルールを確認する。<br>● 廊下（例）などに掲示してある作品を班の代表生徒に1分間観察させる。<br>● 班に戻り時間を計り，人間コピーゲームを手際よく進める。<br>● 観察と再現を繰り返し，正確にコピーできるよう助言する。<br><br>● でき上がった作品を黒板に掲示し，基になった作品シートCと比較して，どの班が最も正確にコピーできたか，学級で相互評価する。<br>● 人間コピーゲームをして，作品の表現で気づいたことを，ワークシートにまとめ発表する。<br>● 作家の作品を再現して，難しいと感じたところや，造形的な美しさについて感じ取れるよう助言する。<br>● 「肘掛椅子に座る女」の作品を掲示し，タイトルをのみを伝え，次時は，この作品を描いた作家について学習することを伝える。 | 関<br><br><br><br><br><br><br><br><br><br><br><br><br><br><br><br><br><br><br><br><br><br><br><br><br><br><br><br><br><br>鑑 | ● 班編成については，活動が円滑に進むよう，事前アンケートや，日々の授業観察から，意図的なグループ編成を行う。<br>● 活動主体になる時，板書が疎かになりがちであるが，生徒が学習内容を振り返ることができるよう，学習課題は確実に板書する。<br>**【学習の態度】**<br>● 人間コピーゲームのルールを，手際よく理解できるよう，必要な条件については黒板に掲示する。<br>● コピーする部分について，色分けすることで，漠然と観察するのではなく，集中して作品を鑑賞できるようにする。<br>● ピンクは最も複雑なので，より正確にコピーできる観察力が必要であることを伝える。<br>● 2回以上観察に行く生徒については，班で話し合って選出してよいこととする。<br>● 作品の相互鑑賞では，どの班が正確にコピーできたかを，作品シートCと比較検討することで，よりオリジナル作品への興味関心を高めるようにする。<br>● ワークシートには，教師の指示を聞く前に取り組んでしまうことを避けるため，発問は記入しないようにする。<br>● 鑑賞シートは，単なる感想にならないよう，作品を再現して気づいたことやわかったことを書かせるようにする。<br>● 相互鑑賞を通して多様な気づきを学級で共有できるようにする。<br><br>**【鑑賞シートの記述】** |

絵や彫刻など　表現　1年

## 学習の流れ

関…美術への関心・意欲・態度　発…発想や構想の能力　創…創造的な技能　鑑…鑑賞の能力　【　】…評価方法

| 活動内容 | 指導者の働きかけ | 評価 | 留意点及び評価方法など |
|---|---|---|---|
| **展開（鑑賞）　50分**<br><br>● ピカソについて鑑賞する。<br><br>● ピカソの作品を年代順に並べる。<br><br>初聖体拝領<br><br>悲　劇<br><br>マリー・テレーズの肖像 | ● プレゼンテーションソフトを活用して，年代ごとに変容していったピカソの作品について理解できるようにする。<br><br>● プレゼンテーションソフトで紹介した作品は，掲示資料として，黒板に掲示する。<br><br>● 鑑賞活動の中に，ピカソの作品を年代順に並べる活動を入れることで，ピカソの作品について，より関心をもって鑑賞させるようにする。<br><br>● ワークシートに自分の予想を記入した後，グループで自分の考えを発表し合い，班の考えとしてまとめ，発表できるようにする。<br><br>● 鑑賞のキュビスムの場面では，追体験がスムーズにできるようわかりやすく，制作の考え方を説明する。<br><br>● 実際の制作を通してキュビスムの考え方を理解できるようにする。<br><br>● キュビスムの考え方を生かして，豊かな発想で制作できるようにする。 | 発<br><br><br><br><br><br><br><br>創 | ● プレゼンテーションソフトを活用することで，テンポよくピカソの制作について振り返ることができるようにする。<br><br>● ＩＣＴ機器を活用する際，紹介した作品を掲示し，生徒がいつでも振り返ることができるようにする。<br><br>● ソフト活用の際一方的な説明に終始しないよう，合間に生徒が話し合うことのできる活動を加え，生徒が主体的に取り組めるようにする。<br><br>● 予想をする際，なぜそう考えたのかの根拠を説明するよう助言する。<br><br>● 互いの考えを伝え合うことのできる協同学習の場を補償する。<br><br>● ピカソの特徴でもあるキュビスムの考え方を，アニメーションを使って視覚的に説明する。<br><br>● 基本理念を指導し，追体験をすることで，キュビスムの表現の豊かさに気づかせる。<br><br>【制作の様子】<br><br>● キュビスムの手法を理解し，自分ならどう表現するかについて発想力を膨らませながら描くよう助言する。<br><br>● 相互鑑賞の時間を設けることで，各自の表現のよさに気づき，自分の表現に生かそうとする意欲を高めるようにする。<br><br>【作品】<br><br>● ワークシートは，発問を記入せず，教師の指示を聞いてから活動に取り組めるようにする。 |

## 学習の流れ

関…美術への関心・意欲・態度　発…発想や構想の能力　創…創造的な技能　鑑…鑑賞の能力　【 】…評価方法

| 活動内容 | 指導者の働きかけ | 評価 | 留意点及び評価方法など |
|---|---|---|---|
| ●キュビスムについて知り，参考作品を基に追体験を行う。<br><br>多方向のコップを重ね描きし，線を整理する。<br><br>●描いた作品の相互鑑賞をする。<br><br>●鑑賞したピカソの作品からわかったことや感じたことを話し合う。 | ●相互鑑賞を通して，キュビスムの捉え方の多様性に気づき，表現手法としての面白さや，表現の豊かさに気づくようにする。<br><br>●作品鑑賞や追体験から，作品の考え方や，表現の豊かさなどについてまとめ，グループで意見交換をすることで，ピカソについての考えを深められるようにする。 | 鑑 | ●単なる授業の感想にとどまらず，作品の鑑賞や，追体験からピカソの形や色彩についての工夫点や創造性について気づいたこと，わかったことを記入できるようにする。<br><br>【ワークシートの記述】 |

絵や彫刻など　表現　1年

P.27　肘掛椅子に座る女（1941）　80.7×65.0cm　ノルトライン゠ヴェストファーレン州立美術館（ドイツ）　©2016-Succession Pablo Picasso–SPDA（JAPAN）

P.28　初聖体拝領（1896）　166×118cm　ピカソ美術館（バルセロナ・スペイン）©2016-Succession Pablo Picasso–SPDA（JAPAN）

P.28　悲劇（1903）　105.4×69cm　ワシントンナショナルギャラリー（アメリカ）©2016-Succession Pablo Picasso–SPDA（JAPAN）

P.28　マリー・テレーズの肖像（1937）　100×81cm　ピカソ美術館（パリ・フランス）©2016-Succession Pablo Picasso–SPDA（JAPAN）

# 和の風を感じよう

第1学年　B鑑賞

時間数 1時間

### 題材設定の理由

　和風という言葉は衣食住などの生活に関わるものについて使われることが多いが，美術や音楽などの芸術の分野でも広く使われている。本題材では，和風のものが私たちの生活の中でどのように生かされているか，そして日本的なもののよさや美しさとは一体何なのかを考えていきたい。

　今回の授業では「和」を感じさせる模様「和柄」に着目している。題材研究をしてみてその種類の豊富さと，アイデアの素晴らしさに驚いた。恥ずかしながら，私自身見たことがある和柄でも名前まで知っていたのはほんの数種類だけだった。おそらく生徒たちの和柄についての知識も，ほとんどない状態であると考えられる。そこで今回の授業では和柄に名前をつけたり，その模様の元になったものを想像したりする中で，楽しく和柄について学べるように工夫してある。また小グループでの話し合い活動を取り入れることで，全員が意見を言える場をつくっていきたいと考えた。

### 準備物

（教師）参考資料，映像資料，モニター，DVDプレイヤーなど
（生徒）教科書，筆記用具，糊，はさみなど

### 学習目標

○小グループにおける話し合い活動で，自分の身近にある和風なものについて，意見を交換する。
○自分の身近にある和柄に着目し，その模様の元になった形との比較を通して，単純化や連続性といった和柄特有の表現の工夫を味わう。

### ［共通事項］の例

　形や色彩の特徴などを基に，模様のイメージをとらえる。

和柄の例

### 評価規準

| 評価の観点 | 各観点の評価規準例（B） | Aと評価するキーワードの例 |
|---|---|---|
| 美術への関心・意欲・態度 | 目的や機能と美しさの調和などに関心をもち，主体的に感じ取ろうとしている | 継続的に意欲をもちながら |
| 鑑賞の能力 | 身の回りにある「和風」を感じさせるものの形や色彩などから，そのよさや美しさ，生活を美しく豊かにする美術の働きなどを感じ取り，自分の思いや考えをもって味わっている | 広い視点から感じ取り 深く感じ取り |

## 学習の流れ

関…美術への関心・意欲・態度　発…発想や構想の能力　創…創造的な技能　鑑…鑑賞の能力　【 】…評価方法

デザインや工芸など　鑑賞　1年

| 活動内容 | 指導者の働きかけ | 評価 | 留意点及び評価方法など |
|---|---|---|---|
| **導入（鑑賞）　10分**<br>●「和」のつく言葉を探し、和風の意味を考える。 | ● 身近にある「和風」を感じさせるものについて考えさせる。 | 関 | 【ワークシートの記述】 |
| **展開1（制作）　15分**<br>● 教科書で、伝統的な和柄を調べる。<br>● 四つの和柄に、自分なりの名前をつける。 | ● 名前の由来と元の形についても説明をする。<br>● 元になった形を想像させながら、自由な発想で名前をつけさせる。 | 関<br>鑑 | 【話し合いの様子】<br>【ワークシートの記述】<br>● 小グループでの話し合いなので、必ず一人一つは意見を言うように助言する。 |
| **展開2（制作）　20分**<br>● 日本の唐草模様と外国の唐草模様を比較鑑賞する。<br>● 和柄が生活の中でどのように使われているかを考える。<br>● 和風なものを集めた映像資料を鑑賞する。 | ● 形や構成の要素に着目をして鑑賞できるように働きかける。<br>● 小グループでの話し合いで、それぞれが知っている「和風」について共有させる。<br>● 映像を見せ、生徒たちが知らないものについては後で補足をする。 | 鑑<br><br>関<br><br>鑑 | 【ワークシートの記述】<br><br>【話し合いの様子】<br><br>【ビデオ鑑賞の様子】 |
| **まとめ（鑑賞）　5分**<br>● 本時の授業を振り返り、感想をまとめる。 | ● 本時の学習から感じたことをワークシートに記入させる。 | 鑑 | 【ワークシートの記述】 |

# 魚の平面構成を用いた下敷きづくり

第1学年　A 表現 (2)(3)　B 鑑賞　時間数 7時間

## 題材設定の理由

本題材は魚のデッサンを基に変形し，単位形をつくり，それを用いて構成していく平面構成の学習である。これまでの平面構成では，彩色や構成を一度決めてしまえば，変更が難しかった。しかし，コンピュータを活用すれば，様々な色の組み合わせを何度でも変換し，決めることができる。配色の経験が浅い生徒にとっても，その中で様々な色の組み合わせを遂行錯誤しながら経験することができ，思い切った配色をすることも可能である。また，絵の具を塗る作業が苦手な生徒にも美しく表現できる。構成においても，切り取り，コピー，貼り付け，拡大，変形などの方法が容易であり，短時間で納得のいくまでレイアウトを追求し，手描きでは味わえない構成効果を主体的に体験できる。また，印刷したものをラミネート加工し下敷きにするので，作品を生活の中で使う喜びを味わうことができる。

## 準備物

（教師）参考資料（パワーポイント自作資料・生徒作品），PC操作用説明用ワーク，ラミネートシート，ラミネート機械，いろいろな魚の写真，スキャナー，フォトショップ【ペイントでも構成はできなくはないがレイヤー機能のあるソフトが必要】（図鑑などのコピー），netウィッチなど

（生徒）筆記用具など

## 学習目標

○デッサンを基にして形の変形をする。
○コンピュータ上で表したいイメージを基にした彩色を構想する。
○コンピュータ上で形の単位形の大きさや位置などを操作しながら創意工夫のある表現をする。
○完成した作品を鑑賞し，表現意図や造形的な工夫された点などを感じ取り，幅広く味わう。

## [共通事項]の例

イメージを基に形や色彩などの感情効果を生かしながら構想を練る。

作品例

## 評価規準

| 評価の観点 | 各観点の評価規準例（B） | Aと評価するキーワードの例 |
|---|---|---|
| 美術への関心・意欲・態度 | 魚の形を基に想像力を働かせ，主体的に創意工夫して表したり，表現の方法を工夫したりしようとしている。 | 継続的に意欲をもちながら |
| 発想や構想の能力 | 魚の形を基に想像力を働かせ，直線や曲線を用いたり，単純化や強調などの方法を用いたりし，配色の効果を生かして秩序のある構成や造形的な美しさなどを考え，表現の構想を練っている。 | 独創的な構成を工夫し |
| 創造的な技能 | 意図に応じて自分が使う下敷きのイメージをもちながらコンピュータの特性を生かして創意工夫し，見通しをもって表現している。 | 材料や用具の特性を効果的に生かし |
| 鑑賞の能力 | 下敷きのデザインとしての作品全体のイメージ，配色や構成のよさや美しさ，作者の意図と表現の工夫などを感じ取り，自分の思いや考えをもって味わっている。 | 幅広い視点から感じ取り<br>根拠を基に的確に感じ取り |

**学習の流れ** 　関…美術への関心・意欲・態度　発…発想や構想の能力　創…創造的な技能　鑑…鑑賞の能力　【　】…評価方法

デザインや工芸など　表現　1年

| 活動内容 | 指導者の働きかけ | 評価 | 留意点及び評価方法など |
|---|---|---|---|
| **導入（鑑賞）　30分**<br>●参考作品を鑑賞し，表したい意図と表現の工夫などについて話し合う。 | ●作品例をパワーポイントで提示し形や色彩など工夫されているところに気づかせる。 | 関<br><br>鑑 | 【鑑賞の様子】<br><br>【発言内容】 |
| **展開1（制作）　70分**<br>●完成のイメージに近い魚の写真を選んでデッサンする。<br>●魚のデッサンを基に形の変形の方法を理解し，自分の表したいイメージに応じて構想を練る。 | ●魚の特徴や色彩などをとらえデッサンさせる。<br>●変形の方法について例を提示し，自分のイメージに近づけるための方法を考えさせる（直線化，曲線化，単純化，強調など）。<br>●デッサンの上にトレーシングペーパーを置き，魚の形を生かしながら変形をさせる。 | 発<br>創 | ●デッサンは変形の基になるのでトーンもしっかりつけさせる。<br>●パワーポイントで変形の具体例を見せ理解させる。<br>【制作の様子】<br><br>【制作途中の作品】 |
| **展開2（制作）　80分**<br>●基本的な配色方法を理解しイメージに合った単位形の配色の構想を練る。<br><br>●基本的な配色方法を理解しイメージに合った単位形の配色の構想を練る。 | ●配色例を見せ，それぞれのよさや美しさに気づく。<br>①色相の配色<br>②類似色相の配色<br>③対照色相の配色<br>④補色相の配色<br>⑤トーンや色の面積の違いによる配色<br>⑥グラデーション，アクセントカラー<br>など<br>●フォトショップの「塗りつぶし」機能を使用し，スキャナーで取り入れた下絵に自分のイメージに応じて色をつける。 | 発<br>創 | ●事前に変形した形の輪郭線を黒サインペンでなぞったものをスキャナーでとり，それぞれのファイルに保存しておく。<br>●パワーポイントで同じ形に①～⑥の配色をした具体例を提示し，違いを体得させる。<br>●フォトショップの「塗りつぶし」の方法をnetウィッチで見せPC画面で確認させる。<br>【制作の様子】<br>【制作途中の作品】<br>●自分のイメージの配色になるまで何度も試み，納得のいくまで追求させる。 |
| **展開3（制作）　120分**<br>●構成美の要素について学ぶ。<br>●パソコン上を操作しながら，イメージに合った構成をする。<br>●全体のイメージに合った色を背景につける。<br>●制作した作品をラミネートに加工し下敷きにする。 | ●構成美の要素について具体例を見せて理解させる。<br>●フォトショップのレイヤー機能を生かし，「コピー」「貼り付け」「移動」「変形」などの機能を使い，イメージに合った構成をさせる。<br>●イメージを基に改善を加え，工夫しながら制作をさせる。<br>●放課後，係の生徒にプリントアウトしたものをラミネート加工させる。 | 発<br>創 | ●パワーポイントで構成美の要素の具体例を見せ理解させる。<br>●フォトショップの「コピー」「貼り付け」「移動」「変形」などの方法をnetウィッチで見せPC画面で確認させる。<br>【制作の様子】<br>【制作途中の作品】 |
| **まとめ（鑑賞）　50分**<br>●完成した「下敷き」についてお互いに鑑賞し合う。 | ●表現の工夫や調和の取れた装飾的な美しさなどを感じ取り，自分の思いや考えをもって味わう。 | 関<br><br>鑑 | 【鑑賞の様子】<br><br>【発言内容】 |

# 粋にならべて，日本を感じて
## ～マイ手ぬぐいへのデザイン～

**第1学年**　**A 表現 (2)(3)**　**B 鑑賞**　　時間数 **10時間**

### 題材設定の理由

本校の1年生は，中学校生活に対して様々な期待や願いをもって入学してきている。中学校に入って清掃時に使うことになった，最も身近な日本文化である"手ぬぐい"の造形美や機能美に触れ，そのデザインにこれからの中学校生活への願いを込めてオリジナルの手ぬぐいを制作していきたいと考えた。手ぬぐいは，今でも多くの日本人に愛される日常品の一つであり，伝統的な工芸品でもある。江戸時代には生活必需品として定着し「粋」や「洒落」を演出するために，そのデザインには縁起柄や吉祥柄を組み合わせたものも存在する。

今回の題材では，この「粋」という言葉をキーワードに，人生を楽しく豊かにたくましく生きた昔の日本の人々の思いを身近なものとして感じ，日本人の感性である「粋」を自分なりに捉え，自ら求めて課題に取り組む中から，友だちと関わったり協力し合ったりして，モチーフの組み合わせや構成・染めについて見通しをもって構想し，表現する喜びを味わってほしいと願っている。

### 準備物
（教師）参考資料，さらし，クリアファイル，カッター，布用着色材など
（生徒）教科書，筆記用具，スケッチブック，アクリル絵の具など

### ［共通事項］の例
願いを反映させたモチーフを組み合わせて，形や色彩の感情効果を生かし，工夫して表現する。

### 学習目標
○材料の特徴を効果的に生かした型づくりや染めを，友だちと関わりながら構想していく。
○自分の願いを反映させたモチーフを組み合わせて，自分が使う手ぬぐいの柄を工夫して表現する。
○完成した作品を鑑賞し，造形的なよさや美しさ，表現の工夫を感じ取る。

### 評価規準

| 評価の観点 | 各観点の評価規準例（B） | Aと評価するキーワードの例 |
|---|---|---|
| 美術への関心・意欲・態度 | 伝統工芸のよさや表現に関心をもち，主体的に創造的な工夫をして表したり，表現の工夫などを感じ取ったりしようとしている。 | 継続的に意欲をもちながら |
| 発想や構想の能力 | 使用する者の気持ちや機能，造形的な美しさなどを素材や形などの効果を生かして総合的に考え，表現の構想を練っている。 | 洗練された美しい構成を工夫し |
| 創造的な技能 | 意図に応じて材料や用具の特性を生かし，創意工夫して，見通しをもって表現している。 | 描画材料や用具の特性を効果的に生かし |
| 鑑賞の能力 | 形や色彩と機能との調和のとれた洗練された美しさ，つくり手の意図や伝統的な技法を生かした工夫などを感じ取り，日本の美術や伝統と文化のよさについて理解している。 | 幅広い視点から感じ取り 根拠を基に的確に感じ取り |

## 学習の流れ

関…美術への関心・意欲・態度　発…発想や構想の能力　創…創造的な技能　鑑…鑑賞の能力　【　】…評価方法

**デザインや工芸など　表現　1年**

| 活動内容 | 指導者の働きかけ | 評価 | 留意点及び評価方法など |
|---|---|---|---|
| **導入（鑑賞）50分**<br>● 手ぬぐいの文化や歴史，生活との関わりについて学ぶ。 | ● 4月からの中学校生活を振り返らせる中で，身近な日本文化として清掃時に使っている手ぬぐいに目を向けさせる。<br>● 手ぬぐいの使用方法について，資料を基に体験させる。 | 関<br>鑑 | ● 手ぬぐいの文化や歴史に触れられるよう，具体的な提示物を準備しておく。<br>【話し合いの様子】<br>【発言内容】 |
| **展開1（制作）100分**<br>● 江戸時代の人々が，手ぬぐいの柄に込めた願いを考える。<br>● 実物や写真を基にモチーフをスケッチし，その形状や動きの特徴に着目しながら，単純化や強調，省略を行い，デザイン化する。 | ● 今の自分を見つめ返し，今後こうなりたい，という願いから発想を広げ，実際に手ぬぐいに使われている縁起柄・吉祥柄を参考にしながら，中心となるモチーフを決め出すように促す。 | 関<br>発 | ● 写実的に表すのでなく，単純な線や形で表していくようにする。<br>【ワークシートの記述】<br>【アイデアスケッチ】 |
| **展開2（制作）300分**<br>● デザインしたモチーフのコピーを操作しながら，全体の構図・配置・色彩を工夫していく。<br>● 自分の願いがうまく表れているか友だちと話し合いアドバイスをもらう中で，いくつかのデザインを組み合わせて再構成していく。<br>● 布用の染料を使い，ステンシルなどの方法で，手ぬぐいを染めていく。<br>● 伝えたい主題を伝えるためにさらに試行錯誤を繰り返す。 | ● 図と空間，バランス・リズム・アクセントなど，構成美の要素を用いた試作活動を行わせる。<br>● ①ステンシル，②凸版，③直描き，どの方法で布を染めるか，部分ごとデザインに合わせて決め出させ，それぞれの部分ごとに型に起こしていくように伝える。<br>● つくってきた作品が自分の願いを表しているか見つめ直して，形や色彩によるアクセントなどの工夫を加えるように促す。 | 発<br>創 | ● 希望する材料や用具などの準備に加え，材料の特性や活用方法などについて説明する。<br>【制作の様子】<br>【制作途中の作品】 |
| **まとめ（鑑賞）50分**<br>● 鑑賞会を行う。 | ● 制作してきた自分や友だちの作品を見合い，それぞれの表現のよさを鑑賞カードに記入させる。<br>● 自分にとっての「粋」とはどういうものかを考えさせる。 | 関<br>鑑 | ● 友だちの作品に込められた願いと選んだモチーフの面白さ，並べ方（構成）の美しさを観点に鑑賞させる。<br>【鑑賞の様子】<br>【鑑賞カードの記述】 |

# 生活を豊かに〜形や色彩，文字のデザインを工夫して〜

**時間数 7時間**

第1学年　A 表現 (2)(3)　B 鑑賞

## 題材設定の理由

本校では1年生の2学期に"生活を豊かに"と題して「絵文字」を制作している。視覚伝達デザインの基本である文字のデザインの学習を通して，言葉の意味に合わせた形や色彩，材料や表現方法について考えさせることで，身近なデザインの美しさ，楽しさを味わってほしいからである。

新聞紙や広告などの印刷物から様々な書体の文字を切り抜き分類することで，書体によって印象が変わることや，伝える内容や目的によって書体が工夫されていることを学ぶ文字マップづくりの活動や，レタリング，ポスターカラーの使い方を事前に学習した上で，この題材へ入る。絵文字の制作や鑑賞を通して，相手にわかりやすく伝えたり，目的や条件に合った構成や装飾をしたりする力を身に付けることができるように活動していく。

## 準備物

（教師）参考資料，画用紙，色鉛筆など
（生徒）ポスターカラー，教科書，筆記用具，参考モチーフなど

## ［共通事項］の例

情報の伝達と形や色彩との関係に着目させ，表現の構想を練る。

## 学習目標

- 身近なものの形や色彩，文字のデザインについて関心をもつ。
- 身近なものの観察から発想し，効果的なデザインを構想する。
- 形や色彩，文字のデザインについて理解し，それらを工夫して表現に生かす。
- 生活の中でデザインがどのように生かされているのかを考えながら鑑賞する。

## 評価規準

| 評価の観点 | 各観点の評価規準例（B） | Aと評価するキーワードの例 |
|---|---|---|
| 美術への関心・意欲・態度 | 文字の表し方を主体的に学び，形や色彩などの表し方，材料や用具の生かし方を工夫して表現しようとしている。 | 継続的に意欲をもちながら 自主的に必要な資料を用意する など |
| 発想や構想の能力 | 形や色彩の効果をよく考えて美しい文字の表現の構想を練っている。 | 独創的で洗練された構成を工夫し |
| 創造的な技能 | 意図に応じて材料や用具の特性を生かし，創意工夫して見通しをもって表現している。 | 材料や用具の特性を効果的に生かし |
| 鑑賞の能力 | 文字の形や色彩の効果を，文字の作品の制作から理解し，他の作品のよさや美しさ，作品に込められた作者の思いを感じ取り，自分の思いや考えをもって味わっている。 | 幅広い視点から感じ取り 根拠を基に的確に感じ取り |

## 学習の流れ

**関**…美術への関心・意欲・態度　**発**…発想や構想の能力　**創**…創造的な技能　**鑑**…鑑賞の能力　【　】…評価方法

デザインや工芸など　表現　1年

| 活動内容 | 指導者の働きかけ | 評価 | 留意点及び評価方法など |
|---|---|---|---|
| **導入　50分**<br>● 伝達デザインの役割を知る。<br>● 様々な絵文字デザインを鑑賞し，デザインの要素，制作条件を考える。<br>● 文字の意味を生かし，自由に構想を練る（課題を把握する）。 | ● 絵文字から何が伝わるか，色彩やレイアウトなど様々な観点で見て考えさせる。<br>● 様々な資料を提示し，伝えたい内容を想像させ，形や色彩についての工夫を考えさせる。 | 関 | ● 様々な作品を用意し，色彩やレイアウト，漢字の意味など幅広い見方ができるように，クイズ形式で鑑賞をする。<br>【学習の態度】 |
| **展開1（制作）　50分**<br>● 何を伝えたいのか，目的を考えながら効果的なデザインのアイデアスケッチをする。<br>↑アイデアスケッチ | ● 漢字から連想するものを書き出させ，漢字の語源や意味を知ることで，より発想の幅を広げることができるようにする。<br>● 工夫を促すキーワードや掲示資料を提示する。<br>キーワード・資料例：デフォルメ，色面構成，身近なモチーフ，色相を考えた配色，主張色と強調色，分離の効果，色の感情・調子・対比，レイアウトパターン | 発 | ● よい絵文字の条件を提示し，それらを満たすための形や色彩の工夫ができるようにする。<br>①読めること，②意味が伝わること，③色に工夫があること<br>【アイデアスケッチ】<br>←レイアウトパターン |
| **展開2（制作）　200分**<br>● 決定したデザインを画用紙に鉛筆で下描きする。<br>● ポスターカラーで着彩する。集中して取り組む。 | ● 美しく丁寧に仕上げられるように基本的な絵の具，筆の扱い方について確認をする。<br>● 水の分量，混色する色の配合，適切な筆の運び方，使い方，塗る順番など基本的なことを確認する。<br>←配色カードの活用 | 発<br>創 | ● 手元がわかるように実物投影機とTVを使用して実際にやって見せる。<br>● 八ツ切画用紙を，絵文字を描くスペース（正方形）と，試塗りスペースにわける。<br>【制作の様子】<br>【制作途中の作品】 |
| **まとめ（鑑賞）　50分**<br>● 鑑賞会を行う。<br>● グループで作品をまわし，付箋にコメントを記入する。<br>● 付箋を交換し，自己評価を行う。<br>● 作品を自由に見てまわる。 | ● 鑑賞により形や色彩から作品のねらいや目的を考えて発表をする。<br>● 相互鑑賞によって，デザインが意思の伝達の役割を果たしていることが検証できる。 | 鑑 | ● 友だちの作品の意味，よさや美しさ，表現の面白さを感じ取らせる。<br>【付箋の記述】 |

# 手づくり文字で遊ぼう

第1学年　A 表現 (2)(3)　B 鑑賞　時間数 9時間

## 題材設定の理由

私たちは，日常，意思を伝達するための記号として文字を用いている。しかし，見方を変えて，文字を形として見ることで，異なる世界が広がっていく。部分に焦点を当てる，デフォルメする，分解するなどにより，動植物や日常生活で目にするものなどが別な意味をもつ形に見えてくるのである。

作品は，漢字一文字を10片程のピースに分割した木製のパズルとして表す。ピースの裏面にマグネットを付け，その位置を変えることで，抽象画のような作品への変形を楽しむことができ，壁面に飾れるようにする。文字をデフォルメしたり，単純な幾何図形に置き換えたりするなど工夫を凝らすことで，形から見立てて発想したり，色彩がもつ感情を生かして表現する力を培いたい。

## 準備物

**(教師)** 板材，マグネットボード（A4サイズ黒），麻ひも，エポキシボンド，ポスターカラー，ケント紙，トーナルカラーなど

**(生徒)** 教科書，筆記用具，アイデアノート，身の回りのデザインされた文字など

## 学習目標

○文字を形として見てデザインすることに関心をもち，絵文字やオリジナル書体，漢字1文字を基にしたパズルについて，美的感覚を働かせて構成を考え，表現の構想を練る。
○板材から切り出す形や配色，糸鋸の使い方などにおいて創意工夫して表現する。
○仲間の作品に見られる様々なよさや美しさを感じ取り味わう中で，作品などに対する自分の思いや考えを説明できる。

## [共通事項] の例

文字を変化させた時，見る人に意外性や驚きを感じさせるために，形，色彩の面から考え，表現の構想を練る。

この他，家族をテーマとして，「私」が，父，弟などの文字にも変化する。

## 評価規準

| 評価の観点 | 各観点の評価規準例（B） | Aと評価するキーワードの例 |
|---|---|---|
| 美術への関心・意欲・態度 | 漢字の形を生かした文字のデザインに表現をもち，主体的に創意工夫して表したり，表現の工夫を感じ取ったりしようとしている。 | 継続的に意欲をもちながら自主的に必要な資料を用意するなど |
| 発想や構想の能力 | 文字を形として見て描くために，美的感覚を働かせて構成を考え，形や色彩の効果に気づきながら表現の構想を練っている。 | 漢字の形を独創的に生かしながら |
| 創造的な技能 | 表したい対象のイメージをもちながら，材料や用具などの特性を生かし，創意工夫して表現している。 | 材料や用具の特性を効果的に生かし |
| 鑑賞の能力 | 自他の作品の造形的なよさや美しさについて，視点をもって感じ取り，自分の思いをもって味わっている。 | 幅広い視点から感じ取り根拠を基に的確に感じ取り |

## 学習の流れ

**関**…美術への関心・意欲・態度　**発**…発想や構想の能力　**創**…創造的な技能　**鑑**…鑑賞の能力　【　】…評価方法

デザインや工芸など　表現　1年

| 活動内容 | 指導者の働きかけ | 評価 | 留意点及び評価方法など |
|---|---|---|---|
| **導入（鑑賞・制作）　50分**<br>● 身の回りに見られる様々な文字のデザインの工夫や面白さを感じ取り，味わう。<br>● 明朝体で「永」の字をレタリングし，その方法やレタリングした文字が，なぜ美しく見えるのかを考える。 | ● 看板や雑誌などで目にした面白い書体の文字をスケッチしたりするなど，資料を集めておく。<br>● レタリングをした文字を美しく見せるためにはどのようなことを意識して表すとよいかを課題として投げかける。 | 関<br><br>鑑 | ● 前の題材の後半に，ユーモアあふれる文字のデザイン作品をいくつか提示し，興味を抱かせる。<br>【収集した資料】<br><br>【振り返りシートの記述】 |
| **展開1（制作）　100分**<br>● 自分の名前3文字を「永」の字の点画のみをたよりにして明朝体でレタリングする。<br>● 漢字1文字を基にした絵文字をデザインする。<br>● 作品は，ワークシートに色鉛筆で複数描く。 | ● 初めは「永」の字を構成している点画を基にレタリングする。<br>● レタリング辞典で調べて，自分が描いた作品と照合する。<br>● 文字の意味を生かした発想の工夫がある絵文字をデザインするためにはどのようなことを意識するとよいかを課題として提示する。 | 関<br><br><br>発 | 【活動の様子】<br><br>● 作品の完成度より，発想のバリエーション，発想することの楽しさを重視する。<br>【アイデアスケッチ・ワークシートに描いた作品】 |
| **展開2（制作）　250分**<br>● 漢字1文字から別の形へと変化する木製パズルを制作する。<br>● 自分や仲間が構想途中の書体の工夫や発想の面白さを感じ取り，交流したことを自分の構想に生かして表現する。<br>● 作品は板材に描き，ポスターカラーで着彩して糸鋸で切り出す。その後，ピースの裏面に磁石を付け，マグネットボードを用いて飾る。 | ● これから制作する作品の概要について説明する。<br>● トーナルカラーを用いて構想を整理させ，仲間との交流により，気づいたことを自分の表現を高めるために役立てるよう促す。<br><br>● ポスターカラーの扱い方，材料や糸鋸など工具使用の際の注意点などについて確認する。 | 発<br><br>創 | 【ワークシートの記述・制作の様子】<br><br>【制作途中の作品・完成作品】 |
| **まとめ（鑑賞）　50分**<br>● 作品鑑賞会を行う。<br>● 仲間の作品に見られる様々なよさや美しさを感じ取り味わう中で，自他の作品に対する自分の思いや考えを説明する。 | ● 実際に触れて遊ぶ，どんな形に変化するのか問うなど交流するよう促す。<br>● 仲間の作品をどのような視点で鑑賞することが大切かを確認する。 | 関<br><br><br>鑑 | 【鑑賞の様子】<br><br><br>【ワークシートの記述】 |

# 音を感じて文字で表そう

第1学年　A 表現 (2)(3)　B 鑑賞　時間数 3時間

## 題材設定の理由

身の周りには文字があふれており，それぞれさまざまな字体（フォント）によりデザインされている。同じ音や言葉でも字体を使い分けることによって，その伝わり方が変わってくる。特に日本の漫画にはオノマトペ（擬音語・擬態語）が多用され，そのイメージを表現するデザインのバリエーションが発達していると言われている。本題材では自分が感じ取った楽器の音のイメージや思いが最も伝わるような文字のデザインを通して，形とイメージの関係について考えさせる。本題材では「アナラポス」という楽器を取り扱う。これは二人以上で演奏する楽器であるため，それぞれのグループにおいて複数の生徒に演奏させ，さまざまな音を奏でさせる。また，奏でた音からイメージしたものをオノマトペとして置き換えて文字をデザインし，それをグループでまとめてアナラポスが奏でる音の魅力が伝わるようなポスターを制作させる。

## 準備物

**(教師)** 参考作品，アナラポス（楽器），ケント紙，ポスター台紙，のり，付箋紙など
**(生徒)** 教科書，美術資料，筆記用具など

## 学習目標

○意欲的に楽器を演奏したり音を聴こうとしたりし，その音からのイメージをオノマトペで表現する。
○音からのイメージを相手に伝えるために，文字の形の効果を生かし，わかりやすさや美しさなどを考えて表現の構想を練る。
○文字の形や太さ，配置など，自分の表現意図に合う新たな表現方法を工夫するなどして，創造的に表現する。
○作者の意図と創造的な表現の工夫を感じ取り，自分の思いや考えをもって批評し合うなどして，幅広く味わう。

## [共通事項] の例

情報の伝達と形や画面構成との関係に着目し，表現の構想を練る。

アナラポス

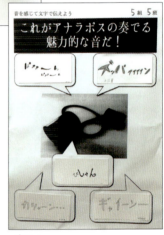
ポスター

## 評価規準

| 評価の観点 | 各観点の評価規準例（B） | Aと評価するキーワードの例 |
|---|---|---|
| 美術への関心・意欲・態度 | 音を感じて表した文字の表現に関心をもち，主体的に創意工夫して表したり，表現の工夫などを感じ取ったりしようとしている。 | 継続的に意欲をもちながら 自主的に必要な資料を用意する など |
| 発想や構想の能力 | 音からのイメージを相手に伝えるために，文字の形の効果を生かし，わかりやすさや美しさなどを考えて表現の構想を練っている。 | 独創的な構成を工夫し |
| 創造的な技能 | 文字の形や太さ，配置など，自分の表現意図に合う新たな表現方法を工夫するなどして，創造的に表現している。 | 描画材料の特性を効果的に生かし |
| 鑑賞の能力 | 伝えることと形や画面構成などとの美しさの調和，作品に込められた思いなどを感じ取り，自分の思いや考えをもって味わっている。 | 幅広い視点から感じ取り 根拠を基に的確に感じ取り |

| 学習の流れ | 関…美術への関心・意欲・態度　発…発想や構想の能力　創…創造的な技能　鑑…鑑賞の能力　【 】…評価方法 |

デザインや工芸など　表現　1年

| 活動内容 | 指導者の働きかけ | 評価 | 留意点及び評価方法など |
|---|---|---|---|
| **導入（鑑賞）　10分**<br>● オノマトペについて説明を聞き，理解する。 | ● 漫画より抜粋したオノマトペや参考作品を提示し，理解させる。<br>● 文字の形の効果を生かし，わかりやすさや美しさなどを考えて表現させるよう伝える。 | 関 | 【学習の態度】 |
| **展開1（制作・話し合い）　40分**<br>● アナラポス（楽器）の演奏を聴き，イメージを膨らませる。<br>● 生徒が楽器を演奏しながら，音からイメージする言葉をワークシートに記入する。<br>● 一人一人が考えたデザインをグループで組み合わせてポスターをつくることを理解する。グループでの話し合いによりデザインする言葉を決定する。<br>● 話し合いで決まった言葉についてアイデアスケッチする。 | ● 教師が楽器の姿を見せないように演奏する（部屋を暗くするなど）。<br>● オノマトペを表現しにくい生徒に対して，いくつか参考例を提示する。<br>● アナラポスの奏でる音の魅力を伝えるためのポスターであることを理解させる。<br>● プリントやスクリーン投影で参考例を提示する。<br>● 文字の形や太さ，配置など，自分の表現意図に合う新たな表現方法が工夫できるように支援する。 | 関<br><br>発 | 【活動の様子】<br><br>【ワークシートの記述】 |
| **展開2（制作）　50分**<br>● アイデアスケッチについてグループでアドバイスをし合う（付箋紙）。<br>● アドバイスを基に下描き・本制作を行い，ポスターの吹き出し部分に貼付する。 | ● 文字の形や太さ，配置など，表現方法について付箋紙に書いて渡す。<br>● 鉛筆やペンで制作させる。時数を制限するため，また純粋に形の表現に特化するため，作品は基本モノクロとして表現させる。 | 発<br>創 | 【制作の様子】<br>【制作途中の作品】 |
| **まとめ（鑑賞）　50分**<br>● 鑑賞会を行う。<br>● 制作のデザイン意図や友だちの作品について文章で表現する。<br>● 感じたことについて互いに発表し合い，その違いなどについて意見を交換する。<br>● コメントを書いてポスターに貼付する。 | ● アナラポスの音からイメージするオノマトペを最もよく表現しているポスター作品を選び，その理由について文章化させる（付箋紙）。 | 関<br><br>鑑 | 【鑑賞の様子】<br><br>【発表内容・付箋紙の記述】 |

# 文字で伝える

第1学年　A 表現 (2)(3)　B 鑑賞　時間数 2時間

## 題材設定の理由

我々の身の周りには文字があふれており，それぞれ様々な字体によりデザインされている。同じ言葉でも字体を使い分けることによって，その伝わり方が変わってくる。特に日本の漫画には，オノマトペが多用され，そのイメージを表現するデザインのバリエーションが発達していると言われている。ここでは，伝えたい内容が最も伝わるような文字のデザインを通して，形とイメージの関係について考えさせたい。現代では，文書をコンピュータで作成することが通例となっている。そのような中，伝えたい内容によって適切なフォントを選択する能力を育成することも重要な課題であると考える。

また，学習のねらいを明確にし，短時間で完結できる題材を設定するということも意識した。

## 準備物

（教師）参考資料（パワーポイント），ワークシート，ケント紙，黒のマジックペンほか
（生徒）教科書，筆記用具ほか

## ［共通事項］の例

情報の伝達と形との関係に着目し，表現の構想を練る。

## 学習目標

○文字の形や構成を考えて表現することに関心をもち，主体的に構想を練る。
○様々な字体（フォント）の観察をすることで，文字の形によって受ける印象が違うことを実感し，伝えたい内容について文字の形の効果を生かして構成を考え，表現の構想を練る。
○文字の形の表し方を身につけ，表したいイメージをもちながら意図に応じて，創意工夫して表現する。
○完成した作品を鑑賞し，表現意図や造形的な工夫について批評し合う。

  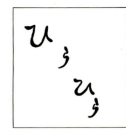

作品例

## 評価規準

| 評価の観点 | 各観点の評価規準例（B） | Aと評価するキーワードの例 |
|---|---|---|
| 美術への関心・意欲・態度 | 文字の形や構成を考えて表現することに関心をもち，主体的に創意工夫して表したり，表現の工夫を感じ取ったりしようとしている。 | 継続的に意欲をもちながら |
| 発想や構想の能力 | 伝えたい内容を明確に伝えるために文字の形の効果を生かして構成を考え，表現の構想を練っている。 | 独創的で洗練された形，構成を工夫して |
| 創造的な技能 | 意図に応じて描画材料の特性を生かし，表したいイメージをもちながら，創意工夫して表現している。 | 描画材料の特性を効果的に生かし |
| 鑑賞の能力 | 伝えることと文字の形との調和のとれた洗練された美しさ，作者の意図などを感じ取り，自分の思いや考えをもって味わっている。 | 幅広い視点から感じ取り 根拠を基に的確に感じ取り |

## 学習の流れ

関…美術への関心・意欲・態度　発…発想や構想の能力　創…創造的な技能　鑑…鑑賞の能力　【 】…評価方法

| 活動内容 | 指導者の働きかけ | 評価 | 留意点及び評価方法など |
|---|---|---|---|
| **導入（鑑賞）　15分**<br><br>《第1時》<br>● パワーポイントで用意した資料で字体による印象の違いを知る。<br><br>● 漫画のオノマトペ表現を紹介し，文字の形がその場面を効果的に表現していることを知る。 | ● 単なる資料提示ではなく，クイズ形式にするなどして，生徒が興味・関心をもつような工夫をする。<br><br>● 文字の形が言葉の意味や内容を伝える上で重要な役割をもっていることを確認させる。 | 関 | 【鑑賞の様子】<br> |
| **展開1（制作）　35分**<br><br>発想・構想　アイデアスケッチ<br>● 教師が用意したオノマトペ一覧から好きなものを選び，自分のイメージで文字のデザインを発想，構想する。<br><br> | ● できるだけ多くのオノマトペを提示する。一覧に載せたもの以外のオノマトペでも認める。<br><br>● アイデアスケッチが進まない生徒には，教師との対話の中で，オノマトペのもつイメージについて気づけるように指導する。 | 関<br>発 | 【活動の様子】<br>【アイデアスケッチ】<br><br> |
| **展開2（制作）　35分**<br><br>《第2時》<br>清書<br>● 決定した文字のデザインをケント紙に描く。<br><br>● 鉛筆で下描きをする。黒のマジックペンで枠を描き，必要があれば文字の中を塗りつぶす。 | ● 正方形の枠の中に描く際，レイアウト（位置や大きさのバランス）を意識するように確認をする。<br><br>● 黒い文字か白抜きの文字かで，与えるイメージが変わることを意識させ，選択させる。 | 発<br>創 | 【制作の様子】<br>【作品】<br> |
| **まとめ（鑑賞）　15分**<br><br>● 鑑賞会を行う。<br><br>● 文字の形の工夫で，伝えたいイメージをよりよく伝えられている作品を選び，ワークシートによい点を記述する。 | ● 鑑賞により文字の形が言葉の内容を伝える上で重要な役割をもっていることを実感させる。 | 関<br>鑑 | ● 作品を鑑賞しながら生徒が自由に批評し合える環境や雰囲気をつくる。<br>【鑑賞の様子】<br>【ワークシートの記述】 |

デザインや工芸など　表現　1年

# 文字を感じて　～感性の言葉　オノマトペ～

第1学年　A 表現 (2)(3)　B 鑑賞　時間数 2時間

## 題材設定の理由

相手に気持ちを伝える簡単な方法は，話す，書くなどの言葉である。そして，気持ちを伝えながら，微妙な擬音や擬態のニュアンスまでも伝えることができる文字のデザインが「オノマトペ」でもある。そもそも，私たちの周りには，共通認識された擬音語や擬態語があふれ，話し方に表情をつけることで，効果を高め相手に伝えている。また，身の回りにあふれているビジュアル化された文字のデザインにより，子どもたちの感受性や感覚はさらに敏感になっている。こうした社会の中，子どもたちに関心の高い漫画の世界を参考に，五感を刺激する身近な表現としてのオノマトペを考え，つくり出すことは，現代に必要なコミュニケーションツールをデザインすると言えよう。直感的にとらえた感覚やイメージを身近な描画材を用いて，楽しみながら装飾する表現活動でありたい。

## 準備物

（教師）ワークシート（セリフや吹き出し，オノマトペによる強調が見られる漫画の例を紹介），白上質紙など

（生徒）教科書（美術資料），広告，筆記用具，黒マジックペン，黒ボールペン，定規など

## 学習目標

○見た人に表現意図や感情が伝わるようなデザインを楽しく構想する。
○身近な描画材を用いて，伝えるための方法を考えて効果的に表現する。
○オノマトペの効果を知ることで，生活に溶け込む文字のデザインを感じ取る。

## ［共通事項］の例

伝えたいイメージを基に，文字の形による感情効果を生かした構想を練る。

 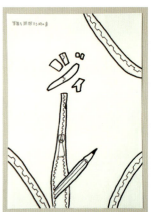

作品例

## 評価規準

| 評価の観点 | 各観点の評価規準例（B） | Aと評価するキーワードの例 |
|---|---|---|
| 美術への関心・意欲・態度 | オノマトペの効果に関心をもち，ユーモアあふれるオノマトペのイメージを表現しようと意欲的に制作に取り組んでいる。 | 継続的に意欲をもちながら |
| 発想や構想の能力 | 伝えたい気持ちや場面を想像し，文字の形を工夫してわかりやすく美しいデザインの構想を練っている。 | 表現意図に合った独創的な構成を工夫し |
| 創造的な技能 | 表したい文字のイメージをもちながら，描画材料の特性を生かし，創意工夫して表現している。 | 描画材料の特性を効果的に生かし背景の効果を生かし |
| 鑑賞の能力 | 使われる場面設定や表現方法の工夫など，制作者の意図を感じ取り，自分の思いや考えをもって味わっている。 | 幅広い視点から感じ取り根拠を基に的確に感じ取り |

## 学習の流れ

関…美術への関心・意欲・態度　発…発想や構想の能力　創…創造的な技能　鑑…鑑賞の能力　【　】…評価方法

デザインや工芸など　表現　1年

| 活動内容 | 指導者の働きかけ | 評価 | 留意点及び評価方法など |
|---|---|---|---|
| **導入（鑑賞）30分**<br>● 五感を意識した言葉遊びを通して，言葉のもつ印象やイメージを広げる。<br>● 広告や漫画の書き文字などを参考に，オノマトペの使われ方と効果についてワークシートにまとめる。 | ● 商品販売のキャッチコピーや商品名などを基にしたクイズを行い，イメージを膨らませる。<br>● 擬態語や擬音語を取り上げ，その印象を考えさせる。<br>● 文字をデザインすることによって感情や臨場感を伝え，オノマトペの効果が高まる例を示す。 | 関<br><br>鑑 | ● 言葉遊びによるウォーミングアップで想像力を高める。<br>● 動作を交えて発音させることで印象を深めさせる。<br>【発言内容】<br>● 視覚効果による印象が強いことに気づかせる。<br>【ワークシートの記述】 |
| **展開1（制作）20分**<br>● 課題1「ドッカーン」の使い方や場面を考え，オノマトペをデザインする。<br>● 課題2「ソロリ　ソロリ」の使い方や場面を考え，オノマトペをデザインする。 | ● 何がどうなった場面を伝えたいのかを考えてから，デザインさせる。<br>● 本制作は，黒ボールペン，黒マジックペンのみでの表現であることを確認し，課題1・2は鉛筆で表現させる。 | 関<br>発 | ● 資料を活用して，文字の太さや形の工夫，配置の仕方や模様を加えるなどの説明をする。<br><br>【活動の様子】<br>【ワークシートの記述】 |
| **展開2（制作）35分**<br>● 課題3：日常生活で体感したことや経験したことなどをオノマトペで表す。<br>● オノマトペで伝える場面についての説明を記入する。 | ● どのような感覚や場面を伝えたいのかを考え，アイデアスケッチをしてから制作させる。<br>● ユーモアを取り入れ，動きのある表現で伝えることをアドバイスする。<br>● 黒ボールペンや黒マジックペンを利用して，独特の表現ができることを示す。 | 発<br>創 | ● 制作用紙は，十分に用意して積極的に描かせ，交換できるようにする。<br>● 制作者の直接体験であるオノマトペが有効。<br>【アイデアスケッチ】<br>【制作途中の作品】 |
| **まとめ（鑑賞）15分**<br>● 作品を鑑賞し合い，どのような場面でのオノマトペかを話し合う。<br>● 発想の意図や表現の工夫について互いに評価する。 | ● 制作者の思いが伝わる表現の工夫について考えさせる。<br>● 校内展示（活用）を考えることで，よりユーモアあふれるオノマトペを楽しむ。 | 関<br>鑑 | ● グループごとに話し合ったり一斉展示したりするなど，実態に合わせた配慮をする。<br>【鑑賞の様子】<br>【発言内容】 |

# 千年の輝き！ 私のメタル家紋をつくろう

第1学年　A 表現 (2)(3)　B 鑑賞　時間数 **8** 時間

## 題材設定の理由

家紋の歴史は古く平安時代後期から用いられ，それぞれの家の独自性を表す日本固有の文化である。そのデザインは，植物や動物，漢字を用いた図柄や，幾何学的な構成の美しさのあるものまで，実に多様で洗練されている。しかし現代では，日常的に家紋を用いる機会がほとんどなくなり，その文化や歴史を知らない生徒も多い。そこで本題材では，家紋に込められた由来や魅力を探った上で，オリジナルの家紋を制作する。自分のパーソナリティを表すことを目標とし，名前に用いられている漢字や好きな植物や動物，所属している部活に関連するものなどからイメージを膨らませて，美しく，ユーモアのあるデザインを考えさせたい。また，その家紋を"メタル"という，丈夫で美しく輝く素材を使って制作することで，より愛着をもたせていきたい。

## 準備物

（教師）参考資料，ワークシート，トレーシングペーパー，ピューターインゴットメタル，黄ボール紙（鋳型用2mm厚），白ボール紙（表裏ふた及び湯口用），カッターナイフ，木工用ボンド，ペンチ，クリップ，鋳型大のベニヤ板2枚，溶解鍋，電気こんろ，軍手，ゴーグル，マスク，金工やすり，紙やすりなど

（生徒）定規，コンパス，筆記用具など

## 学習目標

○自分のパーソナリティを表すための，効果的なモチーフを取り入れ，構想する。
○メタルという素材の特性を理解し，美しく効果的に表現し，仕上げる。
○完成した作品を鑑賞し，デザインの表現意図や造形的な工夫について批評し合う。

## [共通事項]の例

家紋のもつデザインの多様性と洗練された美しさに着目し，表現の構想を練る。

写真：名前の漢字を生かしたデザイン「愛」　　写真：好きな動物を生かしたデザイン「月と猫」

作品例

## 評価規準

| 評価の観点 | 各観点の評価規準例（B） | Aと評価するキーワードの例 |
|---|---|---|
| 美術への関心・意欲・態度 | 家紋のデザインに関心をもち，主体的にその面白さや美しさ，表現の工夫などを感じ取ろうとしている。 | 継続的に意欲をもちながら |
| 発想や構想の能力 | 自分のパーソナリティを表すために，家紋にしたいモチーフを主体的に考え，美しくユーモアのあるデザインの構想を練っている。 | 独創的で洗練された構成を工夫し |
| 創造的な技能 | 意図に応じて材料の特性を生かし，創意工夫して見通しをもって表現している。 | 材料の特性を効果的に生かし |
| 鑑賞の能力 | 家紋のデザインに込めた意図を伝えるとともに，その面白さや美しさを感じ取り，自分の思いや考えをもって味わっている。 | 幅広い視点から感じ取り 根拠を基に的確に感じ取り |

| 学習の流れ | 関…美術への関心・意欲・態度　発…発想や構想の能力　創…創造的な技能　鑑…鑑賞の能力　【 】…評価方法 |

| 活動内容 | 指導者の働きかけ | 評価 | 留意点及び評価方法など |
|---|---|---|---|
| **導入（鑑賞）　50分**<br>● 家紋の由来について知る。<br>● いろいろな家紋を鑑賞し，使われているモチーフや特徴，由来について考える。 | ● 家紋に関する資料をクイズにし，生徒に関心をもたせる。<br>● 家紋のもつ優れたデザイン性に着目させるために，その家紋の由来について自由に想像させ，イメージを膨らませる。 | 関<br><br>鑑 | 【鑑賞の様子】<br>● 家紋が様々なモチーフを扱っていることや，幾何学的な構成になっているものがあることを，話し合いから発見させる。<br><br>【ワークシートの記述】 |
| **展開1（制作）　50分**<br>● 自分の表現したいテーマについて考え，効果的なアイデアスケッチをする。 | ● アイデアの基となるキーワードを提示する（生徒からの意見も取り入れる）。<br>キーワード例：好きな植物や動物，名前に使われている漢字，部活に関連するものなど。<br>● メタルにすることを踏まえて，シンプルなデザインとなるように促す。 | 関<br><br>発 | 【活動の様子】<br><br>【アイデアスケッチ】 |
| **展開2（制作）　150分**<br>● 決定したデザインを黄ボール紙に転写する。メタルを流すための湯口をつくる。<br>● 転写したデザインを切り抜き，白ボール紙にボンドで貼りつけ，鋳型をつくる。 | ● メタルを流すための湯口や通り道について説明し，個別に確認する。<br>● 美しく丁寧に仕上げられるように，カッターナイフの使い方やボンドの量など基本的なことを確認する。 | 発<br>創 | ● 細かい制作の説明では，実物投影機を用いて手元を見せる。<br>【制作の様子】<br>【制作途中の作品】 |
| **展開3（制作）　100分**<br>● 鋳型に溶かしたメタルを流し込む。<br>● 鋳型からメタルを取り出し，やすりをかけて形を整える。 | ● 安全に制作できるよう，メタルを溶かす際の注意点について指導する。<br>● 金工やすりや，紙やすりの使い方を確認する。 | 関<br>創 | ● 安全に配慮して流し込みは教師が行う。軍手，ゴーグル，マスクを着用させ，流し込む様子を安全に見られるようにする。<br>【活動の様子】<br>【制作途中の作品】 |
| **まとめ（鑑賞）　50分**<br>● 鑑賞会を行う。<br>● 家紋のデザインに込めた意図を発表する。<br>● 気に入った作品を3点選び，鑑賞文を書く。 | ● 家紋のデザインに込めた意図を発表することで，より深く作品を味わうことができるようにする。<br>● 3点を選ぶ基準として，デザインの面白さや仕上がりの美しさなど，具体的な視点を与える。 | 関<br><br>鑑 | ● 発表では，実物投影機を用いてスクリーンに拡大して鑑賞できるようにする。<br>【鑑賞の様子】<br><br>【発表内容・鑑賞文の記述】 |

デザインや工芸など　表現　1年

# グリーティングカード「ありがとう」を贈ろう

**第 1 学年** ／ A 表現 (2)(3) ／ B 鑑賞 ／ 時間数 **5** 時間

## 題材設定の理由

「ありがとう」という言葉は，人の心を温かくする。本題材は，自分の「ありがとう」の思いを形や色彩で表現し，贈ることを目的としている。「ありがとう」を贈るには相手が必要である。生徒はまず，自分が「ありがとう」を伝えたい相手を考える。そして，自分が表したい内容を思いのままに表現するのではなく，贈られる相手の立場や気持ちを尊重することが必要になってくる。導入段階で，グリーティングカードの意味を理解させ，カードを開いた時の相手の喜ぶ顔を想像しながら制作を進めていくことが重要だろう。そこで本題材では，贈られる相手が，カードを開いた時に喜びや驚きをもつために，飛び出す仕組みを使う。自分の「ありがとう」の思いを飛び出す仕組みを使い，わかりやすく美しく伝えるということを考えて構想を練らせたい。

## 準備物

（教師）参考資料，ケント紙，色画用紙，和紙など
（生徒）はさみ，カッター，糊，教科書，筆記用具，表現意図に応じて必要なものなど

## 学習目標

○飛び出す仕組みの基本を理解し，贈られる相手の立場に立って，伝えたい内容を構想する。
○伝えたい思いを紙の特性を生かして効果的に表現する。
○完成した作品を鑑賞し，表現意図や造形的な工夫について批評し合う。

## [共通事項]の例

情報の伝達と形や色彩との関係に着目し，表現の構想を練る。

作品例

## 評価規準

| 評価の観点 | 各観点の評価規準例（B） | Aと評価するキーワードの例 |
|---|---|---|
| 美術への関心・意欲・態度 | 飛び出すカードの仕組みに関心をもち，主体的に創意工夫して表現したり，表現の工夫などを感じ取ったりしようとしている。 | 継続的に意欲をもちながら自主的に必要な資料を用意し，主体的につくり手の意図を感じ取ろうとする。 |
| 発想や構想の能力 | 「ありがとう」の思いを伝えるために，飛び出すカードの効果を生かし，形や色彩の効果を考えてデザインの構想を練っている。 | 伝えたい内容を明確にもち，それを伝えるために形や色彩の効果を考え，独創的で洗練された構想を練る。 |
| 創造的な技能 | 意図に応じて紙の特性を生かし，創意工夫して，見通しをもって表現している。 | 材料の特性や飛び出す仕組みを理解して，効果的に表現する。 |
| 鑑賞の能力 | 「ありがとう」の思いを伝えることと形や色彩などとの調和のとれた洗練された美しさ，つくり手の意図などを感じ取り，自分の思いや考えをもって味わっている。 | 根拠を明確にして的確に理解し，つくり手の意図や願いを幅広い視点で的確に読み取るなど。 |

## 学習の流れ

関…美術への関心・意欲・態度　発…発想や構想の能力　創…創造的な技能　鑑…鑑賞の能力　【　】…評価方法

**デザインや工芸など　表現　1年**

| 活動内容 | 指導者の働きかけ | 評価 | 留意点及び評価方法など |
|---|---|---|---|
| **導入（鑑賞）　30分**<br>● グリーティングカードの役割を知る。<br>● いろいろなグリーティングカードを鑑賞し，デザインの要素，工夫の違いを考える。 | ● どのような場面で，どのような役割をもっているかを考えさせる。<br>● いろいろな資料を提示し，伝えたい内容を想像させ，形や色彩についての工夫を考えさせる。 | 関<br><br>鑑 | ● グリーティングカードに関心をもたせる。<br>【鑑賞の様子】<br>● デザインの要素，表現の工夫の仕方を，話し合いの中で発見させる。<br>【発言の内容】 |
| **展開1（制作）　20分**<br>● 飛び出すカードの仕組みを学び，組み合わせを工夫し，実際に紙を切って試す。 | ● 飛び出す仕組みの技法と作例のプリントを配り説明する。 | 関<br>発 | 【活動の様子】<br><br>【試作品】 |
| **展開2（制作）　150分**<br>● 自分が「ありがとう」の思いを伝えたい相手を考える。<br>● 飛び出すカードの仕組みを使い伝えたい相手に「ありがとう」の思いが伝わるようなデザインを考える。<br>● 決定したデザインを基に集中して制作する。 | ● 思いを伝えたい相手は，家族・先輩・友人・先生など誰でもよいことを伝える。<br>● 様々な工夫を促す資料を提示する（飛び出す仕組みの工夫・色彩の工夫・材料の工夫）。<br>● 美しくていねいに仕上げられるようにカッターの扱い，糊の扱い方について確認する。 | 発<br><br><br>創 | ● 工夫がわかるようにTVなどで見せながら説明する。<br>【アイデアスケッチ】<br><br>【制作途中の作品】 |
| **まとめ（鑑賞）　50分**<br>● 完成した作品を鑑賞する。各自の工夫したところなどを紹介し合い，それぞれの作品に込めたよさを味わう。 | ● 自分の作品に込めた思いを形や色彩でどのように表現しようと考えたのかを発表させる。 | 関<br>鑑 | ● 友人の作品の思い，よさや美しさ，表現の面白さを感じ取らせる。<br>【鑑賞の様子】<br>【発表内容】 |

# アイヌ文様を生かした木彫りコースター

**時間数 10時間**

第1学年　A 表現 (2)(3)　B 鑑賞

## 題材設定の理由

本題材は，アイヌ文様を基に木材にデザインを施し，コースターを制作する題材である。

北海道は古来よりアイヌ人が住み，伝統的なアイヌ文化を築いてきた。知っているようで知らないこれらの文化を，調べ学習や制作を通して理解することをねらっている。アイヌ文化の中でも特にアイヌ文様は，その美しさもさることながら，一つ一つに意味があり，その組み合わせによって様々な「願い」「思い」を表現するという深さをもち合わせている。また，木材という素材もアイヌ民族とは深い関わりをもち，生活に根ざしてきたものである。

文様と木という素材を用い，それらを組み合わせながら制作することで，アイヌの人たちの苦労やものづくりへの愛情を知るとともに，自らつくり上げ，使用する喜びを生徒に実感として捉えさせたい。

## 準備物

(**教師**) 参考資料，木材，やすり各種，電動糸鋸，各種塗料，刷毛など
(**生徒**) 教科書，資料集，彫刻刀など

## 学習目標

○用途や機能，使用する者の気持ちなどを基に，文様等の美しさを生かしながら，表現の構想を練る。
○意図に応じて用具の特性を生かし，制作の順序などの見通しをもち，創意工夫して表現する。
○造形的なよさや美しさ，美と機能性の調和などを感じ取り，アイヌの美術文化の特性などに気づく。

## [共通事項]の例

形と文様の美しさの調和を図りながら，その関係性を意識した作品の構想を練る。

作品例

## 評価規準

| 評価の観点 | 各観点の評価規準例（B） | Aと評価するキーワードの例 |
|---|---|---|
| 美術への関心・意欲・態度 | コースターのデザインやアイヌの美術文化に関心をもち，主体的に創意工夫して表したり，表現の工夫などを感じ取ったりしようとしている。 | 継続的に意欲をもちながら，自主的に必要な資料を用意する。 |
| 発想や構想の能力 | アイヌ文様の形や意味，材料などから，美しさなどを考え，表現の構想を練っている。 | 独創的で洗練された構成を工夫している。 |
| 創造的な技能 | 意図に応じて材料や用具の特性を生かし，創意工夫して見通しをもって表現している。 | 材料や用具の特性を総合的にとらえて創造的に表現している。 |
| 鑑賞の能力 | 機能と美の調和，使う人に対する作者の心づかい，願いなどを感じ取り，自分の思いや考えをもって味わい，またアイヌの美術文化のよさや美しさを感じ取り，その特性などに気づいている。 | 幅広い視点から感じ取り，根拠を基に的確にその特性をとらえている。 |

## 学習の流れ

関…美術への関心・意欲・態度　発…発想や構想の能力　創…創造的な技能　鑑…鑑賞の能力　【 】…評価方法

デザインや工芸など　表現　1年

| 活動内容 | 指導者の働きかけ | 評価 | 留意点及び評価方法など |
|---|---|---|---|
| **導入（鑑賞①）　50分**<br>● アイヌ文様について調べる。<br>● 文様以外のアイヌの美術を中心とした文化を調べ，理解する。 | ● アイヌ文化の概要を理解するために，インターネットや図書館の資料を基に調べる。<br>● アイヌの方々が用いた文様をはじめとして，衣・食・住など，多様な視点からアイヌ文化を俯瞰し，その中で自分が特に興味をもったことについて詳細に調べ上げるよう促す。 | 関<br><br>鑑 | ●「アイヌ文様」については必修とする。<br>● アイヌ美術文化レポート，デザイン，制作への姿勢を提出及び，授業観察を通して行う。<br>【学習の態度】<br><br>【発言内容】 |
| **鑑賞②　50分**<br>● 上記の活動を通して集まった資料をまとめて，アイヌ美術文化レポートを作成する。 | ● 実際に文様などを描くことで，その意味を理解するとともに，その後のデザインへのイメージをもてるようにする。 | 鑑 | ● A4のプリント1枚に，手書きでまとめる。<br>● よさや美しさ，美術文化の特性などに気づいたかをレポートで見取る。<br>【レポートの記述】 |
| **展開1（アイデアスケッチ）　50分**<br>● レポートを参考にしながらコースターのデザインを行う。 | ● アイヌの木彫りではなく，アイヌ文様を"生かす"という視点をもたせる。<br>● デザインはアイヌの三大文様と言われている「モレウ」「アイウシ」「シク」の内いずれか一つ以上を用いるとともに，彫りの基本として練習した「菱合い彫り」他の中から一つ以上を用いることを条件として示す。また，全体の形は，用途を考えて，安全で美しい形状を考えさせる。 | 関<br><br><br><br>発 | 【活動の様子】<br>● デザインは2段階で行う。第1段階では機能と美という視点でより多様なアイデアの創出をめざし，それがクリアできればBとする。第2段階は第1段階で出てきたアイデアを組み合わせたり，融合させたりしながら，より高次なデザインを追求する。それが達成されればAとなる。見取る場面は第2段階終了時，または作品完成時となる。<br>【アイデアスケッチ】 |
| **展開2（制作）　300分**<br>● 自分のデザインに応じて，円滑に制作が進められるように，制作の順序などを考える。 | ● 制作は彫りを先に進めるのか，形を切り取ることを先にするのかは，デザインや制作の流れをイメージさせ，各自で考えて進めさせる。 | 発<br><br><br><br>創 | ● 最後はウレタンニスやワックスのいずれかを用いて塗装を行い，完成となる。<br>【制作の様子】<br>● 基本の彫りをクリアした段階でBとし，作品完成時にその経験を生かしながらより美しい作品に仕上げられた場合Aとなる。塗装はウレタンニスとワックスの選択になることと，変容が見とれない性格上，評価には含めない。<br>【作品】 |
| **まとめ（鑑賞）　50分**<br>● 鑑賞，作品交流を行う。<br>● 感想などをワークシートに記述する。 | ● 仲間の作品のよさや美しさ，工夫点などを，機能と美という視点で味わうように促す。 | 関<br><br>鑑 | ● 機能と美という視点で，鑑賞を行っているかを見取る。<br>【鑑賞の様子】<br><br>【ワークシートの記述】 |

# 革に親しむレザークラフト

第1学年　A 表現 (2)(3)　B 鑑賞

時間数 **6** 時間

## 題材設定の理由

革製品は，身近に使用しているにも関わらず，自分で制作したいという声は少ない。多く聞く言葉としては，「どのようにして制作すればいいのかわからない」というものであった。そこで，制作用の道具を用意し，革の特性を伝えることで，革製品との距離を縮め活動させたい。革は，軟らかく使うほど手に馴染み，強いものである。小銭入れの制作では，自分が使う目的で制作する。また，図柄については，伝統的な唐草模様の練習もさせながら，個性ある作品に仕上げさせたい。

最近は，インターネットで「革」が販売されるようになり，以前より入手可能な材料となっていることもつけ加えたい。

## 準備物

(**教師**) 参考資料，参考作品，レザークラフトセット（モデラ，スーベルカッター，刻印，スポンジ）など

(**生徒**) 教科書，資料集，スケッチブック，レザーなど

## [共通事項]の例

形や色彩，材料の性質がもたらす雰囲気や感情を理解する。

作品例

## 学習目標

○革を身近に感じ，自分らしい作品を制作する。
○伝統的な表現も理解しながら，立体感のある作品に仕上げる。
○道具を安全に正しく使用する。
○工芸作品であることを意識しながら，互いの作品を鑑賞する。

## 評価規準

| 評価の観点 | 各観点の評価規準例（B） | Aと評価するキーワードの例 |
|---|---|---|
| 美術への関心・意欲・態度 | 革の特性を生かした作品の表現に関心をもち，主体的に創意工夫して表したり，表現の工夫などを感じ取ったりしようとしている。 | 継続的に意欲をもちながら構想・制作が行えている。 |
| 発想や構想の能力 | 用途や機能，使う人の気持ちなどから形や肌ざわりの効果などを生かして美しさを考え，表現の構想を練っている。 | 用途や機能を知り，美しく自分らしい図案が考えられている。 |
| 創造的な技能 | 意図に応じて用具の特性を生かし，創意工夫して見通しをもって表現している。 | 材料や用具の特性を効果的に生かし制作している。 |
| 鑑賞の能力 | 機能と形の美しさの調和，使う人に対する作者の心づかいなどを感じ取り，自分の思いや考えをもって味わっている。 | 幅広い視点から感じ取り，言葉や文章でお互いの作品を鑑賞することができている。 |

## 学習の流れ

関…美術への関心・意欲・態度　発…発想や構想の能力　創…創造的な技能　鑑…鑑賞の能力　【 】…評価方法

デザインや工芸など　表現　1年

| 活動内容 | 指導者の働きかけ | 評価 | 留意点及び評価方法など |
|---|---|---|---|
| **導入（鑑賞） 30分**<br>● レザー（革製品）を知る。<br>● レザーに触れる。<br>● レザー作品を見る。 | ● 身のまわりにあるレザー製品について具体的に考えさせる。<br>● レザーの特徴を考えさせる。<br>● 実物を手にして，手触りや感触を確かめさせる。<br>● 伝統的な作品や過去の先輩の作品から制作意欲を膨らませる。 | 関<br><br>鑑 | ● 財布，ベルトなどレザー製品が身のまわりで利用されていることに気づかせる。<br>【学習の態度】<br><br>【発表内容】 |
| **展開1（制作） 80分**<br>● 伝統的な模様について知る。<br>● 下絵を制作する。 | ● 参考作品を用いながら説明する。<br>・花鳥風月<br>・幾何学模様<br>・唐草模様<br>● 立体的になるように工夫させる。<br>・大小<br>・重ねる | 発<br><br>創 | ● 構成段階では，より立体的になるように数枚のアイデアスケッチを描かせる。<br>【アイデアスケッチ】<br>● 参考作品をアイデアに盛り込みながら，自分らしい形をつくらせる。<br>【制作途中の作品】 |
| **展開2（制作） 160分**<br>● 下絵の転写をする。<br>● カービングを行う。 | ● レザーの特性を知らせる。<br>・水分を含ませると軟らかくなる<br>● 必要な道具の使い方を説明する。<br>・モデラ<br>・刻印棒<br>・スーベルカッター　など | 発<br><br>創 | ● 転写前に，湿らせたスポンジを使い処理を行ってから制作させる。<br>【制作の様子】<br>● それぞれの道具の使い方を説明する。（実物投影機で拡大しながら説明）<br>● 安全に使用させるよう全体に説明し，また状況を見て個別にも説明し制作をさせる。<br>【作品】<br>● 立体感を出させるように道具を選ばせて制作させる。 |
| **まとめ（鑑賞） 30分**<br>● お互いの作品を鑑賞する。<br>● 掲示する。 | ● 鑑賞時に，工夫した点や苦労した点を話し合わせる。<br>● すべての作品の雰囲気を感じさせる。 | 関<br><br>鑑 | ● 工芸作品を意識しながら鑑賞させる。<br>【鑑賞の様子】<br>● たくさんのコメントを発表させる。<br>●「レザー」作品の暖かみや優しさに気づかせる。<br>【発言内容】 |

# 広がれ！藍色の小宇宙　～藍染を楽しむ～

第1学年　　A 表現 (2)(3)　　B 鑑賞

時間数　2時間

## 題材設定の理由

本校は木工の街にあり，子どもたちは木工細工や染色といった伝統工芸に触れる機会も少なくないが，古いもの，難しいものという印象ももっている。近隣の美術館で開催された絣展を鑑賞するにあたり，藍染を体験してより深く味わい，楽しむことができるように本題材を設定した。絞り方の違いによって表される色や文様には一つとして同じものはなく，幾何学的な美しさや偶然の面白さがある。制作の過程で刻々と変わる色や浮かび上がる文様への期待や高揚感は，生活の中の美術を楽しみ味わう心情にもつながるものである。また，染色は文化の源でもあり，藍染の学習は歴史や他文化の理解，化学反応といった学びの広がりも期待できる。自分の手から生まれ，広がる藍色の世界を子どもたちとともに味わい楽しみたい。

## 準備物

（教師）参考資料，木綿の布（20cm四方程度を一人あたり2～3枚：シーツなどをリサイクルしてもよい），輪ゴム，タコ糸，割りばし，藍液（容器につくり置き，使用する直前まで表面をラップなどで覆う），酢酸（色止め），ゴム手袋など

（生徒）エプロンなど汚れを防ぐ服装，新聞紙，教科書，筆記用具など

## ［共通事項］の例

絞りによって変化する多様な形や色彩などの感情効果を生かして構想する。

## 学習目標

○表す文様を想像して絞りを考え，伝統文様に自分なりの工夫をして表現する。
○完成した作品を鑑賞し，藍染の色の美しさや文様の面白さなどを味わう。

## 評価規準

| 評価の観点 | 各観点の評価規準例（B） | Aと評価するキーワードの例 |
|---|---|---|
| 美術への関心・意欲・態度 | 藍染に関心をもち，主体的に創意工夫して表したり，表現の工夫などを感じ取ったりしようとしている。 | 継続的に意欲をもちながら<br>自主的に必要な用具や資料を用意するなど |
| 発想や構想の能力 | 伝統文様の絞り方を参考に，できあがりの形や色彩などの効果を想像して構想を練っている。 | 独創的な構成を工夫をし |
| 創造的な技能 | 絞りの効果や特性を生かし，新たな絞り方の工夫をするなどして，手順などを総合的に考えながら見通しをもって表現している。 | 材料や用具の特性を効果的に生かし |
| 鑑賞の能力 | 計画性や偶然性から生み出された多様な色彩，文様の美しさや面白さを感じ取り，自分の思いや考えをもって味わっている。 | 幅広い視点から感じ取り<br>根拠を明確にして的確に理解し |

## 学習の流れ

凡例: 関…美術への関心・意欲・態度　発…発想や構想の能力　創…創造的な技能　鑑…鑑賞の能力　【　】…評価方法

デザインや工芸など　表現　1年

| 活動内容 | 指導者の働きかけ | 評価 | 留意点及び評価方法など |
|---|---|---|---|
| **導入（鑑賞）　20分**<br>● 藍染の歴史や、藍染のしくみなどを知る。<br>● 伝統文様に自分なりの工夫をして藍染を味わう（課題把握）。<br>● 絞る材料や方法による文様の違いを考える。 | ● 身近に感じることができるように、生活の中で使われている絣の作業着やジーンズ、のれんなど藍染の作品を提示する。<br>● 布の折り方、絞る場所や材料、絞りの強弱によって表される文様の違いついて、資料を提示しながら実演して説明する。 | 関<br>鑑 | ● 藍染に関心をもち、絞り方による文様や色の違いを積極的に探ろうとしている。<br>【鑑賞の様子】<br>● 表される文様を想像して話したり図に表したりできる。<br>【発言内容・ワークシートの記述】 |
| **展開1（制作）　30分**<br>● 布を折り、絞る。<br>● 割りばしに記名するか、名前を書いた布切れを輪ゴムに挟む。<br> | ● 絞る幅や回数など、自分なりの工夫を加えることを確認する。<br>● 布の端をていねいに合わせて折ることで、正確な文様ができることを確認する。<br>● 白い部分をくっきりと表し、途中でほどけないようにするためには、ある程度強く絞ることを勧める。 | 発 | ● 自分なりの工夫をし、見通しをもってていねいに制作している。<br>【制作の様子・ワークシートの記述】<br> |
| **展開2（制作）　30分**<br>● 絞った布を水で湿らせた後、藍液に浸す（5～10分）。<br>● バケツの中で絞りを解き、よくすすぐ。酢酸液で色止めをした後、再度よくすすぎ、新聞紙に広げる。 | ● 浸す時間により、色の濃さが変わるので、好みの色に合わせてグループを決めて、作業を進める。<br>● 液がはねることを防ぐために、水を張ったバケツの中で輪ゴムやタコ糸を解くように指示する。<br>● 黄色から緑、青と変化する色に着目するように声をかける。<br>● 完全に色の変化が止まってから仕上げに入るように指示する。 | 発<br>創 | ● 色の変化や浮かび上がった文様の面白さに気づくことができる。<br>【制作の様子】<br>【制作途中の作品】<br> |
| **まとめ（鑑賞）　20分**<br>● 自分の作品を味わう。<br>● 鑑賞会を行う。<br>　・気づいたこと、題名などを発表し、交流する。<br> | ● 相互鑑賞では、色や文様の規則的な美しさ、よさに着目して題名を決めたり意見交流したりするように促す。<br>● 布の端のほつれた糸の色むらに着目し、絣の鑑賞につなぐ。<br>● 作品をのれん状につないだ作品と、制作した感想を美術館に実際に展示してもらい、地域の人たちにも鑑賞してもらう。<br>● 美術館のスタッフから来館者の感想を聞き、子どもたちに紹介する。 | 関<br>鑑 | ● 自分なりの価値意識をもって作品を味わい、交流できる。<br>【鑑賞の様子】<br>【発表内容・ワークシートの記述】<br><br>美術館に展示した様子 |

# 灯りのデザイン～和傘アートライト・桜中工房～

第1学年　A 表現 (2)(3)　B 鑑賞　時間数 10時間

## 題材設定の理由

　ある晴れた春の夕暮れ，岡山県倉敷市にある美観地区でのできごと。一列に並んだ『和傘』が一斉にライトアップされた。その美しさに目を奪われ，ひとときその場を動くことができなかった。これは，毎年春に行われている「倉敷春宵あかり」というもので，倉敷美観地区一帯をキャンドル，ちょうちん，和傘，影絵などでライトアップするイベント。偶然その場に遭遇し，体中によぎったこの感動を美術の教材にできないかと考え，和傘アートライトの制作を考えた。
　和傘は我が国特有の文化であり，世界に誇れる芸術である。和傘アートライトを通して，伝統文化のよさを見つめ，改めて日本の美のよさについて感じ取らせたい。また，表現活動を通して，意図に応じて創意工夫し，美しく表現する能力を育て，豊かな情操を養う一端としたい。

## 準備物

(**教師**) 実物の和傘，ワークシート，参考資料（和傘の画像・季節の画像等），和紙，竹ひご，傘の柄用丸棒，クリアーカップ（大・小2種類），丸形ライト，両面テープ，接着剤など
(**生徒**) 筆記用具，アクリル絵の具，描きたい季節の画像など

## 学習目標

○和傘工房に弟子入りしたという設定のもと，和傘からイメージして，主体的に主題を生み出す。
○形や色彩・光の効果を生かして，心豊かに構想を練る。
○自分の表現意図に合った図柄と材料の組み合わせの効果を工夫して，創造的に表現する。
○和傘の美しさやよさを感じ取り，作者の想いをつかみながら味わう。

## [共通事項]の例

　和傘の形，光などの要素を意識し，季節感が感じられる図柄や配色などを考ながら構想を練る。

作品例

## 評価規準

| 評価の観点 | 各観点の評価規準例（B） | Aと評価するキーワードの例 |
|---|---|---|
| 美術への関心・意欲・態度 | 和傘からイメージして感性を働かせ，感じ取った形や色彩などを基に，季節感を効果的に表現しようとしている。 | 継続的に意欲をもちながら 自主的に必要な資料を用意する など |
| 発想や構想の能力 | 和傘からイメージを膨らませて想像したことなどを基に，形や色彩の効果を生かして心豊かに構想を練っている。 | 独創的な構成を工夫し |
| 創造的な技能 | 表したいイメージをもちながら，自分の表現意図に合う図柄と色彩の組み合わせや表現方法を工夫して，創造的に表現している。 | 材料の特性を効果的に生かし |
| 鑑賞の能力 | 身近な地域や日本の伝統文化の美しさや美術文化のよさに気づき，作者の心情や意図，表現の工夫などを感じ取り味わっている。 | 幅広い視点から感じ取り 根拠を基に的確に感じ取り |

## 学習の流れ

関…美術への関心・意欲・態度　発…発想や構想の能力　創…創造的な技能　鑑…鑑賞の能力　【　】…評価方法

デザインや工芸など　表現　1年

| 活動内容 | 指導者の働きかけ | 評価 | 留意点及び評価方法など |
|---|---|---|---|
| **導入（鑑賞）　20分**<br>●和傘を鑑賞する。<br>・和傘について鑑賞し，和傘のもつイメージをまとめる。 | ●あなたは，『和傘づくり桜中工房』に弟子入りすることになったと架空の設定を伝える。<br>●和傘の種類・機能・製作工程などを鑑賞させて，和傘の特徴を捉えさせる。 | 関<br>鑑 | 【鑑賞の様子】<br>【ワークシートの記述】<br>和傘アートライト<br>桜中工房制作ノート |
| **展開1（構想）　30分**<br>●四季について考える。<br>・日本の四季について，自分の生まれた季節から連想して和傘に使う題材を考える。<br>●ことばのスケッチをする。<br>・和傘アートライトの構想を練り，ことばで和傘のスケッチをする。 | ●季節の花や行事など，風物詩をできるだけたくさん提示して，四季の特徴を想起させる。<br>●自分が生まれた季節→季節の行事や花の種類・風物詩など→選んだ題材→決定した和傘の図案の順に構想させる。 | | |
| **展開2（制作）　150分**<br>●図案をワークシートに描く。<br>・季節感を感じさせる和傘アートライトの図案を描く。<br>●図案を和紙に描く。<br>・自分の表現意図に合った図柄を工夫して，和紙に描く。 | ●スケッチはワークシートを完成とせず，変更も可能であると伝え，のびのび表現させる。<br>●ワークシートを参考にしながら，大胆に描かせる。 | 発 | 【アイデアスケッチ】 |
| **展開3（制作）　150分**<br>●和傘の装飾をする。<br>・自分が描いた図案に合わせ，表現意図に合った色彩で効果的に着色する。 | ●単純に着色するだけでなく，にじみやぼかし，かすれなどの技法も紹介して，表現の幅を広げられるよう働きかける。 | 創 | ●絵の具による表現方法の可能性をできるだけ引き出せるよう，参考作品を紹介しながら進める。<br>【制作途中の作品】 |

## 学習の流れ

関…美術への関心・意欲・態度　発…発想や構想の能力　創…創造的な技能　鑑…鑑賞の能力　【　】…評価方法

| 活動内容 | 指導者の働きかけ | 評価 | 留意点及び評価方法など |
|---|---|---|---|
| **展開4（制作）　100分**<br>● 光の重色効果を考えながら，和傘を組み立てる。<br>・和紙を丸く切り取り，親骨となる細い角材を貼る。<br>・傘になるよう山折り谷折りにする。<br>・小骨に当たる部分のクリアーカップに光の重色効果を考えて油性マーカーを塗り，中心に柄となる丸棒を刺す。<br>・大きめのクリアーカップに丸形ライトを入れる。<br>・土台となるベニヤ板に自分の図柄に合った模様を描き，和傘を固定する。 | ● 組み立ての手順を掲示する。<br><br><br><br>● 傘という形態だけではなく，ランプシェードとしての機能も伝える。 | 発<br><br>創 | 【制作の様子】<br><br>【制作途中の作品】 |
| **まとめ（鑑賞）　50分**<br>● 相互鑑賞する。<br>「作品は語るかい？」<br>・グループ鑑賞をし，代表作品を選ぶ。<br>・全体鑑賞をし，作品のよさを見つけて記入する。<br>・和傘アートライトについて感じたことを書く。 | ● 友だちの作品から，和傘のよさを感じ取り，自分の作品のよさも見つけられるよう指示する。<br>● 鑑賞の時間を通して，作品制作の達成感を味わわせる。 | 関<br><br>鑑 | 【鑑賞の様子】<br>●「春っぽくするために色を工夫した。また，青春も表現したかったので，クリアーカップの色を青色にして青空を表現した。毎時間集中して制作できた。」など<br>【制作の反省・感想】 |

# 2年

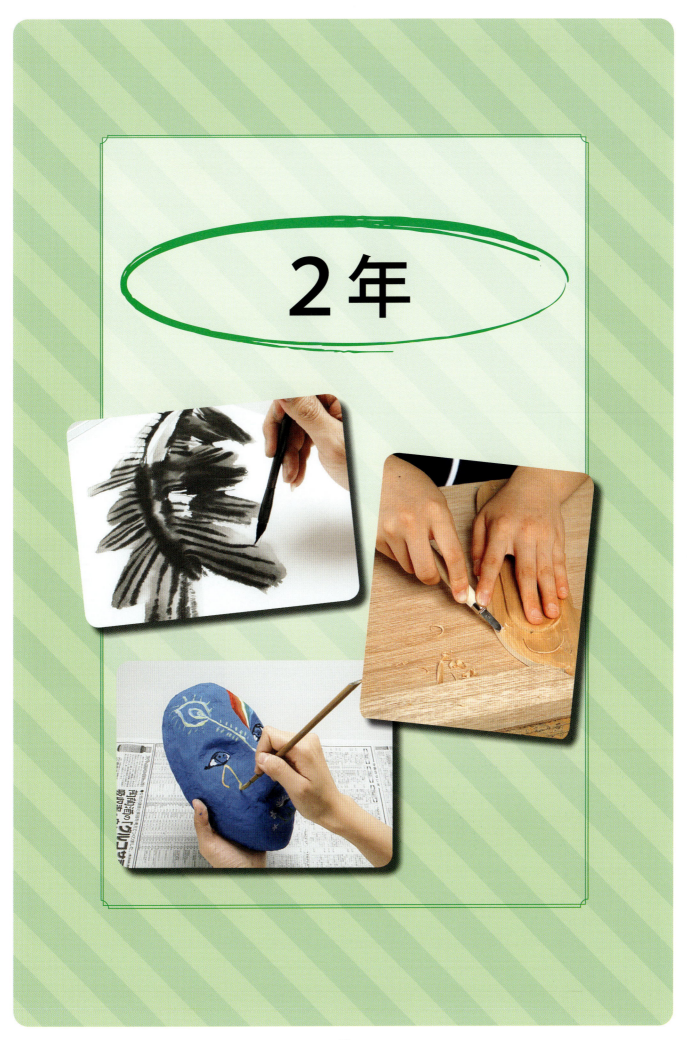

# 抽象を撮る　～写真を表現する抽象表現～

第2学年　A表現(1)(3)　B鑑賞　　時間数 3時間

## 題材設定の理由

本題材は，生徒が校舎近辺の写真を撮り，美しい形，面白い形，印象的な形などを見つけ，作品をつくり出す題材である。写真を撮る行為は，デジタルカメラやカメラ付き携帯電話，スマートフォン，タブレット等の普及により，近年より身近で手軽なものとなってきている。絵を描く表現とは違い，カメラ撮影は瞬間的に映像を記録し，誰でも簡単に行える創造活動でもある。しかし，その簡易さのため，作品の中に芸術的な技法や制作者の意図が込められていることに気づきにくい。この題材では，記録として写真を撮るのではなく，デジタルカメラの基本的な撮影方法を学びながら，撮影者（作者）の意図を大切にして撮影することで，写真が「美術作品」となることを学ばせたい。

## 準備物

（教師）デジタルカメラ，パソコン，プロジェクター，感想シートなど
（生徒）筆記用具など

## 学習目標

○写真の抽象表現に関心をもち形や色彩をどのように写真で表現するかを構想する。
○抽象作品を理解し，構図等を工夫して写真によって表現する。
○発表活動での他者との交流により，見方や感じ方を広げたり，お互いが学んだことを共有化したりする。

## ［共通事項］の例

写真で撮影する対象をものとして捉えるのではなく，色や模様の美しさ，印象で捉える。

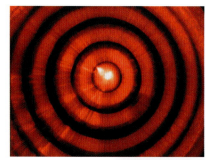

作品例

## 評価規準

| 評価の観点 | 各観点の評価規準例（B） | Aと評価するキーワードの例 |
|---|---|---|
| 美術への関心・意欲・態度 | 写真による表現に関心をもち，主体的に創造的な工夫をして表したり，表現の工夫などを感じ取ったりしょうとしている。 | 継続的に意欲をもちながら |
| 発想や構想の能力 | 対象から感じ取ったことを基に主題を生み出し，写真を他のイメージに置き換え，考えながら表現の構想を練っている。 | 独創的な構成を工夫し |
| 創造的な技能 | デジタルカメラの特性を生かし，表現意図に合う新たな表現方法を工夫するなどして，創造的に表現している。 | 自分の創造したイメージで撮影し工夫して表現している |
| 鑑賞の能力 | 造形的なよさや美しさ，創造的な表現の工夫などを感じ取り，自分の価値意識をもって味わっている。 | 根拠を明確にして深く味わって |

## 学習の流れ

関…美術への関心・意欲・態度　発…発想や構想の能力　創…創造的な技能　鑑…鑑賞の能力　【 】…評価方法

| 活動内容 | 指導者の働きかけ | 評価 | 留意点及び評価方法など |
|---|---|---|---|
| **導入（鑑賞）　50分**<br>● 写真を美術作品として鑑賞する。<br>● 対話による鑑賞で写真による抽象作品を鑑賞する（グルスキー等）。<br>● 学校の中でも同じようなことができることに気づかせる。 | ● グルスキーの作品を鑑賞し，抽象作品としての写真の面白さに気づかせる。<br>● 最後に手法を学べば自分たちにも同じように撮影できることに気づかせる。 | 関<br><br>鑑 | ● 対話型鑑賞での他者との交流により，見方や感じ方を広げたり，お互いが学んだことを共有化したりすることができるようにする。<br>【鑑賞の様子】<br>● 授業後の思索ノートによる事後評価をする。<br>【ノートの記述】 |
| **展開（制作）　50分**<br>● 校舎近辺の撮影から美術作品を生み出す。<br>● デジタルカメラを持ち，校舎近辺の風景から抽象作品となる風景を見つけ撮影する。 | ● 個人個人校舎を歩き，撮影場所，構図を決め撮影を行う。<br>● 撮影方法を工夫させ，美術作品となるようアドバイスを行う。 | 発<br>創 | ● 撮影場所，構図等を工夫し写真を撮影することができるようにする。<br>【制作の様子】<br>【作品】<br>● 次時の発表に向けお互いの撮影場所は知られないよう留意させる。 |
| **まとめ（鑑賞）　50分**<br>● 撮影した抽象作品を発表し，鑑賞する。<br>● 写真に写っている場面は学校のどこの場所か当てて，印象を語り合う。<br>● 作品の印象をみんなで語り合う。<br>　・他に例える<br>　・擬音表現<br>　・題名をつける<br>● 自分の作品に題名をつける。 | ● クイズ形式で和やかな雰囲気で行うよう留意する。<br>● 特に印象，雰囲気について感想を聞き思索を深めさせ，最終的に題名を考えさせる。<br>● 今日の授業が生徒自身の絵画表現や鑑賞の活動にも関わっていることを理解させる。 | 関<br><br>鑑 | ● 発表活動での他者との交流により，見方や感じ方を広げたり，お互いが学んだことを共有化したりすることができるようにする。<br>【鑑賞の様子】<br>● 今日の授業が生徒自身の絵画表現や鑑賞の活動にも関わっていることを理解させる。<br>【発表内容】 |

絵や彫刻など　表現　2年

# 「不思議な空間」や「時の流れ」を感じさせる写真
～フォトコラージュによる表現～

第2学年　A 表現 (1)(3)　B 鑑賞　時間数 6時間

## 題材設定の理由

デジタルカメラやカメラ機能付きの携帯電話の普及と機能の充実に伴い，写真は生徒にとって身近なものになり，基本的な操作を身に付けるだけで，多様な表現が可能となった。しかし，こうした手軽さから生徒の意図と表現が必ずしも結び付かないということの指摘も少なからずある。そこで，今回は生徒の意図がより明確になり，主題を探るのにも効果的なフォトコラージュによる作品制作を考えた。複数の写真を組み合わせることによって，不思議な空間や時間の経過を表現することができ，一枚の写真作品とは異なる物語性のある幅広い表現が可能になる。また，複数の写真を使用することで作品の中の情報量は増え，こうした情報を再構成しながら作品制作を行うことで主題も明確にしやすくなり，作品制作に意欲的に取り組めると考えた。

## 準備物

(教師) カメラ，参考作品（デイヴィッド・ホックニーのフォトコラージュ作品，ピカソの作品など），光沢紙，台紙，カッター，カッティングマット，定規など

(生徒) 教科書，筆記用具，スティック糊など

## ［共通事項］の例

複数の写真の形や色彩がもたらす，不思議な空間や時の流れのイメージを味わう。

撮影風景

## 学習目標

○フォトコラージュ作品や一眼レフのカメラ特性を生かした作品の面白さに気づく。
○「不思議な空間」もしくは「時の流れ」をテーマに主題を見つけ，作品の全体像をイメージする。
○イメージしたものと撮影した写真の違いを意識し，主題を意識しながら作品づくりを行う。
○視点の位置や構成方法などの作者の意図について批評し合う。

作品例

## 評価規準

| 評価の観点 | 各観点の評価規準例（B） | Aと評価するキーワードの例 |
|---|---|---|
| 美術への関心・意欲・態度 | フォトコラージュに関心をもち，主体的に創意工夫して表したり，表現の工夫などを感じ取ったりしようとしている。 | 継続的に意欲をもちながら自主的に必要な資料を用意するなど |
| 発想や構想の能力 | 「不思議な空間」「時の流れ」というテーマから感じ取ったこと，考えたことを基に主題を生み出し，構図や写真の組み合わせなどを考え，構想を練っている。 | 独創的で洗練された構成を工夫し |
| 創造的な技能 | 写真やコラージュの特性を生かし，表現意図に合う新たな表現方法を工夫するなどして，手順などを総合的に考えながら見通しをもって表現している。 | 効果的，効率的な |
| 鑑賞の能力 | 感性や想像力を働かせて，造形的なよさや美しさ，作者の意図や創造的な表現の工夫などを感じ取り，味わっている。 | 根拠を明確にして深く味わって広い視点から根拠を明確にして的確に理解し |

## 学習の流れ

凡例: 関…美術への関心・意欲・態度　発…発想や構想の能力　創…創造的な技能　鑑…鑑賞の能力　【 】…評価方法

絵や彫刻など　表現　2年

| 活動内容 | 指導者の働きかけ | 評価 | 留意点及び評価方法など |
|---|---|---|---|
| **導入（鑑賞）　50分**<br>● ピカソの青の時代の人物画とキュビスムの絵を比較鑑賞し、複数の視点を用いた絵に変わったことに気づく。<br>● デイヴィッド・ホックニーの作品の鑑賞を通して、視点が増えるとどのような効果があるのかを考える。 | ● ピカソの青の時代の人物画とキュビスムの絵を提示して、比較鑑賞をさせる。<br>● 複数の視点から撮影した写真を組み合わせるとどんな効果が得られるのだろう？と投げかけ、デイヴィッド・ホックニーの作品を鑑賞させる。 | 関<br>鑑 | ● 目と鼻の形に着目させ、正面から描いたものと側面から描いたものがあることに気づかせる。<br>【学習の態度】<br>● 視点の違い（モチーフとの距離、視点の高さ）や撮影時間の違いによる表現の多様性に気づかせる。<br>【ワークシートの記述・発言内容】 |
| **展開1（制作）　50分**<br>● 複数の視点を利用することによって画面上の変化を感じさせる映像イメージをアイデアスケッチにまとめる。 | ● カメラの特性を生かした作品や時の流れ、不思議な空間を感じさせる参考例を提示する。<br>● モチーフを様々な視点から観察しながらアイデアスケッチを行うように指示する。 | 関<br>発 | ● カメラの特性についても具体的な例を見せながら説明する。<br>【活動の様子】<br>【アイデアスケッチ】<br>● 様々な視点から見える映像を構成する活動を通して主題を明確にさせる。<br>● 色彩のイメージも色鉛筆などを利用し、明らかにさせる。 |
| **展開2（制作）　150分**<br>● アイデアスケッチを基に写真撮影を行う。<br>● アイデアスケッチを参考にしながら撮影した写真を再構成し、糊付けしていく。 | ● カメラの基本的な扱い方を確認する。<br>● アイデアスケッチのイメージと写真が異なったり、さらにアイデアが浮かんだりすることもあるので再度、構成をする気持ちで取り組ませる。 | 発<br>創 | ● プロジェクターで操作方法を見せながら説明をする。<br>構成作業<br>● プリントアウトした写真を使用してアイデアスケッチを参考に構成を進めさせる。<br>【制作の様子】<br>【制作途中の作品】 |
| **まとめ（鑑賞）　50分**<br>● 鑑賞会を行う。<br>● 作品からタイトルを鑑賞者に想像してもらう。<br>● 発表者は何か補足があれば説明をする。 | ● 作品のねらい・表現の工夫を考えて発表をさせる。<br>● 相互鑑賞によって、どのようにテーマを表現しているのか検証させる。 | 関<br>鑑 | ● 友だちの作品の意図、よさや美しさ、表現の面白さを感じ取らせる。<br>● プロジェクターで作品を見せながら行う。<br>【鑑賞の様子】<br>【発表の内容】 |

# 心に残った風景（日本の四季）…一版多色木版

**時間数 8時間**

第2学年　A表現(1)(3)　B鑑賞

## 題材設定の理由

「浮世絵」を鑑賞することで一つの作品にかけられた多くの行程や，役割分担などを理解し，「浮世絵」の深さを味わい，印象派など外国の画家たちにも影響を与えた理由を考えさせる。版画には様々な種類や技法があることを理解させ，版画について十分に興味をもたせた上で制作に取り組みたい。

日本の四季をテーマにすることで，日本や郷土の自然の美しさや四季の変化の美しさについて考え，再確認するきっかけともなるだろう。版画は間接的な表現方法であり，筆で画面に直接描いていく絵画表現とはまた違った効果が期待できる。中でも一版多色木版は，行程的にも理解しやすく，重色もできることから，絵画表現を苦手とする生徒も親しみやすく新たな発見のできる題材であると思われる。

## 準備物

**(教師)** 参考資料，トレーシングペーパー，版木，カーボン紙，摺り紙，テープ，ばれん，すべり止めシート，ワークシートなど

**(生徒)** 教科書，筆記用具，彫刻刀，ポスターカラー（水彩絵の具），下絵，下絵の資料（スケッチ，写真等）など

## 学習目標

○版画（浮世絵）の種類や技法について理解し，版画に興味・関心をもって制作に取り組む。
○日本や郷土の美しさ，四季の変化の美しさについて考え，下絵を構想する。
○版画独特の刷りの効果を味わい，中でも重色の美しさを意識しながら計画的に表現する。
○完成作品を鑑賞し，表現意図や造形的な工夫について評価し合う。

## [共通事項]の例

摺りによる色彩や，重色がもたらす感情効果などを意識しながら見通しをもって表現する。

作品例

## 評価規準

| 評価の観点 | 各観点の評価規準例（B） | Aと評価するキーワードの例 |
|---|---|---|
| 美術への関心・意欲・態度 | 版表現の特徴や味わいを生かして表現することに関心をもち，主体的に創意工夫して表したり，表現の工夫などを感じ取ったりしようとしている。 | 継続的に意欲をもちながら自主的に必要な資料を用意するなど |
| 発想や構想の能力 | 版表現の特徴や味わい，対象を見つめ感じ取ったことや考えたことなどを基に主題を生み出し，単純化や強調などを考え，創造的な構成を工夫し，表現の構想を練っている。 | 主題を深める独創的な構成を工夫し |
| 創造的な技能 | 材料や用具の特性を生かし，表現意図に合う新たな表現方法を工夫するなどして創造的に表現している。 | 材料や用具の特性を効果的に生かして表現を追求し |
| 鑑賞の能力 | 造形的なよさや美しさ，対象を見つめて感じ取ったことなどを基にした主題と表現の工夫などを感じ取り，自分の価値意識をもって味わっている。 | 根拠を明確にして深く味わって |

## 学習の流れ

関…美術への関心・意欲・態度　発…発想や構想の能力　創…創造的な技能　鑑…鑑賞の能力　【 】…評価方法

| 活動内容 | 指導者の働きかけ | 評価 | 留意点及び評価方法など |
|---|---|---|---|
| **導入（鑑賞） 50分**<br>● 版画について学び，ワークシートにまとめる<br>● 様々な浮世絵を鑑賞し，行程や役割分担について理解する。<br>● 心に残った風景について考え，下絵を描くための構想を練る（用紙に，参考となる資料を基に自宅で下絵を描いてくる）。 | ● 版画について教科書や資料集を活用し，解説していく。<br>● 浮世絵の掲示資料や，行程がわかる資料を準備しておく。<br>● 参考作品を提示し，日本や郷土の四季の美しさについて考えさせる。<br>● 下絵を課題とすることを確認する。 | 関<br>鑑 | ● 版画・浮世絵について関心をもち，様々な種類や行程があることを理解させる。<br>【鑑賞の様子】<br>● 浮世絵や版画表現について話し合い，そのよさを発見させる。<br>【発言内容】<br>● 下絵作成に関わる資料を自宅で積極的に探し，描いておく。 |
| **展開1（制作） 50分**<br>● トレーシングペーパーに下絵を重ね，下絵の線を写し取る。<br>● トレーシングペーパーを裏返し，左右逆の下絵を版木にカーボン紙で転写する。<br>● 版木に写った線を彫刻刀（三角刀など）で線彫りしていく。<br>※滑り止めシートの活用 | ● 下絵の内容を確認し，細すぎたり，細かすぎたりするところなど表現しにくいところを修正させる。<br>● 左右逆向きの下絵が写せているか机間巡視で確認していく（左右逆の版をつくる理由に気づかせる）。<br>● 彫刻刀の使い方を理解させておく（できれば切れない彫刻刀を研いでやる）。<br>● 線の強弱についても効果的であることを考えさせる。 | 発<br>創 | 【制作の様子・下絵（課題）】<br>● 滑り止めシートを敷かせる。<br>【制作途中の作品】<br>● 彫刻刀の持ち方等も含め手元がわかるように実物投影機等で見せながら安全指導を十分に行う。 |
| **展開2（制作） 250分**<br>● 摺り紙を版木に重ね，一辺をテープ等で固定する。<br>● ポスターカラーを筆で版木に付け，摺り紙を版に重ね，ばれんで摺っていく。<br>● 下塗りのつもりで一通り摺ってみる。摺ったところは乾燥させる。<br>● 重色していくことにより，主題を強調する。 | ● 版木と摺り紙がずれないように固定するよう指導する。<br>● 色が美しく摺れる適度な絵の具の濃さと塗る面積を少しずつ確認しながら着彩していく。<br>● あらかじめ重色の効果を考えて下塗りをしていくとよい。<br>● 下塗りと異なる色を摺り重ねるが，混色とはまた違った，より効果的な重色を考えさせる。 | 発<br>創 | ● 開きやすい向きを考え，一辺を固定させる。<br>【制作の様子】<br>● 上手く摺れた生徒の作品を全体に見せる。<br>【制作途中の作品】<br>● 自分が最も伝えたい部分をより効果的に重色するよう促す。 |
| **まとめ（鑑賞） 50分**<br>● 作品鑑賞ワークシートに作品に対する自分の思いを記入し，クラス全員の前で発表する。<br>● 自分以外の作品のよさに気づき，感想等記入後，発表する。 | ● 生徒が作品に込めた思いや，表現を工夫した点などを発表しやすいよう発表の仕方を考える。<br>● 他の作品のよさを理解し，認め合えるよう指導していく。 | 関<br>鑑 | ● 友だちの選んだ題材や，工夫した点などを今後の制作に取り入れられるように指導する。<br>【鑑賞の様子】<br>【発表内容】 |

絵や彫刻など　表現　2年

# 頑張っている自分と頑張れない自分 〜手のある自画像〜

**第2学年**　　**A 表現 (1)(3)**　　**B 鑑賞**　　**時間数 12時間**

## 題材設定の理由

小学生の時にも自画像を描いた生徒が多く，苦手意識の強い課題のように感じる。生徒たちに確認すると小学生の時に描いた自画像とは喜怒哀楽がなく，体勢は何もしていない状態，鏡を見過ぎるあまりに眼だけ見開いたものが多いと言う。また写真を見て描いたものも多いようである。10代の今，何もしていない（もしくは無表情）状態は24時間中，何分あるのだろうか。そんな想いから何かをしている自画像にしたいと考えた。生徒たちは様々なことで悩み，笑い，感じている。また，自分とは何者か，どんな自分がいるのだろうかと考える時期に来ていると思う。そんな「今」をどう表現するか，考えるきっかけにしてほしいと思う。3年次に自画像を描かせる場合もあるが，3年生になると自我が徐々に確立し，進路を視野に入れてやらなくてはいけないことを理解して自分を抑えてしまうように感じる。悩み，揺れる14歳の今を描かせたい。

## 準備物

（教師）参考資料，ワトソン紙，鉛筆など
（生徒）配付した資料，自己評価表，筆記用具など

## ［共通事項］の例

心の状態などを基に，形や色彩などの感情効果を生かして構想を練る。形や色彩の特徴などを基に，全体的なイメージをとらえる。

## 学習目標

○自己の内面を見つめ，主題を生み出し，創造的な構成を工夫し，心豊かな表現を構想する。
○材料や用具の特性を生かし，新たな表現方法を工夫したり，見通しをもったりしながら創造的に表現する。
○造形的なよさや美しさ，作者の心情や意図と創造的な表現の工夫などを感じ取り，味わう。

## 評価規準

| 評価の観点 | 各観点の評価規準例（B） | Aと評価するキーワードの例 |
|---|---|---|
| 美術への関心・意欲・態度 | 自画像の表現に関心をもち，主体的に創意工夫して表したり，表現の工夫などを感じ取ったりしようとしている。 | 継続的に意欲をもちながら自主的に必要な資料を用意するなど |
| 発想や構想の能力 | 自分を深く見つめ，感じ取ったことなどを基に主題を生み出し，描画材料の特性を生かして，表現の構想を練っている。 | 主題を深める独創的な構成を工夫し |
| 創造的な技能 | 描画材料の特性を生かし，表現意図に合う新たな表現方法を工夫するなどして創造的に表現している。 | 描画材料の特性を効果的に生かして表現を追求し |
| 鑑賞の能力 | 造形的なよさや美しさ，自分の内面を基にした主題と表現の工夫などを感じ取り，自分の価値意識をもって味わっている。 | 根拠を明確にして深く味わって |

## 学習の流れ

関…美術への関心・意欲・態度　発…発想や構想の能力　創…創造的な技能　鑑…鑑賞の能力　【 】…評価方法

| 活動内容 | 指導者の働きかけ | 評価 | 留意点及び評価方法など |
|---|---|---|---|
| **導入（鑑賞）　100分**<br>●「なぜ自画像を描くのか」を知る。<br>●先輩の絵を見て感じることをプリントに記入する。<br>●冊子をつくる。<br>　テーマ検討→決定<br>　構図を考える。 | ●事前に淡色水彩の授業を行っておく。<br>●なぜ，自画像を描くのか，想いを丁寧に話す。<br>●感じることの中に「似ている」という言葉は使わないようにさせる。大事なことは外見よりも内面が伝わる絵だと理解させる。<br>●描き順やアドバイスが入った冊子を事前に作成しておく。美術が苦手な生徒が安心して取り組めるように準備する。<br>●自分について考える時間をしっかり確保する。ここで時間をとらないと作品がぶれてしまう。 | 関<br>鑑 | ●自画像に関心をもたせ，今の自分を表現することに価値を感じさせる。<br>【鑑賞の様子】<br>【プリントの記述】 |
| **展開1（下描き）　250分**<br>●順番を理解して描く。 | ●一つ一つ丁寧に作業をさせる。<br>●黒板に見本を大きく描く。<br>●机間指導を随時行う。<br>●生徒同士が話さないよう，静かな空間をつくる。 | 関<br>発 | 【学習の態度】<br>【制作の様子】 |
| **展開2（着色）　200分**<br>●水彩絵の具を使って効果的に色を塗る。<br>●重色と混色の技法の確認をする。 | ●鉛筆でしっかり描けているので，あっさり塗るように指示をする。 | 発<br>創 | ●構想が作品として実現するように生徒の立場に立ってサポートする姿勢を基本とし，相談と助言を積極的に行う。<br>【制作の様子】<br>【制作途中の作品】 |
| **まとめ（鑑賞）　50分**<br>●友だちの作品を鑑賞する。 | ●発表会形式や展示など，全員の絵が鑑賞できるように工夫する。 | 関<br>鑑 | ●友だちの作品の意味，よさや美しさ，表現の面白さを感じ取らせる。<br>【鑑賞の様子】<br>【発表内容】 |

絵や彫刻など　表現　2年

# 紙でつくる食べ物オブジェをつくろう

第2学年　A 表現 (1)(3)　B 鑑賞　時間数 8時間

### 題材設定の理由

　紙は，日本人にとって身近な材料の一つである。造形活動において最も慣れ親しんだ素材といってよい。紙は切ったり，折ったり，接合したりしながら立体表現をすることができるが，粘土ほど自由に成形できず，立体に表すためには様々な工夫が必要な素材である。その紙を使い，毎日，口にしている食べ物を「リアル」につくるのが本題材である。
　モチーフの食べ物の特徴をつかみ，大きさ，形，色彩にこだわりながら「リアル」に再現するためには，まず材料の紙を選択するところから始めなければならない。厚みや硬さだけでなく，それぞれの紙のもつテクスチュアも考慮しなければならない。次に加工方法などにこだわりがなければできない。それぞれの紙のもつ特性を理解し，これまでの紙を使った経験を生かし，試行錯誤しながら制作を進めていく。
　本題材は紙の特性を生かし，紙の選択と加工方法の工夫を通して，紙でつくる立体造形の楽しさを味わいながら表現させていきたい。

### 準備物

（教師）参考資料，参考作品，画用紙，ケント紙，上質紙，半紙，キッチンペーパー，ティッシュペーパー，木工ボンドなど
（生徒）参考資料，はさみ，カッターナイフ，デザインセット，アクリルガッシュなど

### 学習目標

○紙の特徴や性質を生かして材料選択したり表現方法を考えたりしながら構想を練る。
○見通しをもって制作し，主題に合った形や質感を表現する。
○鑑賞では，本物に似せるための工夫を感じ取り，作品の見方や感じ方を広げる。

### [共通事項] の例

　対象物のイメージを基に，形や色彩などの感情効果を生かして構想を練る。

作品例

### 評価規準

| 評価の観点 | 各観点の評価規準例（B） | Aと評価するキーワードの例 |
|---|---|---|
| 美術への関心・意欲・態度 | 身近なもののリアルな立体表現に関心をもち，主体的に創意工夫して表したり，表現の工夫などを感じ取ったりしようとしている。 | 継続的に意欲をもちながら<br>自主的に必要な資料を用意するなど |
| 発想や構想の能力 | 対象を見つめ感じ取った形や色彩，質感の特徴や美しさなどを基に主題を生み出し，創造的な構成を工夫し，構想を練っている。 | 独創的な構成を工夫し |
| 創造的な技能 | 表したい対象のイメージをもちながら，意図に応じて紙や絵の具などの特性を生かし，形成や着彩の順序などを考え，創意工夫して表現している。 | 効果的，効率的な |
| 鑑賞の能力 | 造形的なよさや美しさ，対象物のイメージ，主題と表現の工夫などを感じ取り，自分の価値意識をもって味わっている。 | 根拠を明確にして深く味わって |

## 学習の流れ

関…美術への関心・意欲・態度　発…発想や構想の能力　創…創造的な技能　鑑…鑑賞の能力　【 】…評価方法

| 活動内容 | 指導者の働きかけ | 評価 | 留意点及び評価方法など |
|---|---|---|---|
| **導入（鑑賞） 50分**<br>● 参考作品を見ながら，どの紙を使ってどのような加工をしてつくられたのかを考える。<br>● 自分がつくってみたい食べものを決め，その特徴を調べる。<br> | ● 参考作品を提示し，使った紙の種類と加工方法を想像させ，制作手順の見通しをもたせる。<br>● つくりたい食べ物の写真や資料を基に大きさ，形，色彩，特徴などを言葉で書かせる。<br> | 関<br>鑑 | ● 立体をつくることを意識させ，写真や資料を収集させる。【学習の態度】<br>● 気づいたことは，些細なことでも記録させる。【記述内容】<br> |
| **展開1（制作） 50分**<br>● どの紙をどのように加工するのかを試行錯誤しながらつくる。<br> | ● 紙の厚さや硬さだけでなく，テクスチュアにも着目させる。<br>● 折る，丸める，組み立てる等の基本的な技法を提示する。<br>● 紙の使用には制限はないので，制作の方向性が決まるまで何回でも試させる。 | 関<br><br>発 | 【活動の様子】<br><br>【材料や技法の選択】 |
| **展開2（制作） 250分**<br>● 大きさや厚みに注意しながら，形をつくる。<br><br>● 資料を見ながら，丁寧に着彩をする。 | ● 紙を重ねて形づくるので，作品が大きくなりすぎないように注意させる。<br>● 紙や絵の具だけで表現できない部位は木工ボンドを効果的に使わせる。<br>  | 発<br><br>創 | 【制作の様子】<br>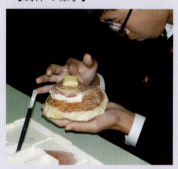<br>【制作途中の作品】 |
| **まとめ（鑑賞） 50分**<br>● 実際の容器やパッケージを使い，より本物に見えるように展示を工夫する。<br> | ● リアルかどうかということだけでなく，表現で工夫されているところを重視した相互鑑賞を行う。<br> | 関<br><br>鑑 | 【鑑賞の様子】<br><br>【ワークシートの記述】 |

絵や彫刻など　表現　2年

# 飛びだせ　MY　WORLD

第2学年　　A 表現 (1)(3)　　B 鑑賞

時間数 **8** 時間

## 題材設定の理由

生徒は様々な人や環境との関わりの中で生活している。そこで，自分の思い出や心に残ったこと（過去），学校生活，部活動など自分が今頑張っていること（現在），将来の夢，なりたい自分（未来）などの場面をボックスの中に表現させる。まず，イラストボードを用いて箱をつくり，背景を描く。次に，自分自身の姿やその他のパーツを紙粘土を使い，立体でつくり，ポスターカラーで着彩する。そして，箱に貼り付けたり，針金で飛び出させたり，糸でつるしたりして設置する。また，ポスターカラーなどで着彩する他に，綿や砂，リボンや木ぎれなど内容や表現に応じて自分で材料を準備して制作に生かしていく。このような表現活動を通じて，自分自身の生活や内面と向き合う機会とするとともに，様々な材料や表現方法を組み合わせたり総合化したりして自分にしかできない表現としてほしいと思い，本題材を設定した。

## 準備物

（教師）参考作品，イラストボード A4（1人3枚ずつ），紙粘土，ビニール袋，のり，木工ボンド，針金，糸，セロハンテープ，水張りテープ（白色），カッター，はさみ，ペンチなど

（生徒）教科書，筆記用具，ポスターカラー，筆，筆洗バケツ，定規，必要な材料など

## 学習目標

○ボックス・アートの内容や表現の面白さ，工夫点などに気づき，自分らしくよりよく表現しようと試行錯誤を重ねながら工夫しようとする。
○つくりたい場面を設定して，描くものやつくるものを考えて構成するとともに，材料を組み合わせたり，表現方法を工夫したりする。
○材料に応じて，制作に必要な道具を使い分け，効果的に表現する。
○自分の作品や友だちの作品を鑑賞し，表現の面白さや工夫点，作者の思いについて説明し合い，そのよさを味わう。

## ［共通事項］の例

自分が表したい場面や気持ちに応じた形や色彩，材料などを用いて，創意工夫して発想・構想する。

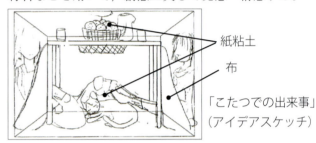

紙粘土
布

「こたつでの出来事」
（アイデアスケッチ）

「音楽の世界」
　吹奏楽部で演奏している自分をつくった。できるだけ多く音符を用いた。背景を海と空にしたことによって全体につながりが感じられ，シンプルで上品な感じになったと思う。

## 評価規準

| 評価の観点 | 各観点の評価規準例（B） | Aと評価するキーワードの例 |
|---|---|---|
| 美術への関心・意欲・態度 | 思い出や将来の夢などを基にしたボックスアートの表現に関心をもち，主体的に表現の工夫を感じ取ったり創意工夫して表したりしようとしている。 | 継続的に意欲をもちながら |
| 発想や構想の能力 | これまでの体験や将来の夢などの心の世界を基に主題を生み出し，単純化や強調などを考え，創造的な構成を工夫し，表現の構想を練っている。 | 主題を深める独創的な構成を工夫し |
| 創造的な技能 | 材料や用具の特性を生かし，表現意図に合う新たな表現方法を工夫するなどして創造的に表現している。 | 材料の特性を効果的に生かして表現を追求し |
| 鑑賞の能力 | 造形的なよさや美しさ，心の世界などを基にした主題と表現の工夫などを感じ取り，自分の価値意識をもって味わっている。 | 根拠を明確にして深く味わって |

## 学習の流れ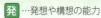

関…美術への関心・意欲・態度　発…発想や構想の能力　創…創造的な技能　鑑…鑑賞の能力　【 】…評価方法

| 活動内容 | 指導者の働きかけ | 評価 | 留意点及び評価方法など |
|---|---|---|---|
| **導入（鑑賞）　50分**<br>● 参考作品を鑑賞し、面白いところや工夫点などを話し合う。<br>● 本題材のテーマと制作方法を確認する。 | ● どのような場面を表現しているのか、制作時にどんな工夫をしているのかを考えさせる。<br>● 平面に描いたり、立体をつくったり、様々な素材を組み合わせたりして制作することを確認する。また、自分の制作のイメージを湧かせる。 | 関<br>鑑 | 【鑑賞の様子】<br>【発表や記述の内容】<br>● 参考作品を鑑賞し、つくった場面や気持ちを想像し、表現方法の工夫点について考えさせる。 |
| **展開1（制作）　50分**<br>● 自分の過去・現在で印象に残っている場面や未来を想像しながら、アイデアスケッチする。<br>「シュート」 | ● 楽しかった思い出や、いま熱中していること、また、将来の夢などを想像して、その場面をスケッチさせる。<br>● 作品は、縦型・横型・変形型、どれでもよいことを知らせる。<br>● 各パーツをつくる材料について計画させる。 | 関<br>発 | 【活動の様子】<br>【アイデアスケッチ】<br>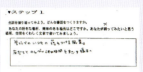 |
| **展開2（制作）　250分**<br>● イラストボードで箱をつくる。<br>「私の夢〜世界旅行〜」<br>● 背景を描いたり、自分自身を立体でつくったりする。<br>● 箱に様々なパーツを固定し、場面を完成させる。 | ● 自分の作品の構想に応じて、縦長・横長・変形の箱をつくらせる。<br>● 作業しやすいように、箱は完全にボンドで固定せず、マスキングテープで仮止めさせる。完成作品は、水張りテープ（白色）で固定する。<br>● 背景・立体、どちらからつくってもよいことを確認する。<br>● 紙粘土で立体をつくる際は、接着面や設置方法を考えさせる。<br>● 箱を木工ボンドで固定するとともに、各パーツを接着したり、糸でつるしたり、針金で飛び出させたりする。 | 発<br>創 | 【制作の様子】<br>● 作品に応じて各自で材料を持ってくるように促し、工夫の仕方を考えさせる。<br>【制作途中の作品】<br>「イルカに乗った私」<br>スパッタリングをして色塗りを工夫した。尻尾を貼り付けるのが大変だった。 |
| **まとめ（鑑賞）　50分**<br>● 自分の作品について、つくった場面、工夫点などを発表する。<br>● 友だちの作品を鑑賞して、よさや面白さ、工夫点を発表する。<br>● 授業のまとめをする。 | ● ワークシートに記述させ、発表させる。<br>● 10分程度自由に鑑賞しながら、ワークシートに記述させる。<br>● 制作で学んだことを確認する。 | 関<br>鑑 | 【鑑賞の様子】<br>【発表や記述の内容】<br> |

絵や彫刻など　表現　2年

# 学校での自分，いま考えていることの像

**第2学年**　　A 表現 (1)(3)　　B 鑑賞　　**時間数 10時間**

## 題材設定の理由

中学校生活にも慣れた時期である。生徒たちは，それぞれの楽しみや悩みをもち寄りながら，運動会や合唱などの行事を経て，日常のあらゆる場面で友だちと心を重ね合わせている。今回，『集団の中の個』の自分自身を見つめることで，他者の心や思いの表現にも気づかせ，個の成長をお互いに認め合い，自由な表現活動や新しい挑戦を尊重する雰囲気をつくりたい。机と椅子という身近な形の共通材料を用いることで，ユニークな創意工夫と試行錯誤の共感を楽しみ，「シュルレアリスム」の鑑賞を表現につなげていく。様々な道具と材料，接着や切断など加工の方法，多方向からの視点などを学び，幅広い表現素材の中から自分で選択して効果的に活用できるようにさせたい。

## 準備物

**（教師）** 太さが様々な針金，木っ端やベニヤ板，ラジオペンチ，キリ，ドライバー，発泡スチロール板，紐，木工ボンド，ニス，電動糸鋸，スチロールカッター，ニス，ラップ，カメラ，デジタルテレビ，アートカード，プロジェクターなど
**配布物：**軽量粘土（チャック付き保存袋），粘土ベラ，造形芯材（人物・机と椅子），固定する木ネジ
**（生徒）** 筆記用具，アクリル絵の具，クロッキー用紙，アイデアノート，それぞれ用意した材料（ビーズ，貝殻，プラモデルの部品）など

○心に残ったできごと，気持ちや感じた雰囲気，生活の中での体験などから主題を生み出す。
○時間や空間，ポーズやしぐさの表し方，材料や用具の生かし方などを工夫して，自分なりの表現方法を構想し，創造的に立体で表現する。
○作品を鑑賞し，つくり手の意図や表現の工夫について批評し合う。

## [共通事項]の例

形や色彩，使用する材料の性質や感情効果を生かして，自分の思いが表れるように工夫する。

「いままで描いた絵の生き物が現実世界に飛び出してきて驚く自分」

## 学習目標

## 評価規準

| 評価の観点 | 各観点の評価規準例（B） | Aと評価するキーワードの例 |
|---|---|---|
| 美術への関心・意欲・態度 | 人物や身近なもの，自己の内面の立体表現に関心をもち，主体的に創意工夫して表したり，表現の工夫などを感じ取ったりしようとしている。 | 継続的に意欲をもちながら自主的に必要な資料を用意するなど |
| 発想や構想の能力 | 思い浮かべた情景や自らの内面，観察して感じ取った形や色彩などを基に主題を生み出し，動きや色彩の効果，材料や技法の効果を生かして創造的な構成を工夫し，表現の構想を練っている。 | 主題を深める独創的な構成を工夫し |
| 創造的な技能 | 粘土や絵の具など材料や用具の特性を生かし，表現意図に合う新たな表現方法などを工夫するなどして，形成や着彩の順序などを総合的に考えながら，創造的に表現している。 | 材料や用具の特性を効果的に生かして表現を追求し |
| 鑑賞の能力 | 造形的なよさや美しさ，主題となる内面の感情を表した人物の瞬間の動きや，周りの情景などから，創造的な表現の工夫などを感じ取り，自分の価値意識をもって味わっている。 | 根拠を明確にして深く味わって |

## 学習の流れ

関…美術への関心・意欲・態度　発…発想や構想の能力　創…創造的な技能　鑑…鑑賞の能力　【　】…評価方法

絵や彫刻など　表現　2年

| 活動内容 | 指導者の働きかけ | 評価 | 留意点及び評価方法など |
|---|---|---|---|
| **導入（鑑賞）　150分**<br>● アートカードを使った鑑賞。グループゲームを楽しんだ後，その中の1枚「北脇昇　クォヴァディス」を全体で鑑賞する。<br>● 人物クロッキー（5分ポーズを5回以上）をする。様々な方向から見ること，大づかみで捉えることを意識させる。<br>● 机と椅子を組み立てながら，制作したいものを決め，アイデアスケッチを描く。日常生活の中で心に残っている場面などを思い浮かべ，情景を整理する。 | ● 表現方法が多様な作品を鑑賞し，気づいたことを気軽に発表させる。<br><br>● 日常生活の場面，自分の内面に目を向け，表し方を整理させる。<br>ヒント：アートカードで多種多様な立体造形に触れたが，生徒の『身近な立体感のある人物像』はゲームやアニメの中のCGキャラクターやフィギュアだ。3DCGのキャラクターをMMD（MikuMikuDance：フリーウェア）で動かした動画を制作して，人物の生き生きした自然な動きのポイントが関節と重心位置にあることに気づかせ，感情や動きの表現について考えさせた。 | 関<br><br><br><br><br><br><br><br><br>発 | 【活動の様子】<br>● アートカードは多くの作品を「よく見る」ための仕掛け（導入）である。<br>● クジ引きでモデルを務める（読書や，楽器を構えたり，ボールをドリブルしたりする様子を描かせ，重心位置や動きに注目させたい）。<br><br>【クロッキー・アイデアスケッチ】<br>● 立体的に様々な方向から捉えることを意識させ，消しゴムを使わず，自由な線のクロッキーを楽しむ。<br> |
| **展開1（制作）　50分×3**<br>● 芯材の各部位の長さなどを調整しながら，大まかな動きを決めて粘土をつけていく。持ち物などの小物も制作する。<br>● 主題がよりよく表されるよう，単純化や強調の仕方を工夫して，動きや感情を表すポーズや形を構想する。<br>● 様々な方向から見て，「場面」をつくり出す。自分の思いの「表し方の工夫」を楽しむ。 | ● 電動糸鋸の使用方法，針金や芯材の固定の仕方，キリやドライバーの使い方を，書画カメラなどを使って説明する。<br>● 足元から粘土をつけていくとバランスが取りやすい。軽量粘土は，粘土をつけながらでも芯材の形を変えられるので，よりよい形を模索させる。<br><br>「初心にカエル」<br>● 窓枠をつける，机や椅子が浮かぶなどの表現に必要な板や針金，ネジなども用意しておく。テレビにそれぞれの制作の様子や表現手法，作品などを映し，何度も考える場面をつくる。 | 発<br><br><br><br><br><br><br><br><br><br><br><br><br><br>創 | ● 頭身や関節などにも留意させる。しかし，表現意図により，手足や表情などを強調，省略することがあってもよい。<br>【制作の様子】<br><br>● ギターやバットなどの小物は並行してつくり，乾燥後に人物と組み合わせる。また，軽量粘土に絵の具を練りこんで色粘土にして造形し，乾燥後に上から簡単に着彩すると時間の短縮になる。<br>【制作途中の作品】 |

| 学習の流れ | 関…美術への関心・意欲・態度　発…発想や構想の能力　創…創造的な技能　鑑…鑑賞の能力　【 】…評価方法 |

| 活動内容 | 指導者の働きかけ | 評価 | 留意点及び評価方法など |
|---|---|---|---|
| **展開2（制作）　50分×3**<br>● 構想に沿って適切な材料や用具を選び，その特性を生かしながら立体的に表す。<br>● 改善を加えながら表現を深める。省略や強調する部分，構成の見直しや周囲や小物の工夫を考える。 | ● ポーズはつくりながら何度も検討させる。素材に触れているうちに，思いついたアイデアも大切にする。<br><br>「空中ギャラリーを描く自分」<br>● 毎時の導入で仲間の表現の工夫をTV画面で紹介し，大胆な試みや，修正を励ましたい。 | 発<br>創 | 【制作の様子】<br>【制作途中の作品】<br><br>● 椅子を支える腕は，あらかじめ手のひら部分の芯材をネジで椅子に固定させる。 |
| **まとめ（鑑賞）　50分**<br>● 完成した作品を相互鑑賞し，動きや感情を表す工夫や作品から受ける思いなどについて話し合う。 | ● 自らの制作を振り返りながら，互いの作品を鑑賞し合い，作品のよさや創意工夫した点について発表させる。<br> | 関<br>鑑 | 【鑑賞の様子】<br>【コメント用紙，ワークシートの記述】<br><br>「跳べ！」<br>● ニスを塗る。細かな部分はボンドやグルーガンなどで保護をする。 |

> 指導のポイント

## 導入・発想構想の場面のヒント
### 「鑑賞と表現をつなぐ」「ものの見方や表し方を広げる」

①アートカードゲーム

　国立美術館が開発した鑑賞教材「アートカード」を利用した。かるた遊びのように気軽に手に取れる大きさと鮮明で美しい図版を利用して，主体的に美術作品に触れ合いながら，クラスの仲間と一緒によく見る楽しさや，他者の意見を知ることで自らの見方が変わる体験をすべての生徒に感じさせたい。

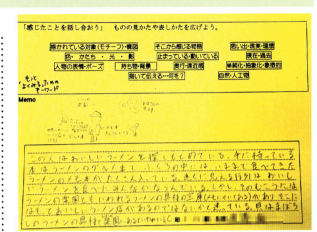

　アートカードの特徴を生かした主体的な鑑賞活動と，他者の意見や感性を受容できる「温もりの感じる言語活動」を弾力的に連動させ，クラスの仲間たちとの安心できる環境で存分に鑑賞と表現を楽しませたい。

　アートカードを使った鑑賞。表現方法が多様な作品を鑑賞しながらグループゲームを楽しむ。（気づいたことをワークシートなどに言語化できない生徒でもカードを集めたり，並べ替えたりすることで自分の考えを他者に説明できる。）

②人物クロッキー

　クジ引きでモデルを務める。それぞれ自分なりの持ち物を考え，休み時間のうちに用意している。読書や，楽器を構えたり，ボールをドリブルしたりする様子を描かせ，重心位置や動きに注目させながら，自分の日常や内面の表現に思いを巡らせ，場の設定や動きや表情などのイメージを固めていく。

　カードの中の1枚「北脇 昇 クォヴァディス」を全体で鑑賞する。「クォヴァディス」を演じる生徒の様子。「この人はどこに向かうのか」。「体の向きと足元が違う？どこ見ているのだろう？」描かれた人物の動きや持ち物，傍らの貝殻などから，作者の思いや表現の工夫に気づかせる。

「赤道を越えて」

絵や彫刻など　表現　2年

# 墨がくすぐる感性・墨で表す小宇宙

**第2学年** **A 表現 (1)(3)** **B 鑑賞** **時間数 3時間**

### 題材設定の理由

本校は長い歴史の中で，水と土との戦いを経ながら，治水と農耕で栄えて発展してきた地域にある。屋上から見渡す景色の中には，水田が広がり，そばには広い平野を形成してきた大河が流れ，農耕を支える広大な潟が存在している。その景色は，季節ごとに色を変え，そして，冬には白一面の世界となる。

そんな環境で生活する子どもたちに，抑制的でありながら，奥深い精神性を表現する水墨の魅力にふれさせ，その濃淡をはじめ，にじみやかすれ，筆勢，それを生み出す紙や描画用具の選択などを，効果的に活用しながら，何らかのイメージを抽象化し，内面的な小宇宙のイメージを表現する学習に取り組ませたいと考えた。

### 準備物

（**教師**）和紙（表裏），画用紙，ケント紙，水墨用筆（極太・太・中・細），刷毛（15mm，40mm，60mm，100mm）など
（**生徒**）墨汁（純黒），水，水墨用パレットなど

### 学習目標

○墨がもつ，抑制的でありながら，奥深い精神性を表現する材料の魅力に気づく。
○墨の濃淡をはじめ，にじみやかすれ，筆勢，それを生み出す，紙や描画用具の選択などを，造形要素・造形の方法として意識し効果的に活用する。
○何らかの具象のイメージを抽象化し，内面的な小宇宙をつくり出す。
○墨の表現のよさや美しさ，他者の意図と表現の工夫などを感じ取り味わう。

### ［共通事項］の例

想像や感情などの心の世界などを基に主題を生み出し，材料や用具の特性を生かして，新たな表現方法を工夫する。

### 評価規準

| 評価の観点 | 各観点の評価規準例（B） | Aと評価するキーワードの例 |
|---|---|---|
| 美術への関心・意欲・態度 | 墨の魅力を感じ取り，濃淡，にじみやかすれ，筆勢，紙や描画用具の選択などの造形要素を効果的に活用しながら，内面的な小宇宙をつくり出そうとしている。 | 継続的に意欲をもちながら |
| 発想や構想の能力 | 造形要素を効果的に活用しながら想像の世界を表現する試行活動を繰り返す中で，自らの表現に触発された内面的な小宇宙のイメージを構想している。 | 独創的な構成を工夫し |
| 創造的な技能 | にじみやかすれ，筆勢，それを生み出す，紙や描画用具の選択などを効果的に活用しながら，内面的な小宇宙をつくり出している。 | 墨の特性を効果的に生かして表現を追求し |
| 鑑賞の能力 | 書道における現代作家や，西洋近代美術の画家の作品，仲間の作品を対比させながら，その共通性に着目し，鑑賞することを通して，絵画における精神性を感じ取っている。 | 根拠を明確にして深く味わって 広い視点から根拠を明確にして的確に理解し |

## 学習の流れ

関…美術への関心・意欲・態度　発…発想や構想の能力　創…創造的な技能　鑑…鑑賞の能力　【　】…評価方法

| 活動内容 | 指導者の働きかけ | 評価 | 留意点及び評価方法など |
|---|---|---|---|
| **導入（鑑賞）　20分**<br>● 地域の四季折々の風景を画像で鑑賞する。<br>● 現代的な表現をする書家（森田子龍）の作品や、西洋の近代画家（ジョアン・ミロ）の作品を鑑賞する。 | ● 四季折々の地域の風景の画像をプロジェクターで提示する。<br>● 書道における現代作家や、西洋近代美術の画家の作品の画像を提示する。<br>● 抽象化された形、図と地の関係、筆勢などの美しさ、それらの共通性に着目させる。<br>● 感じたことを文章に書くよう指示する。<br>● 仲間との交流を促す。 | 関<br>鑑 | ● 春、夏、秋を提示した後に、白一色の雪景色を示す。<br>● 対比の効果を意識しながら提示する画像を選ぶ。<br>● テンポよく示し、簡潔な説明を入れたり、感想を求めたりする。<br>● 書く、話す、聞くなどの言語活動を効果的に取り入れ、交流を促す。<br><br>【学習の態度】<br>【ワークシートの記述】 |
| **展開1（制作）　30分**<br>● にじみやかすれ、筆勢、それを生み出す紙や描画用具の選択などを、効果的に活用しながら、試行活動を繰り返す。<br>● 内面的な小宇宙を思い描く。 | ● 墨の魅力を基に、抽象的な世界を表現する題材であることを確認する。<br>● にじみやかすれ、筆勢、それを生み出す紙や描画用具の選択などを、効果的に活用しながら、試行するよう促す。<br>● 特徴的な作品を全体に紹介する。 | 関<br>発 | ● シンプルな参考資料を提示したり、実演したりする。<br><br>【活動の様子】<br>【制作の様子・制作途中の作品】 |
| **展開2（制作）　80分**<br>● にじみやかすれ、筆勢、それを生み出す紙や描画用具の選択などを、効果的に活用しながら描く。 | ● 形成された内面的な小宇宙を基に、にじみやかすれ、筆勢、それを生み出す紙や描画用具の選択などを、効果的に活用しながら、制作進行するよう促す。 | 関<br>創 | ● 触発され、ひらめくものを大切にするよう促す。<br>● 紙を十分に用意する。<br><br>【活動の様子】<br>【作品】 |
| **まとめ（鑑賞）　20分**<br>● 作家と仲間の作品を対比させながら鑑賞し合う活動を通して、絵画における精神性を感じ取る。 | ● 特徴的な何人かの生徒作品を選び、画像で大きく提示し、それぞれのよさを言葉で評価する。 | 関<br>鑑 | ● 特徴的な何人かの作品を選び、画像で大きく提示する。<br><br>【鑑賞の様子】<br>【ワークシートの記述】 |

絵や彫刻など　表現　2年

# 水墨によるスケッチ

**第2学年**　　A 表現 (1)(3)　　B 鑑賞　　時間数 **6** 時間

## 題材設定の理由

スケッチは平面・立体の発想から表現につなげる最初のものと捉えている。平面でするスケッチであれ，立体でするスケッチであれ不確実なイメージを確実なイメージへと繋げていくには，スケッチの作業は欠かすことのできない行為であることは間違いないと考える。

中学生からのスケッチは3種類程度あるのではないかと考える。最初に対象を捉え，感じたままに捉えさせるメモ的スケッチ（平面・立体）。イメージをつくり出すためのアイデアスケッチ（平面・立体）。さらに鑑賞の際，鑑賞対象から得られた印象を確認するための記録的スケッチなど。

今回はその中から基本となるメモ的スケッチを計画した。素材も考慮して鉛筆や木炭から墨の利用を考えた。つまり，水墨によるスケッチである。水墨の運筆には約束ごとがある。しかし，自由に筆を運ばせるようにした。そして水墨によるスケッチの楽しさを味わわせ，表現の自在性や可能性を捉えさせたい。

## 準備物

（教師）参考資料，墨汁，水，半紙，古新聞紙，板，鳥の子紙，水張りテープ，刷毛など
（生徒）筆，文鎮，葉の付いた小枝，古新聞紙など

## ［共通事項］の例

墨のもつ特性とモチーフの形との関係に着目し，表現の構想を練る。

## 学習目標

○対象の特徴を捉え，墨と筆，そして水と墨の特性やその効果を考え画面を構想する。
○四つ（墨・紙・水・筆）の特性や墨の濃淡を生かし，筆の運筆を工夫させながら効果的に表現する。
○完成した作品を鑑賞し，墨と紙，筆と水との関係から生まれた表現と，その表現意図や造形的工夫について話し合う。

## 評価規準

| 評価の観点 | 各観点の評価規準例（B） | Aと評価するキーワードの例 |
|---|---|---|
| 美術への関心・意欲・態度 | 身近なもののイメージを基に水墨画の技法を通して，表現としてのスケッチに関心をもち，新たな表現の可能性を主体的に創意工夫し，発見している。 | 継続的な意欲をもちながら自主的に必要な対象を用意するなど |
| 発想や構想の能力 | 身近なものから感じ取った形や色彩を基に主題を生み出し，墨の特性を生かしながら，美しい水墨画によるスケッチの構想を練っている。 | 主題を深める独創的な構成を工夫し |
| 創造的な技能 | 表したい身近なもののイメージをもちながら墨・筆・紙の特性を生かし，技法を工夫して表現している。 | 材料や用具の特性を効果的に生かし |
| 鑑賞の能力 | 造形的なよさや美しさ，身近なもののイメージを墨の濃淡で表した色彩など美しさの調和，作品に込められた思いなどを感じ取り，自分の価値意識をもって味わっている。 | 根拠を明確にして深く味わって広い視点から根拠を明確にして的確に理解し |

## 学習の流れ

関…美術への関心・意欲・態度　発…発想や構想の能力　創…創造的な技能　鑑…鑑賞の能力　【 】…評価方法

絵や彫刻など　表現　2年

| 活動内容 | 指導者の働きかけ | 評価 | 留意点及び評価方法など |
|---|---|---|---|
| **導入（鑑賞）　50分**<br>● 鎌倉期から江戸期までの水墨画作品を鑑賞し，表現技法や歴史を知る。<br>● さまざまな水墨画がどのような方法で表現されているか，その技法について考える。 | ● 歴史的水墨画作品の鑑賞用資料と表現技法等の資料を集め，鑑賞しやすいように提示する。<br>● 指導者による表現技法の実演を鑑賞させることで，どのように表現できるか考えさせる。<br>● 表現技法が，作品のイメージとどうつながっているか考えさせる。 | 関<br><br>鑑 | ● 水墨画表現の特徴に関心をもたせる。<br>【鑑賞の様子】<br><br>● 水墨画の要素，その表現の工夫の仕方を話し合いの中で発見させる。<br>【発言内容】 |
| **展開1（制作）　100分**<br>● 鳥の子紙の水張り作業を見学し，実際に水張りをする。<br>● 半紙に水墨画の運筆や表現技法を試す。<br>　・基本的な運筆による描法<br>　・自由な運筆による描法 | ● 水墨画のスケッチ紙の用意のために水張り用の道具を用意し見学しやすいようにする。<br>● 表現技法のお手本プリントを用意し配布する。<br>● 運筆法や技法等を積極的に実践させる。幾度も繰り返し，工夫を考えさせながら実践させる。 | 関<br><br>発 | 【活動の様子】<br>● 水張りの手順を確認させる。<br>● 乾燥場所を指定する。<br>【半紙の練習描き】 |
| **展開2（制作）　100分**<br>● 準備したモチーフを水張り用紙にスケッチする。<br>● 表現したいイメージとなるよう墨と水の割合を調整しながらスケッチする。 | ● 自分なりにモチーフをとらえさせ水墨画の特徴を生かしながら墨，筆の運筆，技法について確認する。 | 発<br>創 | 【制作の様子】<br>【制作途中の作品】 |
| **まとめ（鑑賞）　50分**<br>● 鑑賞会を行う。<br>● 表現したいイメージとなるよう水墨画によるスケッチを鑑賞者に考えてもらう。<br>● 発表者は相互鑑賞で発見したよいところを発表する。<br>● 自分が描いた作品について美しいところなどを水墨画学習プリントに記入する。 | ● 鑑賞により水墨画によるスケッチから，ねらいや目的を考えて発表をする。<br>● 墨の諧調や形など，水墨画のよさを発見できるよう相互鑑賞させる。 | 関<br>鑑 | ● 友だちの作品のよさや美しさ，水墨画の表現やその特徴を生かした表現を感じ取らせる。<br>【鑑賞の様子】<br>【発言内容】 |

# 墨で楽しく表現する　～郷土をテーマに～

**時間数　6時間**

第2学年　　A表現 (1)(3)　　B鑑賞

## 題材設定の理由

日本の初期水墨画は，絵仏師や禅僧が中心となって制作がはじめられた。鎌倉時代の絵巻物を見ると，当時，禅宗以外の寺院の障子絵などにも水墨画が用いられていたことがわかる。美術史で「水墨画」という場合には，単に墨一色で描かれた絵画ということではなく，墨色の濃淡，にじみ，かすれなどを表現の要素とした中国風の描法によるものを指す。日本の伝統的な文化である墨と水だけでモチーフの色や質感，空気感まで表現する水墨画。その世界は多彩で奥が深い。楽しみながら愛する郷土を描けるように，身近なものを題材に墨の表現技法を紹介しながら表現力をつけさせたい。

## 準備物

（教師）鑑賞資料（生徒作品・DVD），大型ハイビジョンTV，墨，墨用半紙，制作カード，写真，筆など

（生徒）教科書，副読本（美術資料集），スケッチブック，筆記用具，新聞紙など

## 学習目標

○水墨画のよさに関心をもち，印象に残った郷土のイメージを墨の特性を生かした表現の構想を練る。
○構想を練り，水墨画の技法を学び，工夫して表現する。
○水墨画のよさや美しさ，工夫したことを話し合い，感じ取り味わう。

## ［共通事項］の例

形や色彩，墨の濃淡，かすれ，にじみなどの感情効果を生かして工夫する。

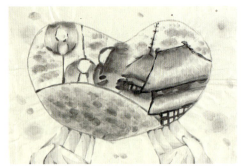

作品例

## 評価規準

| 評価の観点 | 各観点の評価規準例（B） | Aと評価するキーワードの例 |
|---|---|---|
| 美術への関心・意欲・態度 | 墨の特性を生かした表現に関心をもち，主体的に創意工夫して表したり，表現の工夫などを感じ取ったりしようとしている。 | 継続的に意欲をもちながら自主的に必要な資料を用意するなど |
| 発想や構想の能力 | 郷土を見つめ，感じ取ったことを基に主題を生み出し，創造的な構成を工夫し，表現の構想を練る。 | 主題を深める独創的な構成を工夫し |
| 創造的な技能 | 墨，紙などの材料や用具の特性を生かし，表現意図に合う新たな表現方法を工夫するなどして表現している。 | 墨の材料や用具の特性を効果的に生かして表現を追求し |
| 鑑賞の能力 | 造形的なよさや美しさ，表現の工夫などを感じ取り，自分の価値意識をもって味わっている。 | 根拠を明確にして深く味わって |

## 学習の流れ

関…美術への関心・意欲・態度　発…発想や構想の能力　創…創造的な技能　鑑…鑑賞の能力　【 】…評価方法

絵や彫刻など　表現　2年

| 活動内容 | 指導者の働きかけ | 評価 | 留意点及び評価方法など |
|---|---|---|---|
| **導入（鑑賞）　50分**<br>● 墨の世界を鑑賞する。<br>● 美術館「雪舟」、水墨画家「王子江（おうすこう）」のDVDを鑑賞して美術カードに記入する。 | ● 教科書の雪舟の作品のほか、墨の五色について鑑賞する。<br>● 水墨画のすばらしさに気づかせ意欲を喚起する。 | 関<br>鑑 | ● 雪舟の作品を鑑賞し、感想を発表させる。<br>【鑑賞の様子】<br>【発言内容・カードの記述内容】 |
| **展開1（制作）　50分**<br>● 副読本や制作資料（DVD）、写真を基に描き方を練習する。<br>● 入江泰吉（いりえたいきち）の白黒写真を見て練習する。 | ● DVD、写真を用いて描き方を実演し、墨の濃淡を表現して見せる。<br>● 机間巡回しながら指導する。 | 関 | ● 墨の美しさに気づかせながら濃淡を工夫し描かせる。<br>【活動の様子】 |
| **展開2（制作）　150分**<br>● 郷土の心惹かれる場面をイメージし、構想を練る。<br>● 紙に試し描きをする。<br>● 破墨法、積墨法などを体験する。 | ● スケッチブックに構図を組み立てる。<br>● バランスを考えて構図を組み立て、慎重に描く。 | 発<br>創 | ● テーマを基に画面構成をさせる。<br>【スケッチ・制作の様子】<br>● 様々な技法を使って表現させる。<br>【作品】 |
| **まとめ（鑑賞）　50分**<br>● 全員で鑑賞し、相互評価をする。<br>● 美術制作カードに記入する。<br>● 自己評価をする。 | ● 一人一人の作品のできばえを鑑賞し、それぞれの墨の表現力に気づかせる。 | 関<br>鑑 | ● 大型TVに完成した作品を紹介する。<br>● 楽しい鑑賞会を心掛ける。<br>【鑑賞の様子】<br>【制作カードの記述】 |

### おわりに

　郷土には世界遺産や国宝（重要文化財）が多く存在し、伝統的に墨づくりが盛んである。身近なところから題材をイメージしていくことができたと思う。今回、雪舟の多くの作品から水墨画のすばらしさを感じることができた。また、郷土を愛し、多くの写真を撮影した入江泰吉の白黒の写真からも構図や遠近法を理解し、模写しながら水墨画の技法を学ぶことで、生徒たちは興味・関心を示した。「墨に五彩あり」と言われるほど微妙なグラデーションによって多彩な表現ができる水墨画の濃淡、にじみ、かすれなどの表現技法の魅力に迫ることができたと思う。

# 日本画に挑戦　～ My "Cool Japan" ～

**第2学年**　　**A 表現 (1)(3)**　　**B 鑑賞**

**時間数　8時間**

## 題材設定の理由

本題材は，福井県による「芸術教育のための日本画を活用した美術教育の推進事業」を受けて設定した。経験の少ない日本画を系統的に体験させることで，小中高での形や色彩などによる表現の能力を育成するとともに，ふるさとに誇りをもつ子どもたちを育みたいとのねらいがある。日本の美術には，先人達の豊かな感性や日本の風土に合った工夫や知恵，生き方が見え，限りない奥深さがある。日本画を鑑賞し，材料に触れ，創作することを通して，生徒たちにとっては古くて新しい「日本」を再発見し，自分の生き方にプラスに働く感性を磨いてほしいと願う。

## 準備物

（教師）岩絵の具，水干絵の具，膠液，墨汁，絵皿，ドーサ引き和紙，日本画作品や紋様のコピー，麻紙ボード，ワークシート，ドライヤー，給湯ポットなど
（生徒）写真や実物，面相筆，平筆，彩色筆など

## ［共通事項］の例

自分が感じた「日本らしさ」のイメージを基に表したい感じを意識して構想し，表現する。

## 学習目標

○日本画の表現や材料に関心をもち，主体的に表現したり，感じ取ったりしようとする。
○自分の内面にある「日本らしさ」のイメージを掘り起こしながら主題を生み出し，効果的な表現方法を工夫して構想する。
○材料や用具の特性を生かして表現する。
○日本画の特徴を理解し，主題や構図，色彩などに着目してよさや美しさを感じ取る。

## 評価規準

| 評価の観点 | 各観点の評価規準例（B） | Aと評価するキーワードの例 |
|---|---|---|
| 美術への関心・意欲・態度 | 日本画の表現や技法や材料などに関心をもち，主体的に表現したり，そのよさや美しさを感じ取ったりしようとしている。 | 継続的に意欲をもちながら　自主的に必要な資料を用意するなど夢中になって |
| 発想や構想の能力 | 「日本らしさ」のイメージを基に主題を生み出し，構図や配色の効果を考えて画面の構想を練っている。 | 主題を生かす効果的で創造的な構成を工夫し |
| 創造的な技能 | 日本画の材料や用具の特性を生かし，表したいイメージを大事にして画面をつくり出そうとしている。 | 材料や用具の特性を生かし，よりイメージに合った表現を追求し |
| 鑑賞の能力 | 主題や構図，色彩などに着目して日本画のよさや美しさを感じ取っている。 | 根拠を明確にして，深く味わって |

## 学習の流れ

関…美術への関心・意欲・態度　発…発想や構想の能力　創…創造的な技能　鑑…鑑賞の能力　【 】…評価方法

| 活動内容 | 指導者の働きかけ | 評価 | 留意点及び評価方法など |
|---|---|---|---|
| **導入（鑑賞）　50分**<br>● 日本画の特徴を知る。<br>● 菱田春草の「落ち葉」を鑑賞し，「日本らしさ」について考える。 | ● 日本画と西洋画を見比べてクイズに答えたり，対話したりしながら興味をもって鑑賞できるようにする。<br>● 主題，構図，色彩などに着目しながら鑑賞するように促す。 | 関<br>鑑 | ● 日本画の材料や道具がすべて自然のものでつくられていることや主題には日本人の感性が生きていることなどを掴ませる。<br>【鑑賞の様子】<br>【発言内容・ワークシートの記述】 |
| **展開1（試し）　100分**<br>● 好きな下図を選び，墨による骨描きと水干絵の具による地塗りを試す。<br>● 岩絵の具を使って彩色を試す。 | ● 膠の扱い方や絵の具の溶き方などの基本的な作業及び手順を確認しながら進める。<br>● 日本画の実物を間近で見ながら重色の効果を確かめ，試せるようにする。<br>● 本制作の練習であることを伝え，失敗を恐れずに材料や用具を試せるようにする。 | 関 | ● 複雑な手順や材料の扱い方を動画でわかりやすく提示する。<br>【活動の様子・ワークシートの記述】  |
| **展開2（制作）　200分**<br>●「日本らしさ」を感じるものや写真を基にスケッチし，構図を工夫して下図を制作する。<br>● 転写した下図に骨描きと地塗りをする。<br>● 岩絵の具を使って彩色する。 | ● 導入で鑑賞した日本画作品やワークシートの記述を参考にさせ，自分のイメージに合った構図を考えて下図を制作できるようにする。<br>● 絵皿の色が濁らないように注意させ，重色の美しさを意識して彩色できるようにする。 | 発<br>創 | ● 活動中のつぶやきや作品，ワークシートに書かれた振り返りを基に個々の課題に答える。生徒が互いに問題点やよりよい方法を共有しながら進められるようにする。<br>【制作の様子・ワークシートの記述】<br>【作品】 |
| **まとめ（鑑賞）　50分**<br>● 各自が手づくりの落款を押す。<br>● 鑑賞会を行う。<br>● 気に入った作品を各自が4点選び，感想を書いて発表し合う。 | ● 作者の心情，主題に迫る見方ができるように声かけをする。<br>● 石庭を模した中庭が見渡せる廊下に全作品を展示する。  | 関<br>鑑 | ● ボード立てに立てかけて鑑賞することで，光の効果により，凹凸のある岩絵の具の美しさがより引き立つようにする。<br>【鑑賞の様子】<br>【発言内容・ワークシートの記述】 |

絵や彫刻など　表現　2年

# みんなで楽しくミニ面づくりをしよう！

第2学年　A 表現 (2)(3)　B 鑑賞

時間数 **6** 時間

## 題材設定の理由

沖縄県は琉球王国時代の流れがあり，その伝統的な美術工芸品づくりの盛んなところである。壺屋焼に代表されるやちむん（陶芸）作品もあり，手びねりでシーサーづくりなども行われている。そこで今回は，可塑性のある紙粘土を使って個性豊かなお面をつくろうというテーマで週1時間の美術科の限られた時間を使ってできる「ミニ面」づくりを通して，生徒たちに明るく楽しい表現させることにより，自由なフォルムと色彩の造形の楽しさを味わうことをねらいに設定した。

## 準備物

（教師）参考資料，参考作品，画用紙，白紙，紙粘土，色鉛筆，ヘラ，つや出しニス，刷毛，色鉛筆など
（生徒）筆記用具（2B・4B鉛筆），消しゴム，アイデアスケッチ用紙（スケッチブック），教科書，資料集など

## 学習目標

○紙粘土を使って，お面づくりの流れを理解し，計画的に制作する態度を養う。
○自分なりの顔の表情をイメージして，表現する。
○工芸的な要素とデザイン的な要素を一つにして，アイデアスケッチ・形成・着色し，最後につや出しニスを塗り完成させ，面白さや楽しさを味わう。
○完成した作品を一同に鑑賞して作品のよさや工夫したところを話合わせ，話合ったことを発表させる。

## ［共通事項］の例

形や色彩，材料の感情効果などを生かして工夫する。

ミニ面の参考作品（掲示）

①アイデア（発想・構想）
②完成予想図（色鉛筆で彩色）
③形成（塑造）
④彩色（絵の具）
⑤ニス塗り
⑥完成（展示）
⑦鑑賞と評価（自己評価）
・うまくいったところ
・難しかったところ
・他の作品のよいところ発見（気づき）
・自己啓発へ（学習意欲）

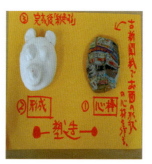
形成の方法（心棒の活用）

## 評価規準

| 評価の観点 | 各観点の評価規準例（B） | Aと評価するキーワードの例 |
|---|---|---|
| 美術への関心・意欲・態度 | ミニ面づくりに関心をもち，主体的に創意工夫して表したり，表現の工夫などを感じ取ったりしようとしている。 | 継続的に意欲をもちながら自主的に必要な資料を用意するなど |
| 発想や構想の能力 | 想い出に残るものや身近な祖父母をモチーフにしたものなどを基に，形や色彩などを簡潔にしたり総合化したりするなどして，表現の構想を練っている。 | 独創的で洗練された構成を工夫し |
| 創造的な技能 | 材料の特性を生かし，表現意図に合う新たな表現方法を工夫するなどして，手順などを総合的に考えながら見通しをもって表現している。 | 効果的，効率的な |
| 鑑賞の能力 | 形体と装飾との調和のとれた洗練された美しさ，つくり手の意図などを感じ取り，生活を美しく豊かにする美術の働きについて理解している。 | 根拠を明確にして深く味わって広い視点から根拠を明確にして的確に理解し |

## 学習の流れ

関…美術への関心・意欲・態度　発…発想や構想の能力　創…創造的な技能　鑑…鑑賞の能力　【　】…評価方法

| 活動内容 | 指導者の働きかけ | 評価 | 留意点及び評価方法など |
|---|---|---|---|
| **導入（参考作品）　100分**<br>● アイデアスケッチをする。 | ● 参考作品を提示して作品づくりの流れを確認する。<br>● 本時のねらいやイメージを膨らませてアイデアスケッチをさせる。 | 関 | ● 授業の流れを理解してイメージしたものを表現させる。<br>● 授業の手順を確認させる。<br>【活動の様子】 |
| **展開1（アイデアスケッチ）　50分**<br>● アイデアスケッチ用紙に自分で考えたミニ面の完成予想図としてスケッチする。<br>● スケッチした構想図・完成予想図に色鉛筆で彩色して配色の工夫をさせる。 | ● アイデアスケッチ用紙に自分がイメージした内容を個性豊かにまとめられるように机間指導を行う。<br>● 色鉛筆で彩色させる（完成予想図）。 | 関<br>発 | 【活動の様子】<br>● 独創的で創造性豊かなアイデアを出すよう促す。<br>【アイデアスケッチ】 |
| **展開2（形成）　50分**<br>● 可塑性のある紙粘土を使って手触りや表現技法を使って創造性豊かなミニ面レリーフをつくらせる。 | ● 一人で1/2の紙粘土を手のひらで楕円形につくり、心材（心棒）かぶせてアイデアスケッチを参考に「成形」する。<br>● 細部は「ヘラ」や道具を的確に使いこなして作品を完成させる。 | 発<br>創 | 【制作の様子】<br>● 自分の手の感触を利用してアイデアスケッチを通し、観察してイメージ通りの作品がつくれたのかを見取る。<br>● 「目」「鼻」「口」や表情を的確に表現できたかを見取る。<br>【制作途中の作品】 |
| **展開3（彩色）　50分**<br>● アイデアスケッチしたものを見て彩色してニスを塗って完成させる。 | ● ポスターカラーを使ってミニ面に彩色させる。（完成）（作品の提示） | 発<br>創 | ● 自分がイメージした作品づくりができているかを見取る。<br>【制作の様子】<br>【完成作品】 |
| **まとめ（鑑賞と評価）　50分**<br>●「完成作品」（ミニ面）のよさを感じ取らせ、相互評価を行わせる。 | ● 作品を展示して全員の作品を鑑賞して、作品のよさや制作の工夫したところを話し合わせる | 関<br>鑑 | ● ワークシートを配布して自分の作品の自己評価をさせ、他の生徒のよさや努力したところに気づかせる。<br>【鑑賞の様子】<br>【発表内容】 |

デザインや工芸など　表現　2年

評価：①自分らしいミニ面のイメージができて完成予想図が完成できたか。
　　　②「形成」可塑性のある紙粘土使って、的確な表現ができたか。
　　　③自分らしい個性的なミニ面を完成することができたか。（鑑賞と評価）

# マスク〈仮面〉で変身！ ～構成美の要素・美の秩序を基本として～

**第2学年** | **A 表現 (2)(3)** | **B 鑑賞** | **時間数 9時間**

## 題材設定の理由

　2年生ともなれば子どもたちは，1年生で培った基礎的な力を十分発揮できるようになってくる。その学習経験を生かしながら，構成美の要素についてより意図的な平面構成の学習をさせ，美しい構成をさせたい。そのためには，変化と統一やシンメトリー，グラデーション，アクセント，バランスなどの構成美の要素を理解させ，また，色相による配色や色の面積と配置（セパレーション，アクセントカラー，グラデーションなど）によって構成の感じが異なることを気づかせたい。それらは平面構成においても必要な構成美の要素であることを理解させ，意図的に計画した平面構成をさせたい。また，この授業を通して，平面構成の美しさやよさと，自分でつくったものを身につけて，体感することにより得られる楽しさや喜びを十分に感じさせたい。さらに映像で表現することにより自分自身を再確認し，自らの手でつくり上げたという達成感を味わわせたいと思いこの題材を設定した。

## 準備物

**(教師)** 参考作品，セロハンテープ，ステープラー，デジタルカメラなど
**(生徒)** 教科書，資料集，アイデアスケッチ，彩色用具など，各自制作に必要なもの

## 学習目標

○構成美の要素をマスク（仮面）に生かして構想を練り，平面構成をする。
○配色の美的効果（セパレーション，アクセントカラー，グラデーションなど）をマスク（仮面）に生かし，丁寧に着色する。
○独創的なマスク（仮面）の形や色彩を工夫する。
○自他相互の作品を鑑賞し，よさや美しさを感じ取る。

## ［共通事項］の例

　形や色彩，材料の感情効果を生かし，自分のイメージしたマスクを工夫して表現する。

## 評価規準

| 評価の観点 | 各観点の評価規準例（B） | Aと評価するキーワードの例 |
|---|---|---|
| 美術への関心・意欲・態度 | マスクの表現に関心をもち，主体的に創意工夫して表したり，表現の工夫などを感じ取ったりしようとしている。 | 継続的に意欲をもちながら自主的に必要な資料を用意するなど |
| 発想や構想の能力 | 構成美の要素を生かし，形や色彩などを簡潔にしたり総合化したりするなどして，マスクのデザインの構想を練っている。 | 独創的で洗練された構成を工夫し |
| 創造的な技能 | 材料の特性を生かし，表現意図に合う新たな表現方法を工夫するなどして，手順などを総合的に考えながら，見通しをもって表現している。 | 効果的，効率的な |
| 鑑賞の能力 | 目的や機能と形や色彩などの調和の取れた洗練された美しさ，つくり手の意図などを感じ取り，自分の価値意識をもって味わっている。 | 根拠を明確にして深く味わって広い視点から根拠を明確にして的確に理解し |

## 学習の流れ

関…美術への関心・意欲・態度　発…発想や構想の能力　創…創造的な技能　鑑…鑑賞の能力　【　】…評価方法

デザインや工芸など　表現　2年

| 活動内容 | 指導者の働きかけ | 評価 | 留意点及び評価方法など |
|---|---|---|---|
| **理論学習　100分**<br>● 構成美の要素を理解する（ワークシートを中心に，構成練習を通して感覚をつかむ）。 | ● 美の秩序・構成の基本を理解させ，ワークシートを中心に，構成練習を通して感覚をつかませる。 | 関 | ● デザインの要素，構成美に関心をもたせる。<br>【学習の態度】<br>● 自由な発想で感覚をつかませる。 |
| **導入　50分**<br>● 参考作品や資料を参考にし，イメージをもつ。<br>● 制作手順を知る。 | ● 参考作品や資料を基に，イメージを広げさせる。<br>● 制作手順を理解させる。 | 関 | ● 参考作品や資料を基に，イメージを広げさせる。<br>【鑑賞の様子】 |
| **展開（制作）　200分**<br>● アイデアスケッチを描き，独創的な発想・構想を練る。<br>● 下描きをし，配色の美的効果を生かして丁寧に着色する。 | ● アイデアスケッチを描かせ，独創的な発想・構想を練らせる。<br>● 配色の美的効果を生かして丁寧に着色させる（必ずグラデーションを生かす）。 | 発<br>創 | ● 独創的な発想・構想を練らせる。<br>【アイデアスケッチ】<br>● 配色の美的効果を生かして丁寧に着色させる。<br>【制作途中の作品】 |
| **まとめ（鑑賞）　100分**<br>● 完成作品を顔面に装着して写真を撮り，お互いに鑑賞し合い，作品のよさや美しさについて話し合う。 | ● 自他相互に鑑賞し合い，作品のよさや美しさについて気づかせる。 | 関<br>鑑 | ● 作品のよさや美しさ，表現の面白さなどを感じ取らせる。<br>【鑑賞の様子】<br>【発言内容】 |

## 授業の詳細

　第１次の理論学習（２時間）では，美の秩序・構成の基本を理解させるために，ワークシートを中心に授業を進めた。ただ見るだけや聞くだけの学習活動は理論的に終わってしまいがちなので，実際に幾何学的な図形を使い，自分で考え，描き込むという構成練習をさせた。そして，感覚的，意図的に理解を深めさせようと心がけた。子どもたちは，○△□といった単純な構成の組み合わせだったので，比較的よく描けていた。最初，こぢんまりとした構成をしていた子もいたが，面白そうなアイデアを描いている子を指名して，板書（自分のワークシートに考えて描いたもの）させると，それに感化されたのか，自由さや大胆さが出てきた。やはり，構成練習をすることで，より子どもたちの理解度が増したように思われた。それは，ワークシートからもうかがえることであり，完成作品にも表れていた。

　第２次の導入（１時間）では，第１次で学習した，美の秩序・構成の基本を生かしてマスクづくりに生かすように知らせる。参考作品は４〜５点だけに絞り，特徴のあるものだけを提示した。それは，あまり提示しすぎると迷うだけなので，できるだけ個々人のアイデアを出させたいと考えたからである。最後に制作手順と留意点を知らせ，作業に入った。

　第３次の展開（４時間）では，アイデアスケッチを構想するにあたり，基本となる形をスケッチブックに描かせた。

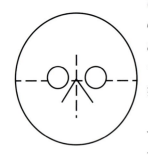

まず，半径10cmの円をコンパスで描かせ，中心点を目のラインと鼻のラインの接点にして考えるように指示した。それは位置関係のバランスを取るためと，マスクの大きさの目安にするためである。また，縦長の子はスケッチブックを縦に，横長の子はスケッチブックを横にして描くように指示をした。留意点として，第１次で学習したシンメトリー，グラデーション，バランスなど効果的に生かすことを指示し，構成練習をした○△□だけでなく，イメージに合った様々な形を工夫するように指示をした。アイデアスケッチができた子から，定規やコンパスを使って下描きに入った。

　着色については，色相による配色や色の面積と配置（セパレーション，アクセントカラー，グラデーションなど）によって構成の感じが異なることを説明し，それを効果的に生かすように伝えた。着色の留意点として板書したことは，以下のような内容である。

- ・明るい色から着色すること。
- ・マスクのどこか(一部でもよい)に，グラデーションの効果を出すこと。
- ・左右対称に着色すること(但し，左右違う色の効果を出したい子は別)。
- ・あまり水を混ぜすぎないこと。

　着色ができた子からマスクの形を切り抜き，自分の頭のサイズに合わせて装着できるように工夫させた。初めて完成したマスクを装着した子どもたちは，嬉しそうに歓声をあげていた。また，友だちと鑑賞し合い，「可愛い」や「いいやん」，「きれい」や「面白い」など口々に言い合い，交換して装着するなど，完成したマスクを喜び合っていた。中には授業が終了するまで，ほとんど装着したまま歩き回っていた子や，教室の後ろでＴＶ番組で放映されているような，マスク＜仮面＞を着け戦うシーンやプロレスのような真似事をして

楽しんでいる子どもたちもいた。マスク＜仮面＞が完成した子どもたちから，デジタルカメラで撮影を始めた。頭部（アップ）と全身（変身スタイル）の2ポーズである。頭部（アップ）は，自分が装着した姿は鏡でしか見られないので，できるだけわかりやすいようにアップで納めた。全身（変身スタイル）は，マスクを装着することにより，普段の自分とは違った姿を全身で表現できるようにと思い，変身ポーズとした。

第4次のまとめ（1時間）では，完成したマスクを各自顔に装着して，デジタルカメラで撮影をした。撮影している姿をお互いに鑑賞し合い，各自の作品制作に対する成就感や，友だちの作品のよさを感じ取っていた。また，全員の作品（マスクとプリントアウトしたカード，制作に対する感想を構成したもの）を，廊下の壁や階段の踊り場の壁に展示し，全校生徒や教職員，保護者や来客者にも鑑賞してもらえるようにした。そのことにより相互の向上を目指したからである。当該学年だけでなく，他学年の子どもたちもよく立ち止まって鑑賞し，「面白いなあ」「こんなん俺たちやってないなあ」など言い合ったりしていた。

作業が遅れた子どもたちの写真撮りを放課後していると，3年生の子どもたちが5～6人寄って来て，「僕たちもマスク被って写真を撮ってください」といったので，了解するとマスクを被り，しっかりポーズをとっていたのが印象的だった。

展示作品

### 授業の考察

このマスク＜仮面＞の授業は，子どもたちと同様に私自身も初めての取り組みであり，新鮮な気持ちと，よい緊張感をもって授業に取り組むことができた。マスク＜仮面＞を通しての変身願望というものが動機づけになったのか，子どもたちの知的好奇心を喚起することができ，全員創作意欲をもって取り組んでいたように感じた。

マスク＜仮面＞の授業の終了後，各クラスの必修授業のはじめの時間に，10分程でマスク＜仮面＞の取り組みについての感想をアンケート形式で行ったが，その集約結果と，この題材についての考察を以下に述べることにする。

「マスク＜仮面＞制作の授業はどうでしたか」という質問に対して，「とても楽しかった」，「まあまあ楽しかった」と答えた子どもたちが，男子93％，女子92％であった。また，それはなぜですか。という質問に対して，「自分の自由に色や形ができた」や「自分だけのオリジナルのマスクができた」が多く，男女共44％であった。

続いて,「友だちとアイデア交換ができた」や「友だちのマスク＜仮面＞と交換して,一緒に楽しめた」が多く,男子19％,女子17％であり,「マスクをつけて写真を撮ったから」や「マスクを制作するのが初めてだったから」も多かった。

　自分のイメージ通りに制作できましたか。という質問に対しては,「できた」,「まあまあできた」と答えた子どもたちが,男子72％,女子73％であった。あまりできなかったと答えた子どもたちの理由としては,「着色が思うようにできなかった」というのが多かった。

以上のことから,次のようなことがいえるのではないだろうか。

①美の秩序・構成の基本（シンメトリー,グラデーション,アクセント,バランスなど）といった構成美の要素や,色相による配色や色の面積と配置（セパレーション,アクセントカラー,グラデーションなど）などの色彩は,作品によく生かされていたように思う。
　今回,子どもたちは,マスク＜仮面＞としてのデザインの構成や色彩を中心に考えたので,特に男子は,奇抜な配色が多かったように感じた。形の大きさも自由だったので,少し作品が小さくなった子もいたが,このことがアンケートの回答にも,楽しかった理由としてあげていたように,「自分の自由に色や形ができた」や「自分だけのオリジナルのマスクができた」ということで,子どもたちの創作意欲にもつながったのではないだろうか。また,この自由さが苦手意識をもつ子どもたちの打開にもつながったのではないかと考えられる。

②マスク＜仮面＞は,各地域の行事などにも用いられることが多く,装着することにより何らかのパワーが備わり,ある種独特の意味をもち,畏怖的に扱われているところもある。また子ども向けのＴＶ番組でも,マスク＜仮面＞で変身することにより,何らかのパワーをもっているものが多い。そのような題材のマスク＜仮面＞に,今回初めて取り組む興味・関心と自分だけのオリジナルのマスクが制作でき,それを身につけることで別人になれる。これは,他の描画表現からは得られない満足感があるといえるであろう。また,マスク＜仮面＞をつけた自分はどのように見えるのかなど,変身することへの知的好奇心（期待感や興味・関心など）が喚起され,創作意欲の動機づけになったと考えられる。

③中学校２年生の発達段階から考えると,セルフエスティームを高めるための自己主張と自己否定というものの相互で揺れ動く時期でもある。マスク＜仮面＞をつけることにより,もう一人の自分になれるという期待感もあったのではないかと考えられる。個々のポーズをデジタルカメラで撮影したが,少し照れていた子もいたが,変身ポーズでの自己表現からもそのことがうかがえる。ブリッジや大仏のポーズ,独自の奇妙なポーズなどが印象的であった。

④アンケートの回答にもあった,友だちとマスク＜仮面＞を交換して一緒に楽しめたということからも,相互の学びがうかがえる。自己の作品制作に対するできたという効力感や反省点,友だちの作品のよさなどを感じ取り,次へのステップとなるようにするには,ここでのモニタリングが大切であると考える。自他を比較することにより相互の学びがあり,鑑賞の能力も高まるといえる。

⑤題材の最初に，ワークシートを中心に理論学習と構成練習を行ったが，定期テストに出題した美の秩序・構成の基本の箇所の正解率を見ると，理論で約75％，構成では約90％であった。このことから，ワークシートでの学びがモニタリングされており，興味・関心が高まり，今回のマスク＜仮面＞の制作に対する，創作意欲につながったのではないかと考えられる。完成作品からもその効果があったといえる。

⑥今回は平面構成の学習を中心に組み立てたが，次回はマスク＜仮面＞というものを中心に組み立て，立体的なものや装飾的なもの，また伝統的なものや民族的なものなども提示し，子どもたちの表現の多様性や創造性を膨らませ，創作意欲のもてるような制作を心がけたい。

⑦子どもたちの完成作品を廊下の壁や階段の踊り場の壁に展示し，当該学年だけでなく他学年の子どもたちも，日頃からよく見慣れて記憶できるような環境にしておくことが，次回の作品制作に役立てようとする，学習能力を養うことにつながると考える。このことが，記憶方略としてのメタ認知ができるものであるといえる。

# 日本的な和の空間を味わう

第2学年　B鑑賞　時間数 1時間

## 題材設定の理由

近年の住宅建築では，障子や襖で囲まれた畳敷きの和室が設けられることが少ない。床の間をはじめ和室に触れる機会が減少し，日本的な文化や雰囲気を肌で感じることがなくなってきている。京都などのいわゆる日本的な文化財に触れても，非日常性を感じているのかもしれない。さらに，社会科の歴史領域でも「書院造り」をはじめとする伝統文化を扱う比重が少なくなっている。そこで，日本的な文化が，私たち日本人の生活様式にどのように取り込まれていたのか，ということを考えさせ，屏風絵や襖絵の優れた作品のよさを味わわせたいと考え，本題材を設定した。デジタル機器を活用した簡易な装置を使い，空間を感じ取りやすくした点が本教材の優れた点である。ミニチュア制作などの授業の準備に労力が必要であるが，美術館やギャラリーなど文化施設が少ない地域においては魅力的な教材・教具となる。

## 準備物

**（教師）** 参考資料（風神雷神図屏風の図版），ワークシート，デジタルカメラ，電子黒板（プロジェクターも可），ミニチュアの書院造りの内部模型など

　ミニチュアの模型は，カラープリントした画像を厚紙に張り付け，組み合わせた程度のものでよい。カメラを通してモニタに映し出すことで，同時性と空気感が優れたものとなる

**（生徒）** 教科書，資料集，筆記用具など

## 学習目標

○日本的な書院造りと装飾品の機能や役割について考える。
○優れた屏風絵のよさを味わう。

## ［共通事項］の例

　和室における装飾品などの形や色彩に，どのような役割や効果があるのかを考え理解する。

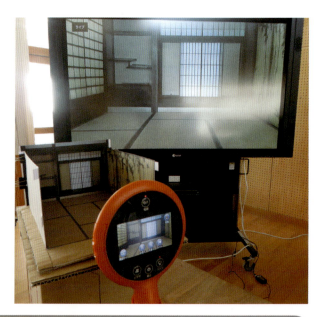

## 評価規準

| 評価の観点 | 各観点の評価規準例（B） | Aと評価するキーワードの例 |
|---|---|---|
| 美術への関心・意欲・態度 | 書院造りに代表される，日本的な文化としての室内装飾に興味をもち，主体的に日本の美術を理解しようとしている。 | 継続的に意欲をもちながら |
| 鑑賞の能力 | 日本文化の室内空間の使い方の特徴を知り，屏風絵の鑑賞活動から日本の美術のよさや美しさを味わい理解している。 | 根拠を明確にして深く味わって広い視点から根拠を明確にして的確に理解し |

## 学習の流れ

関…美術への関心・意欲・態度　発…発想や構想の能力　創…創造的な技能　鑑…鑑賞の能力　【 】…評価方法

| 活動内容 | 指導者の働きかけ | 評価 | 留意点及び評価方法など |
|---|---|---|---|
| **導入　10分**<br>● 日本の文化や日本的だと思うものを考える。<br>● 課題を把握する。<br>「日本的な和の空間を味わう」 | ● 導入として，生徒がもっている日本的だと思うものを挙げさせる。<br>● 課題と学習目標を板書するなど明示する。 | 関 | 【学習の態度・発言内容】 |
| **展開1　15分**<br>● 書院造りと装飾品の名称と役割について知る。 | ● ミニチュアを拡大提示し，さらに資料を使いながら，各部位や装飾品の名称と機能について問いかけ，説明を加える。 | 関 | 【鑑賞の様子】<br>● 教師の説明ではなく，生徒の発言を誘う。 |
| **展開2（鑑賞）　15分**<br>● 優れた屏風絵を味わい，よさや美しさを感じ取る。<br><br>（長谷川等伯の例） | ● ミニチュアを使って，立体的に見える屏風を提示する。<br>● ワークシートの項目に応じて，感じ取ったよさや美しさについて記入させ，グループで話し合わせる<br><br>―キーワードの例―<br>空間　立体的<br>生活　自然 | 関<br>鑑 | 【鑑賞の様子】<br>【ワークシートの記述】<br>● 優れた屏風絵作品のミニチュア，および資料をグループの数，準備しておく。<br>● 味わう時間を十分に確保する。 |
| **まとめ　10分**<br>● 感じ取った作品のよさや美しさを共有する。<br>● 学習したことを振り返り，感想をまとめる。 | ● 感じ取ったよさや美しさなどについて発表させる。<br>● 学習活動の振り返りをさせ，文章を記述させる。 | 鑑 | 【発表や記述の内容・意見交換の様子】<br>● 生徒が自分の考えや意見を発表しやすいよう支援する。 |

デザインや工芸など　鑑賞　2年

# コマーシャル映像から発見！

第2学年　B鑑賞

時間数　1時間

## 題材設定の理由

中学生にとっても親しみやすく、日常的に目にするメディアであるコマーシャル・フィルムを鑑賞の教材として用いることで、題材を身近に感じさせ、様々な視点で自由に発言できる場をつくりたいと考え題材を設定した。

本題材ではソニーのブラビアの海外版コマーシャル・フィルムを取り上げる。この映像には、言葉や説明がなくイメージが優先された映像構成であり、普段見慣れている商業的なCMのあり方とは、一線を画す表現手法となっている。

鑑賞方法としては、同じ映像（CM）を繰り返し見せることにより、映像を印象だけでとらえるのではなく、分析したり細部の表現を探しながら、新たに見えてくるものを発見していく流れで鑑賞する。つくり手の意図や工夫などを読み解き、鑑賞形態も、「見て」「書く」「発表」を繰り返し、反復していくことで、何気なく見ていたCMの深みを知るとともに、イメージの再構築と変容が図れていくと考える。また、それぞれがもっている意見を上手く引き出し、お互いの考えを共有しながら、新たな発見ができる喜びを味わわせたい。

## 準備物

（教師）参考資料、CMデータ、プロジェクターかモニター、パソコンか映像出力機器、ワークシート、フラッシュカードなど

（生徒）筆記用具など

## 学習目標

○主体的に話し合いに参加することにより、コマーシャル表現への関心・意欲を高める。
○コマーシャル・メッセージの特性を理解し、その意図や工夫を発見し、鑑賞する能力を高める。
○個性豊かな発想をもち、自由に鑑賞する。

## [共通事項]の例

映像の色彩や感情効果などを通して自分の意見や考えをもち、作者の思いや、メッセージをとらえる。

## 評価規準

| 評価の観点 | 各観点の評価規準例（B） | Aと評価するキーワードの例 |
|---|---|---|
| 美術への関心・意欲・態度 | メッセージを伝える映像作品に興味・関心をもち、主体的に感じ取ろうとしている。 | 継続的に意欲をもちながら積極的に取り組み、創造的な視点をもっている。 |
| 鑑賞の能力 | 作品のよさや他者の考え方や意見の違いを感じ取り、自分の価値意識をもって味わっている。 | 広い視点や造形的な視点でとらえることができ、根拠を明確にして深く味わっている。 |

## 学習の流れ

関…美術への関心・意欲・態度　発…発想や構想の能力　創…創造的な技能　鑑…鑑賞の能力　【 】…評価方法

**デザインや工芸など　鑑賞　2年**

| 活動内容 | 指導者の働きかけ | 評価 | 留意点及び評価方法など |
|---|---|---|---|
| **導入　5分**<br>● 本時の学習課題を知る。<br>● めあての確認<br>● 映像についての説明を聞き理解する。 | ● 本時のめあてを板書する。<br>● 本時のめあて，内容の確認。<br>● 映像と静止画の関わりや様々なCMの形態を資料で提示。そのあり方を考えさせる。 | 関 | ● CMに関心をもたせる声かけをする。<br>● コマーシャルの意味やつくられ方等を理解させる。<br>【鑑賞の様子や発言内容】 |
| **展開　35分**<br>**CMを観る❶**<br>● 感想をワークシートに記入する。<br>● 発表 ❶<br><br>**CMを再度観る ❷**<br>● ワークシートに記入。<br>● 発表 ❷<br><br>**CMを確認しながら観る❸**<br>● 映像の構成や工夫を発見し，感じたことや考えたことをワークシートに書く。<br>● 繰り返し観ることで感じたことや変化，イメージの変容を記入する。<br>● 授業を振り返っての感想を書く。 | ● 普段，CMを見る感覚で見るように投げかける。<br>● 映像を観て，その印象をワークシートに記入。<br>● 発表させる。（板書）❶<br><br>● 映像を注意深く観察し，ワークシートに工夫点等を記入。<br>● 発表させる。（板書）❷<br>・フラッシュカードを提示し，適宜キーワードを与える。（場所）（カメラ）（動物）（人物）（色彩）（視点）……。<br><br>● 緻密に計算された画面構成やイメージの拡がりを確認する。<br>● 映像を停止させ，場面場面を確認することにより，振り返りにつなげ理解させる。❸<br>● ワークシートに感想を書かせる。 | 関<br><br>鑑 | ● 机間巡視を行い，書き込みの状況を把握。適宜声かけを行う。<br>● 生徒の発言を板書し，その差異を比較させる。❶<br>【鑑賞の様子や発言内容】<br>● ワークシートの記入の遅い生徒に対し，自由なイメージが引き出せるよう支援する。<br>【ワークシートの記述】<br>● 集中して取り組むことができるよう，鑑賞の意識を高めさせる。<br>● 1回目と2回目の意見との変容を確認させる。❶❷ |
| **まとめ（鑑賞）　10分**<br>● 授業を振り返っての感想を発表する。<br>● 本時のまとめ（教師の話を聞く） | ● 生徒の意見をくみ取りながら，全体の流れや本時の目標を確認させる。<br>● 自由な意見が出るよう促す。<br>● 次時の予告 | 鑑 | 【鑑賞の様子や発言内容】<br>● 友だちの意見や考えを共有させ，違う視点や価値観に触れることにより，新たな発見につなげさせる。 |

# 環境問題について考えてみよう

**第2学年**　**A 表現 (2)(3)**　**B 鑑賞**　　時間数 **8時間**

### 題材設定の理由

本校では1年次にデザインの授業としてレタリングの授業を行っている。その中で，デザインの原点には「他者の気持ちを考えること」があると考える。レタリングの授業では「文字をより美しく読みやすくデザインすること」を学べる。2年生では，その発展形としてポスターを描く。ポスターではものごとを印象強く伝えるための様々な要素を学習することができる。本題材では，環境問題について考えるポスターをテーマにする。その中で，構成（レイアウト）の工夫であったり，色の効果であったり，文字の工夫（キャッチコピー）など，デザインの基礎を学習する。最終的には八つ切りサイズの画用紙に作品を完成させ，お互いに作品を鑑賞し合うことで，より視覚的表現によるデザインのすばらしさ，重要性について考えさせたい。

レタリングの授業の様子

### 準備物
（教師）参考資料，画用紙，マーブリング絵の具，金網，歯ブラシ（スパッタリング用）など
（生徒）教科書，筆記用具，ポスターカラーなど

### ［共通事項］の例
情報の伝達と形との関係に着目し，表現の構想を練る。

### 学習目標
○ポスターの役割と形や色彩の効果を考え，他者の立場に立って，伝えたい内容を発想し構想する。
○伝えたい内容を絵の具の特性を生かして効果的に表現する。
○完成した作品を鑑賞し，表現意図や表現方法の工夫について考える。

作品例

### 評価規準

| 評価の観点 | 各観点の評価規準例（B） | Aと評価するキーワードの例 |
|---|---|---|
| 美術への関心・意欲・態度 | ポスターの表現に関心をもち，環境問題について考え，主体的に創意工夫して表したり，表現の工夫などを感じ取ったりしようとしている。 | 継続的に意欲をもちながら自主的に必要な資料を準備するなど |
| 発想や構想の能力 | 環境問題について伝えたい内容を他者に伝えるために形や色彩などの効果を考え，ものごとを印象強く伝えるための画面構成やキャッチコピーを発想し，構想を練っている。 | 独創的で洗練された構成を工夫し |
| 創造的な技能 | 発想や構想をしたことを基に，表現意図に合う新たな表現方法を工夫するなどして手順などを総合的に考え，見通しをもって表現している。 | 効果的，効率的な |
| 鑑賞の能力 | 鑑賞を通して，生活における美術の働きなどを感じ取り，作品などに対する思いや考えをまとめ，対象の見方や感じ方を広げている。 | 根拠を明確にして深く味わって広い視点から根拠を明確にして的確に理解し |

## 学習の流れ

関…美術への関心・意欲・態度　発…発想や構想の能力　創…創造的な技能　鑑…鑑賞の能力　【　】…評価方法

デザインや工芸など　表現　2年

| 活動内容 | 指導者の働きかけ | 評価 | 留意点及び評価方法など |
|---|---|---|---|
| **導入（鑑賞）　50分**<br>● ポスターの役割を知る。<br>● 様々なポスターを鑑賞し三つのポイントに絞ってデザインの要素，工夫の違いを考える。<br><br>● 現在，自分たちの周りにある環境問題にどのようなものがあるかを考える。 | ● 事前に資料集めの課題を出しておく。<br>● ポスターがどのような役割を果たしているかを考えさせる。<br>● 様々な資料を掲示し，構成（レイアウト），色，キャッチコピーの三つの工夫について考えさせる。<br>● 環境問題について考えるポスターの制作をすることを伝え，考えさせる。 | 関<br><br>鑑 | ● ポスターに関心をもたせ積極的に資料集めをさせる。<br>【鑑賞の様子】<br>● デザインの要素，その表現の工夫の仕方を発見させる。<br>【発言内容】<br> |
| **展開1（制作）　50分**<br>●「環境問題」から連想される言葉を図にまとめ，アイデアスケッチを描く。 | ●「環境問題」から連想できる言葉を図にまとめさせ，その図を利用してアイデアスケッチを描かせる。 | 発 | ● 思いつく言葉を図にすることでポスターのアイデアを整理させる。<br>【制作の様子】 |
| **展開2（制作）　250分**<br>● アイデアスケッチの構成（レイアウト），配色，キャッチコピーを見直して画用紙に下描きをする。<br>● モダンテクニックについていくつか学習する。<br>● ポスターカラーで彩色する。 | ● アイデアスケッチを見てさらに表現の工夫ができる点はないかを考えさせる（レイアウト，配色，キャッチコピー）。<br>● モダンテクニックについて学習させ，彩色の時に活用できるようにする。<br>● 水の分量，適切な筆の選び方，使い方，塗る順番など基本的なことを確認する。 | 発<br>創 | 【制作の様子】<br>【制作途中の作品】<br> |
| **まとめ（鑑賞）　50分**<br>● 鑑賞カードに，自分の作品に対する思いや考えをまとめる。<br>● 鑑賞カードと作品を机の上に置き，作品鑑賞会をする。<br><br>● 最後に授業の感想をまとめる。 | ● 鑑賞カードを書かせることで作品を完成させるにあたって工夫した点などを整理させる。<br>● 相互鑑賞によって，ポスターの役割や形や色彩の効果を知るとともに他者の立場に立って，伝えたいことを発想・構想し，それを表現の工夫によって表すことを学習する。<br>● 授業のまとめを行う。 | 関<br><br>鑑 | 【鑑賞の様子】<br><br>【鑑賞カードの記述】<br>● 友だちの作品の意味，アイデアの着眼点の工夫，表現の面白さを感じ取らせる。<br> |

# 自分でプロデュースする本 〜こんな装丁が並んだら〜

**第2学年** | **A 表現 (2)(3)** | **B 鑑賞** | **時間数 6時間**

## 題材設定の理由

「本は心を豊かにする」という言葉は読書教育を推進する上でよく聞く言葉である。その心を豊かにする本を飾るものが表紙であり装丁である。まだ読み知れない中身や内容について，読者に興味を抱かせ，手にとってもらうための大事な役割を担っている。「そんな本の装丁を自分でつくってみよう」というのがこの題材である。本のストーリーから抱く色彩や情景などをイメージし，タイトルの書体，位置や大きさ，イラスト等の色合いや全体的な構成を考えながら様々な工夫に気づかせたい。初めてその本と出会う読者への扉として，どのようなデザインが望ましいのか，実際に並ぶ本と比較しながらデザイン案を検討しつつ考えさせたい。また，仕上がった作品を実際に図書館等に並べ活用することで，教科の枠を超えた図書館との連携を図れる課題として興味深い題材である。

## 準備物

- （教師）パソコン，参考資料（小説），ケント紙，色鉛筆，ポスターカラー，クレヨン，レタリング字典など
- （生徒）教科書，筆記用具，お気に入りの小説，定規，レタリング字典，アクリル絵の具，ポスターカラーなど

## ［共通事項］の例

本の内容から発想した形や色彩の感情効果を考え，装丁として効果的な構想を練る。

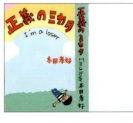

作品例

## 学習目標

- ○本を彩る装丁の役割と図柄や色彩の効果を考え，読者の立場から，小説の内容を彷彿とするような装丁として構想する。
- ○イメージした内容を，色材の特長を生かして効果的に表現する。
- ○完成した作品を鑑賞し，表現意図や造形的な工夫について批評し合う。

## 評価規準

| 評価の観点 | 各観点の評価規準例（B） | Aと評価するキーワードの例 |
|---|---|---|
| 美術への関心・意欲・態度 | 本の装丁に関心をもち，主体的に創意工夫して表現したり，表現の工夫などを感じ取ったりしようとしている。 | 継続的に意欲をもちながら自主的に必要な資料を用意するなど |
| 発想や構想の能力 | 話の内容を連想させるために，形や色彩などの視覚的な効果を生かしてわかりやすさや美しさなどを考え，装丁デザインの構想を練っている。 | 独創的で洗練された構成を工夫し表現するなど |
| 創造的な技能 | 効果的な画材を選択し，その特性を生かし表現意図に合う新たな表現方法を工夫するなどして，作業の手順などを計画的に考え見通しをもって表現している。 | 材料の特性を効果的に生かして表現を追求するなど |
| 鑑賞の能力 | 作者の意図や創造的な表現の工夫，調和のとれた美しさを感じ取り，生活を美しく豊かにする美術の働きについて理解している。 | 根拠を明確にして深く味わって広い視点から根拠を明確にして的確に理解するなど |

| 学習の流れ | 関…美術への関心・意欲・態度　発…発想や構想の能力　創…創造的な技能　鑑…鑑賞の能力　【 】…評価方法 |

| 活動内容 | 指導者の働きかけ | 評価 | 留意点及び評価方法など |
|---|---|---|---|
| **導入（鑑賞）　50分**<br>● 本の装丁の役割を知る。<br>● 伝達の表現について理解し，それぞれのよさなどを味わう。<br>・市販されている本を持ち寄り，内容ごとに分類するなどして鑑賞し，デザインの意図や表現の工夫などについて意見を述べ合う。 | ● 事前に資料を集めておく。<br>● 色の使い方や見え方でどのように印象を与えるのか考えさせる。<br>● 異なる出版社から販売される同じ本を提示し，図形や色彩についての工夫を考えさせる。<br>● どのような装丁の本が並んでいたら，興味をもってもらえるのか考えさせる。 | 関<br><br>鑑 | ● 装丁について関心をもたせる。<br>【鑑賞の様子】<br><br>【発言内容】<br>● 装丁としてのデザインの要素，文字・色彩・図形などの表現の工夫などについて話し合いの中で発見させる。 |
| **展開1（制作）　50分**<br>● アイデアスケッチをクロッキー帳に描く。<br>・本に合ったイメージカラーやタイトル文字の書体，イラストなどをそれぞれ考え，描く。 | ● ワークシートを活用し，イメージカラー・書体を記入する。<br>● 使用可能な資料の活用方法について紹介する。<br>・PCなどの活用方法も含む。 | 関<br><br>発 | 【活動の様子】<br>● 装丁の役割を理解し，表現の構想を練る。<br>【アイデアスケッチ】<br>● 資料など積極的な活用を促す。<br>● 本の内容をイメージし，意図する事柄をわかりやすさや美しさなどを考え構想させる。 |
| **展開2（制作）　150分**<br>● 背表紙を作成する。<br>● 面表紙を作成する。<br>・決定したデザインをケント紙に描く。<br>● 効果的な色材を選択し，彩色をする。<br>● タイトルの書体を作成する。<br>（印刷物切り貼り可） | ● 装丁サイズを示すケント紙（ワークシート）を配付する。<br>● 色材に応じた作業方法と効果的な表現方法について確認する。<br>● 希望する生徒に応じPCを活用し印刷した文字等活用方法について紹介する。 | 発<br><br>創 | 【制作の様子】<br>● 図形を整理し効果的なデザインを描いている。<br>【制作途中の作品】<br>● 色彩の効果を理解し，表現している。<br><br>● 色材や用具の特性を理解し，見通しをもって表現している。 |
| **まとめ（鑑賞）　50分**<br>● ワークシートに，自己作品の説明を記述する。<br>● 作品鑑賞会を行う。<br>● 文字の配置，色彩や図形から伝わる本のイメージがどのように感じるのか，作品を批評する。<br>● 鑑賞した作品の中よりいくつかの興味を抱いた作品を選出する。<br>（授業外）<br>● 仕上げた装丁を基に，図書館の紹介コーナーに実際に展示し，活用する。 | ● 鑑賞をすることにより，文字の配置，図柄や色彩が与える印象や効果などについて発表する。<br>● 他者の作品を鑑賞することにより，文字や色彩，図形が与える装丁としての役割について検証できる。<br><br><br>● 図書室に実際に展示する。 | 関<br><br>鑑 | 【鑑賞の様子】<br>● 作品を鑑賞し，装丁から伝わる本の印象や，表現の美しさや面白さなどを感じ取っている。<br><br>【発表の内容】<br>● 完成作品を鑑賞し，感じ取ったことや考えたことなどを基に発言している。 |

デザインや工芸など　表現　2年

# お菓子のパッケージデザイン

第2学年 ／ A表現(2)(3) ／ B鑑賞 ／ 時間数 10時間

## 題材設定の理由

お菓子のパッケージは，身近な視覚伝達デザインの一つである。生徒が普段から見慣れているパッケージには形状，色彩，文字情報など多くのデザイン上の工夫がある。既存の商品の鑑賞を通して，伝えるための工夫に気付かせたい。また，主観的に形や色彩を選択しがちな中学生にとって，客観的な視点をもってデザインする機会は意義深い。対象を意識して，思いが伝わる書体や配色を工夫させたい。

また，自分の意見を発表したり，作品を見せたりすることに苦手意識を感じている生徒が多い。ロゴや色彩などの工夫で思いを表現し，デザインしたパッケージのプレゼンテーションを通して，伝えることの楽しさを味わせたい。

## 準備物

（教師）参考資料，ワークシート
○パッケージ用：パッケージテンプレート4種（Wordデータ），インクジェット写真用紙，プリンターインク，両面テープ，はさみなど
○プレゼンテーション用：工作用紙A3，模造紙など
（生徒）筆記用具，様々なお菓子のパッケージなど

## ［共通事項］の例

お菓子のイメージを基に，形や色彩，材料などの感情効果を生かして構想を練る。

## 学習目標

○オリジナルのお菓子を発想し，その味やイメージに合ったロゴや配色，レイアウトを工夫して構想する。
○Wordの機能を生かし，自分の意図に合わせてロゴやレイアウトを効果的に表現する。
○市販のパッケージや，完成したパッケージを鑑賞し，表現の工夫について自分の価値意識をもって味わう。

## 評価規準

| 評価の観点 | 各観点の評価規準例（B） | Aと評価するキーワードの例 |
|---|---|---|
| 美術への関心・意欲・態度 | お菓子のパッケージデザインに関心をもち，主体的に創意工夫して表したり，表現の工夫などを感じ取ったりしようとしている。 | 継続的に意欲をもちながら 自主的に必要な資料を用意する など |
| 発想や構想の能力 | お菓子の味やイメージを他者に伝えるために，形や色彩などの効果を生かして表現の構想を練っている。 | 独創的で洗練された構成を工夫し |
| 創造的な技能 | Wordの機能の特性を生かし，表現意図に合う方法を工夫するなどして，手順などを総合的に考えながら見通しをもって表現している。 | 効果的，効率的な |
| 鑑賞の能力 | 既製品や他の生徒の作品の鑑賞を通して，表現の工夫，調和のとれた美しさ，つくり手の意図などを感じ取り，自分の価値意識をもって味わっている。 | 根拠を明確にして深く味わって 広い視点から根拠を明確にして 的確に理解し |

## 学習の流れ

関…美術への関心・意欲・態度　発…発想や構想の能力　創…創造的な技能　鑑…鑑賞の能力　【　】…評価方法

| 活動内容 | 指導者の働きかけ | 評価 | 留意点及び評価方法など |
|---|---|---|---|
| **導入（鑑賞）　50分**<br>●お菓子のパッケージデザインに興味をもつ。<br>●いろいろなお菓子のパッケージを鑑賞し、デザイン要素や工夫点に気づく。 | ●参考作品を紹介する（作品の内容，作品を発想した背景，プレゼンテーションの方法）。<br>●既製品のパッケージを用い，ロゴや配色を比較し，感じ取れるイメージや対象とした年齢層などについてグループで考えさせる。 | 関<br><br>鑑 | 【鑑賞の様子】<br><br>【ワークシートの記述・発言内容】 |
| **展開1（発想・構想）　200分**<br>●オリジナルのお菓子を発想する。<br>●コンセプトをワークシートにまとめる。<br>●ネーミングを決める。 | ●既製品のお菓子の写真を提示し，お菓子の種類やパッケージの多様性を知らせる。<br>●自分の考えを言葉でまとめさせ，商品のイメージを具体化させる。<br>●既製品の商品のネーミングの由来を伝え，ネーミングの方法に気づかせる。 | 関<br>発 | ●これまでにないお菓子で，自分の思いや願いが叶えられるお菓子を発想させる。<br>●オリジナルのお菓子の味やその効果について，言葉と図でワークシートにまとめさせる。<br>【活動の様子】<br>【ワークシートの記述】 |
| **展開2（制作）　150分**<br>～パソコン上での作業～<br>●ロゴをデザインする。<br>●配色イメージスケールなどを参考にして，配色を決める。<br>●デザインに必要な写真やイラストを集める。<br>●ロゴ，写真やイラストを使い，パッケージのテンプレート上にレイアウトする。<br>●写真用紙にプリントアウトし，組み立てる。 | ●Wordで書体や文字の配置を変えたロゴを発想させる。<br>●配色イメージスケールを提示し，自分の伝えたい内容に合った配色を発想させる。<br>●インターネットで使用可能な写真やイラストを集めさせる。トリミングの方法を指導する。<br>●効果的なレイアウトの例を掲示する。<br>●完成したデザインの展開図を写真用紙に印刷させ，組み立ての手順を示す。 | 発<br><br>創 | ●相互鑑賞を通して，客観的にどのように見えるか気付かせる。<br>●パソコン画面上の色彩と，印刷した場合の色彩が違うため注意させる。<br><br>【制作の様子】<br>●技家で学んだ基本的なWordの使用法を再確認する。<br>●試し印刷を行い，文字の間違いや色を確認させる。<br><br>【制作途中の作品】 |
| **まとめ（鑑賞）　100分**<br>●プレゼンテーションボードや台本を制作する。<br><br>●プレゼンテーションを行う。 | ●これまでの授業で書き込んだワークシートなどからポイントを絞ってわかりやすく思考過程をまとめさせる。<br><br>●5～6人グループで一人一人発表させ，選ばれた1名が全体の前でプレゼンテーションする。 | <br><br><br><br>関<br>鑑 | プレゼンテーション台本<br>●生徒が気づかなかったよさについて教師が補足し，様々な見方や感じ方があることに気づかせる。<br>【鑑賞の様子】<br>【発表の内容】 |

デザインや工芸など　表現　2年

# 越前和紙を生かしたランプシェードをつくろう

**第2学年** | **A 表現 (2)(3)** | **B 鑑賞** | 時間数 **10** 時間

## 題材設定の理由

本校は，1500年の歴史をもつ越前和紙の産地である越前市と同じ福井県嶺北地方に位置している。生徒の多くは，小学生のころ越前和紙の里での紙すき体験をしており，その歴史についても一通り学んでいる。本題材では，地元の伝統的な素材である越前和紙の特性（落ち着いた色合いと風合いがある，薄くて丈夫で長持ちする，光を通す等）を最大限に生かして，やわらかな光の効果や美しいデザインを追求させる。また，針金を骨組みに使用することで，構造的な丈夫さを追求しながら自分のつくりたいイメージを自由に形にできるようにした。本題材の前に「針金でつくる手づくりクリップ」「水墨画に挑戦」の二つの題材を扱うことで，針金の扱いに慣れさせ，水墨画の技法をランプシェードの装飾にも活用できるようにした。

## 準備物

（教師）参考資料，越前和紙，色紙，針金，でんぷん糊，LEDランプ，ペンチ，刷毛，カッター，カッティングマットなど
（生徒）教科書，筆記用具，色ペン，アクリル絵の具など

## ［共通事項］の例

形や色彩，材料，光の感情効果を生かして，心を和ませる照明器具の構想を練る。

作品例

## 学習目標

○素材の特質を考え，そのよさや美しさについて興味・関心を高める。
○和紙や針金などの特性や光の効果などを総合的に考え構想を練る。
○表現意図に合う新たな表現方法を工夫し，手順などを考えながら見通しをもって表現する。
○和紙を使った照明器具の光の効果や美しさを味わい，他者の作品のよさや工夫を感じ取る。

## 評価規準

| 評価の観点 | 各観点の評価規準例（B） | Aと評価するキーワードの例 |
|---|---|---|
| 美術への関心・意欲・態度 | 越前和紙の特性を生かした照明器具のデザインに関心をもち，主体的に創意工夫して表したり，表現の工夫などを感じ取ったりしようとしている。 | 継続的に意欲をもちながら自主的に必要な資料を用意するなど |
| 発想や構想の能力 | 使う人の気持ちや機能，越前和紙や針金などの特性や造形的な美しさなどを総合的に考え，表現の構想を練っている。 | 目的に合った独創的な工夫をし |
| 創造的な技能 | 越前和紙や針金などの特性を生かし，表現意図に合う新たな表現方法を工夫するなどして，手順などを総合的に考えながら見通しをもって表現している。 | 効果的，効率的な |
| 鑑賞の能力 | 形や色彩と機能との調和のとれた美しさ，地元の伝統的な材料のよさなどを感じ取り，生活を美しく豊かにする美術の働きについて理解している。 | 根拠を明確にして深く味わって広い視点から根拠を明確にして的確に理解し |

## 学習の流れ

関…美術への関心・意欲・態度　発…発想や構想の能力　創…創造的な技能　鑑…鑑賞の能力　【　】…評価方法

| 活動内容 | 指導者の働きかけ | 評価 | 留意点及び評価方法など |
|---|---|---|---|
| **導入（鑑賞）　50分**<br>● 「日本の美意識」を鑑賞する。<br>● 地元の伝統的工芸品について知る。<br>● 和紙を使った照明器具作品と和紙デザイナー堀木エリ子のDVDを鑑賞し，感想を書く。 | ● 教科書を見て，日本の伝統的な材料や生活に息づく美術について説明する。<br>● 若狭塗職人，越前和紙職人の仕事についてDVDを使って説明する。<br>● 伝統を受け継ぎ，さらに新たなものに挑戦する人の思いを感じ取らせる。 | 関<br>鑑 | ● 伝統的工芸品マップを美術室にあらかじめ掲示しておく。<br>【鑑賞の様子】<br>【ワークシートの記述】 |
| **展開1（制作）　50分**<br>● アイデアスケッチをクロッキー帳に描く。<br>● アイデアスケッチを基に，作品の表現意図・工夫点・設計図・必要な材料や針金の本数などを考え，計画表に記入する。 | ● 「針金でつくる手づくりクリップ」での制作を思い出させ，針金でつくることのできる形へと単純化させる。<br>● 設計図は，骨組みの仕組みがわかるように正確に描かせる。 | 関<br>発 | 【活動の様子】<br>【アイデアスケッチ】<br>● 針金の扱いが苦手な生徒には，骨組みを簡単な形にして，和紙を貼った後の装飾で工夫をするよう助言する。 |
| **展開2（制作）　350分**<br>● 設計図を基に，針金で骨組みをつくる。<br>● 水でのばしたでんぷん糊で，和紙を貼っていく。<br>● 色紙等を切り抜いたりちぎったりして模様をつくり，2度目の和紙貼りの前に貼り付ける。<br>● 和紙が乾いたら，墨や絵の具で装飾する。 | ● 骨組みの構造に合わせ，様々な太さの針金を使い分けさせる。<br>● 和紙は手でちぎって貼らせる（繊維と繊維が絡むようにするため）。<br>● 色紙を使う生徒，最後に墨や絵の具で装飾をする生徒，それぞれの制作意図に合った表現方法を選ばせる。 | 発<br>創 | ● 太・中・細・極細の4種類の番数の針金を準備しておく。<br>【制作の様子】<br>【制作途中の作品】<br>● 透過性の高い色紙を何色か用意しておく。和紙に貼って光を当てるとどうなるかを確かめられるよう，見本の作品を用意し，段ボールを利用した暗室BOXも設置する。 |
| **まとめ（展示・鑑賞）　50分**<br>● 自分の作品についての解説や題名，制作の振り返りを書く。<br>● 部屋を暗くするために暗幕をひき，作品の展示をする。全員で鑑賞会を行い，感想を交換する。 | ● 想像が膨らむような題名を付けさせる。工夫した点や感想などは，形や色彩，素材についてなど具体的に記入させる。<br>● 互いの作品のよさや美しさを見つけ，意見を交換させる。 | 関<br>鑑 | 【鑑賞の様子】<br>【ワークシートの記述】<br>● 立志式に合わせて体育館に展示し，保護者にも作品を鑑賞してもらう。 |

デザインや工芸など　表現　2年

# 生活を彩る明かり

第2学年　A 表現 (2)(3)　B 鑑賞

時間数 10時間

### 題材設定の理由

東日本大震災が起きた夜，町中の電気が消え，驚くほどの星空が広がっていた。いつもより長く寒い夜を体験した子どもたちは，明かりに温かさを感じ，人々が明かりのもとに集い安らぎを求めていたことも記憶している。色彩や材料からなる光の性質や感情を効果的に表現できるデザインの構想を練り，自身の生活に彩りや安らぎを与える作品づくりに取り組みたいと考えた。山間部に位置していることや和紙の産地でもあることから，木材と和紙を中心材料とし，組み合わせることも可能とすることで構想や表現の幅を広げた。和紙や木材からもれる光の色や空間の生かし方なども構想に含めることで，どのようなデザインが空間を彩る明かりとなるか見つめさせていきたい。

### 準備物

(教師) 参考資料，制作計画表，和紙，木材，接着剤，工具，光源材料，制作カード，鑑賞カード，付箋紙（シール）など
(生徒) 教科書，筆記用具など

### [共通事項]の例

形や色彩，材料，光の性質や，それらが空間の中でもたらす感情や効果を理解し，表現の構想を練る。

### 学習目標

○使う場所や目的を考え，生活を豊かにする美しい明かりのデザインを構想する。
○表現意図に合った材料や用具を選び，効果的に見通しをもって表現する。
○制作途中の相互鑑賞や完成した作品を鑑賞し，表現意図や，機能性，美しさについて批評し合う。

### 評価規準

| 評価の観点 | 各観点の評価規準例（B） | Aと評価するキーワードの例 |
|---|---|---|
| 美術への関心・意欲・態度 | 明かりのデザインに関心をもち，主体的に創意工夫して表したり，表現の工夫などを感じ取ったりしようとしている。 | 継続的に意欲をもちながら自主的に必要な資料を用意するなど |
| 発想や構想の能力 | 明かりを使う人の気持ちや機能，造形的な美しさなどを総合的に考え，表現の構想を練っている。 | 目的に合った独創的な工夫をして |
| 創造的な技能 | 材料の特性を生かし，表現意図に合う新たな表現方法を工夫するなどして，手順を総合的に考えながら，見通しをもって表現している。 | 効果的，効率的な |
| 鑑賞の能力 | 形や色彩と機能との調和のとれた洗練された美しさ，つくり手の意図などを感じ取り，生活を美しく豊かにする美術の働きについて理解している。 | 根拠を明確にして深く味わって広い視点から根拠を明確にして的確に理解し |

## 学習の流れ

関…美術への関心・意欲・態度　発…発想や構想の能力　創…創造的な技能　鑑…鑑賞の能力　【　】…評価方法

**デザインや工芸など　表現　2年**

| 活動内容 | 指導者の働きかけ | 評価 | 留意点及び評価方法など |
|---|---|---|---|
| **導入（鑑賞）　50分**<br>● 生活の中や身の回りにある明かりの種類や表現、用途について知る。<br>● 材料や光源の違いによる感情や効果を知る。<br>● 生活の中にどんな用途の明かりをつくるか考える。 | ● 材料や形による表現の違いを比較できるように、使用材料を中心とした参考資料を用意し、提示する。<br>● 自分の生活にあったらいいなという作品のイメージを考えさせる。 | 関<br>鑑 | ● 明かりの表現を通してその機能や表現の豊かさ、美しさに関心をもたせる。<br>【鑑賞の様子】<br>【制作プリントの記述】 |
| **展開1（アイデアスケッチ）　50分**<br>● 用途や形、色彩や材料などを踏まえ具体的な構想を練る。<br>● 自分の表現方法に合った制作計画を立てる。 | ● 大きさや材料、光と影の空間演出なども踏まえて具体的なデザインを考えさせる。<br>● 見通しをもって取り組めるよう計画表を準備、配布する。 | 発 | 【アイデアスケッチ】 |
| **展開2（制作）　150分**<br>● アイデアスケッチと制作計画表を基に制作する。 | ● 材料に適した基本的な技法について確認する。<br>● 制作計画表に振り返りや進度予定の修正などを記入させ、制作の見通しをもちながら取り組ませていく。 | 発<br>創 | 【制作の様子】<br>【制作カード・計画表】 |
| **展開3（中間鑑賞）　20分**<br>● 制作意図や表現内容を整理し、伝える。<br>● よりよい作品になるよう技法や表現について批評し合う。 | ● 自分で整理した内容やアドバイスを今後の制作に生かしていくよう声掛けする。 | 関<br>鑑 | 【鑑賞の様子】<br>【発言内容】 |
| **展開4（制作）　180分**<br>● 中間鑑賞でまとめたことやアドバイスを基に制作する。 | ● 光と影の表現や色彩の出方なども確認しながら制作するよう声掛けする。 | 発<br>創 | 【制作の様子】<br>【制作カード・計画表・作品】<br>● 暗転の中で作品を点灯できる環境をつくる。 |
| **まとめ（鑑賞）　50分**<br>● 鑑賞会を行う。<br>● 使用場所や用途、表現意図などを発表する。<br>● コメントカード（付箋紙やはがせるシールなど）に作品のよさや面白さなどを記入し、コメントを交換し合う。 | ● 鑑賞により材料や色彩、空間表現の面白さや美しさなどのねらい・目的を考えて発表する。<br>● それぞれの作品の表現の面白さや美しさ、創造的な工夫について感じ取らせる。 | 関<br>鑑 | 【鑑賞の様子】<br>【鑑賞カードの記述】 |

105

# オリジナルキーホルダー＆ストラップをつくろう！
～「イメージ」で自分を表現しよう～

第2学年　A表現(2)(3)　B鑑賞

時間数 **5** 時間

### 題材設定の理由
「イメージで自分を表現しよう」という副題がつく中学2年生向けの課題である。生徒にとって身近なキーホルダー，ストラップの制作であるが，「名前」を使わず，自分だとわかるデザインにするという条件がつく。イメージ，つまり形や色彩でどうやって自分を表現するか，という条件によって自分自身の個性や特徴について考え，それをどうやって形や色彩に置き換えるかという課題に取り組む。2年生最初の課題として設定することで，制作を通じて自分の進路や将来についても考えを巡らせ，進路学習にもつなげられる課題である。完成後は相互鑑賞で，どの作品がだれのものか，お互いに考えさせることで，相互理解にもつなげられる。制作した作品はキーホルダーやストラップとして，身近に使える点も生徒をより意欲的にさせる課題である。

### 準備物
（**教師**）ワークシート（下描き用紙），シュリンクシート（A6サイズ・白），オーブントースター，軍手，キーホルダー金具，ストラップ金具，ラジオペンチ，穴開けパンチ，評価カードなど

（**生徒**）教科書，筆記用具，色鉛筆など

### ［共通事項］の例
自己表現と形や色彩との関係に着目し，表現の構想を練る。

作品例

### 学習目標
○形や色彩の効果を使って，どのようにして自分を表現するか構想する。
○表現したい内容を，色鉛筆の特性を生かして効果的に表現する。
○完成したお互いの作品を鑑賞し，どの作品がだれのものかを考えながら，それぞれの発想と表現意図について批評し合う。

### 評価規準

| 評価の観点 | 各観点の評価規準例（B） | Aと評価するキーワードの例 |
|---|---|---|
| 美術への関心・意欲・態度 | キーホルダー，ストラップの制作に関心をもち，主体的に創意工夫して表したり，表現の工夫などを感じ取ったりしようとしている。 | 継続的に意欲をもちながら |
| 発想や構想の能力 | 自分の個性や特徴を，形や色彩などの効果を生かしてどのように表現するかを考え，キーホルダーやストラップのデザインの構想を練っている。 | 独創的で洗練された構成を工夫し |
| 創造的な技能 | 描画材料（色鉛筆）の特性を生かし，表現意図に合う新たな表現方法を工夫するなどして，手順などを総合的に考え，見通しをもって表現している。 | 描画材料の特性を効果的に生かし |
| 鑑賞の能力 | でき上がった作品を，名前を伏せて相互鑑賞し，どの作品がだれのものか考えを巡らせながら，話し合うことでそれぞれの作品の工夫とお互いの個性について理解を深める。 | 根拠を明確にして深く味わって 広い視点から根拠を明確にして的確に理解 |

## 学習の流れ

関…美術への関心・意欲・態度　発…発想や構想の能力　創…創造的な技能　鑑…鑑賞の能力　【　】…評価方法

| 活動内容 | 指導者の働きかけ | 評価 | 留意点及び評価方法など |
|---|---|---|---|
| **導入（鑑賞）20分**<br>● 課題の概要を知る。<br>● 制作過程と材料（シュリンクシート），描画材料（色鉛筆）の特性について理解する。<br>● 自分自身の個性や特徴について考え，それをどのように表現するかの構想を練る。 | ● 名前を使わず，自分を表現するという課題の制限とその意図についてよく理解させる。<br>● 人から見ても「自分」だとわかるような発想，表現が大切なことをよく理解させ，そのために形や色彩を工夫する必要がある点を強調する。 | 関 | ● プレゼンテーション画面1<br><br>【学習の態度】 |
| **展開1（制作）30分**<br>アイデアスケッチ<br>● どのようにして自分を表すか，よく考えながらアイデアスケッチをする。 | ● 様々な発想を促すキーワードを提示する（生徒からの気づきも含めて）。<br>キーワード例：外見，内面，イニシャル，部活動，特技など<br>● 独りよがりの発想にならないように助言する。 |  | ● プレゼンテーション画面2 |
| **展開2（制作）50分**<br>下描き<br>● シュリンクシートに鉛筆で薄く下描きする。 | ● 完成イメージがしっかりできてから，シートへの下描きをはじめさせる。<br>● 仕上がりが汚くなるので，消しゴムはなるべく使わせない。 | 発 | 【アイデアスケッチ】 |
| **展開3（制作）80分**<br>彩色<br>● 線を油性ペンなどで縁取り，不要な鉛筆の線を消して，色鉛筆でていねいに彩色する。 | ● 色鉛筆の特性（発色，線描）などを意識させた彩色をするよう助言する。<br>● 色鉛筆の色彩が引き立つよう，油性ペンなどで縁取りをさせる。 |  | |
| **展開4（制作）50分**<br>加熱・キーホルダー加工<br>● 穴開けパンチで金具を通す穴を開け，トースターで加熱加工する。<br>● キーホルダー，ストラップの金具を選んで，ラジオペンチで取り付ける。<br>● 評価カードを記入し，作品を貼り付ける。 | ● トースターの温度管理に気をつけ，軍手を使って作業し，やけどに注意させる。<br>● 特に加熱加工は戸惑わないように制作手順をよく確認させる。 | 創 | 【制作途中の作品】 |
| **まとめ（鑑賞）20分**<br>● 付箋で作者の名前を伏せて相互鑑賞会を行う。<br>● 形や色彩からどれがだれの作品かお互いに推測し，そのよさを発表し合う。 | ● 鑑賞により形や色彩から作品のねらい，目的を考えて発表をする。<br>● 相互鑑賞によって，形や色彩が自己表現の手段としての役割を果たしているのか検証できる。 | 鑑 | ● 友だちの個性や発想の面白さ，ユニークさを感じ取らせる。<br>【付箋の記述・発表内容】 |

デザインや工芸など　表現　2年

# 願いを叶えるお守り石

第2学年 ／ A表現(2)(3) ／ B鑑賞

時間数 6時間

## 題材設定の理由

色には人間を興奮させたり，落ち着かせたり，精神に作用する力がある。また，体感温度を錯覚させるなど，身体に直接働きかける力もある。そのような色の力と，願いごとを叶えたいという強い想いの力を利用して，自分だけのお守りをつくる。導入の段階では，身の周りで色を上手に活用している例や，色が人間の身体に及ぼす影響を具体的に紹介し，自分のお守りに相応しい特別な色とはどういう色か考えさせたい。また，思い描いた色を実際に絵の具の混色でつくらせ，丁寧に塗っていく作業を通し，色に対する興味を高めていきたい。そのような活動を通して色彩感覚を磨くことで，自分なりの見方や感じ方ができるようになり，それが新しい価値観を高めることに繋がるのではないかと考え，本題材を設定した。

## 準備物

(教師) 身の回りにある，色の効果やイメージを活用した例を示す資料，プロジェクター，参考作品，ワークシートなど
(生徒) 手頃な大きさの石，デザインセットなど

## 学習目標

○目的や条件を基に自分のテーマを考える。
○自分の願いを叶えられそうな色を想像し，イメージ通りの色を混色してつくり，効果を考えながら彩色する。
○作品を鑑賞し，作者の意図や工夫について話し合う。

## [共通事項]の例

色彩がもたらす感情などを基にイメージを高め，自分の思い通りの色をつくる。

## 評価規準

| 評価の観点 | 各観点の評価規準例（B） | Aと評価するキーワードの例 |
|---|---|---|
| 美術への関心・意欲・態度 | 微妙な色の違いにこだわりながら，自分の願いに合った色をつくろうとする意欲をもって取り組んでいる。 | 継続的に意欲をもちながら |
| 発想や構想の能力 | 色の効果を考え，目的に応じた色を考えたり選んだりして，表現の構想を練っている。 | 独創的な構成を工夫し |
| 創造的な技能 | 表したいイメージをもちながら意図に応じて描画材料の特性を生かし，混色するなど，イメージした色をつくって表現している。 | 材料や用具の特性を効果的に生かし |
| 鑑賞の能力 | 構成や装飾の目的と形や色彩の美しさの調和，見る人に対する作者の心づかい，生活の中のデザインの働きなどを感じ取り，自分の価値意識をもって味わっている。 | 根拠を明確にして，深く味わって |

## 学習の流れ

関…美術への関心・意欲・態度　発…発想や構想の能力　創…創造的な技能　鑑…鑑賞の能力　【　】…評価方法

| 活動内容 | 指導者の働きかけ | 評価 | 留意点及び評価方法など |
|---|---|---|---|
| **導入（鑑賞）　50分**<br>● 色の整理や感情について，以前の学習を振り返る。<br>● 色がもつ特別な力や生活の中で活用されている例を知り，色の不思議な力に興味をもつ。 | ● 色の効果を感じ取れるように，身の回りにある，色を上手く活用した様々な例を映像等で示す。<br>● 興味をもてない生徒の関心を高めるため，日常生活の中での色の活用を例に挙げる際，塗り絵やクイズ形式などを用いる。 | 関<br>鑑 | ● 様々な実験結果や効果的に色を活用した例を紹介し，色がもつ力を信じようとする雰囲気をつくる。<br>【学習の態度】<br>【発言内容】 |
| **展開1（制作）　50分**<br>● 願いごとを決め，それを叶えるためにつくるお守り石に塗る自分の色を考える。 | ● 願いごとと色のイメージを繋げやすいようにワークシートを用いて具体的な言葉でまとめさせる。 | 関<br>発 | 【学習の態度】<br>【発言内容・ワークシートの記述】 |
| **展開2（制作）　150分**<br>● イメージした色をアクリル絵の具でつくって塗る。<br> | ● イメージ通りの発色になるように，下地用の絵の具をしっかりと塗るよう指示する。<br>● 色づくりが上手くいかない生徒には，明度・彩度・色相の観点からヒントを与える。<br>● ドライブラシ技法やグラデーションなど，工夫の見える作品を途中で紹介し，よさや面白さを感じたら自分の作品にも取り入れさせる。 | 発<br>創 | ● イメージした色とつくる色が近づかない生徒へ個別にアドバイスを行う。<br>【制作の様子】<br>【制作途中の作品】 |
| **まとめ（鑑賞）　50分**<br>● 互いの作品を鑑賞し，よさや美しさを伝え合う。 | ● 作品に対する思い入れが深まるように，つくったお守りの色のよさや美しさ，塗り方の工夫などについて互いに意見を伝え合う。<br>● 言葉が浮かばない生徒は，箇条書きでよさや美しさが示されるよう，ワークシートを活用させる。 | 関<br>鑑 | ● 互いに話しやすい雰囲気をつくれるよう，あいづちや表情などに意識を向けるよう助言する。<br>【鑑賞の様子】<br>【発言内容・ワークシートの記述】<br> |

デザインや工芸など　表現　2年

109

# 誰かのための椅子

第2学年　A 表現 (2)(3)

時間数 **6** 時間

### 題材設定の理由

本題材は，使用する者の気持ちや目的，夢や想像，造形的な美しさなどを総合的に考えて構想を練り，ケント紙やスチレンボード，竹ひごなどの材料や用具の特性を生かして，ミニチュア・チェアの制作をする活動である。これは学習指導要領の指導項目 A 表現（2）ウ の使用する者の気持ちや機能を考えたデザインの発想や構想と，A 表現（3）ア 材料や用具の特性を生かし創造的に表現する指導内容となる。生徒は客観的な立場で使う人のことを考えながらも，表現の過程で適した材料や用具を選びながら，自分の表現意図に合う多様な試みを行う。椅子は身近な家具であり，学校や家庭，図書館などで様々なデザインの椅子に座って体験しているため，生徒にとって発想や構想がしやすいと考えられる。また加工が容易な材料を用いることで，発想や構想を基に様々な表現の工夫を行い，創造的な技能を伸ばしていきたい。

### 準備物

（美術室に用意されている材料）
ケント紙，和紙，スチレンボード，針金（アルミ），竹ひご，ひのき角棒，樹脂粘土，石粉粘土，ジュート麻，寒冷紗，リネンファイバー，メッシュリネン，発泡スチロール板，カラーセロハンなど

（教師）瞬間接着剤，木工用ボンド，プラスチック用ボンド，グルーガン，両面テープ，セロハンテープ，ステープラー，鋸，カッター，カッターマット，発泡スチロールカッター，ペンチ，はさみ，紙やすり，ジェッソなど

（生徒）はさみ，糊，ポスターカラー，筆記用具，スケッチブックなど

### 学習目標

材料のもつ特性を生かして，組み合わせや使い方を工夫するなどして，アイデアスケッチに近付けるだけでなく，自分の心の中にある表現意図に気付いて創意工夫する。

### ［共通事項］の例

形や色彩についての知識なども活用しながら椅子を使用する者の視点を踏まえて，その性質や感情効果などを練らせる。

用具棚

『ウェイクアップ・チェア』

材料

『ブランコ・チェア』

### 評価規準

| 評価の観点 | 観点の評価規準 |
|---|---|
| 美術への関心・意欲・態度 | 椅子を使用する者の気持ちや目的を考えて表現することに関心をもち，主体的に発想し，造形的な美しさなどを総合的に考えて構想を練り，ケント紙やスチレンボード，竹ひごなどの材料や用具の特性を生かし，工夫して表現しようとしている。 |
| 発想や構想の能力 | 想像力を働かせて，椅子を使用する者の気持ちや目的などを基に形や色彩の効果を生かして造形的な美しさなどを総合的に考え，表現の構想を練っている。 |
| 創造的な技能 | 造形感覚などを働かせて，ケント紙やスチレンボード，竹ひごなどの材料や用具の特性を生かし，自分の表現意図に合う新たな表現方法を工夫したり，制作の順序などを総合的に考え，見通しをもったりしながら，創造的に表現している。 |

## 学習の流れ

関…美術への関心・意欲・態度　発…発想や構想の能力　創…創造的な技能　鑑…鑑賞の能力　【 】…評価方法

デザインや工芸など　表現　2年

| 活動内容 | 指導者の働きかけ | 評価 | 留意点及び評価方法など |
|---|---|---|---|
| **導入　100分**<br>● 椅子を使用する者の気持ちや目的などを基に形や色彩の効果を生かして造形的な美しさなどを総合的に考え、表現の構想を練る。<br> | ● どのような人が、どのような目的で使うかを考え、アイデアスケッチに取り組ませる。<br>● 目的を考えるとは、癒やされる、集中できるなどであり、そこから形や材質などの構想を練らせる。<br>● ポスターカラーや色鉛筆などで着彩してイメージを膨らませるように声かけをする。<br>● アイデアスケッチが完成したら、それを基に、自分の意図するものに合いそうな材料を想定しながら美術室にある材料から選んでミニチュア・チェアをつくらせる。 | 関<br>発 | ● 想像力を働かせて、椅子を使用する者の気持ちや目的などを基に形や色彩の効果を生かして造形的な美しさなどを総合的に考え、表現の構想を練っている。<br>【活動の様子　アイデアスケッチ】<br>● 椅子を使用する者の気持ちや目的を考えて表現することに関心をもち、主体的に発想し、造形的な美しさなどを総合的に考えて構想を練っている。<br>【活動の様子　アイデアスケッチ】<br> |
| **展開（制作）　150分**<br>● 材料を手にしながら、さらに形を変えたり、異なる素材を組み合わせたりして、本来、自分の心の中にある表現意図に気づき、その表現意図に合う新たな表現方法を、材料を手にしてつくりながら考える。<br>● 作品をよく見て、自分の表現意図が表現されて、目標が達成できているかを確認し、改善点があれば、アイデアスケッチに記入する。<br> | ● どの材料でつくり始めればよいか、戸惑っている生徒には、どんな形にしたいかを確認し、材料の特徴を説明して、適した材料を選ばせる。<br>● 曲面で柔らかい感じで表現したい生徒には針金やケント紙を曲げることなどを、平面的で近代的な感じで表現したい生徒にはスチレンボードなどが使いやすいことなどを伝える。<br>● 発想した形が同じでも、材料を変えるだけで、作品から感じる雰囲気が異なることや材料が同じでも使い方によっては作品の雰囲気が変わることを気づかせ、生徒が自分の表現意図を明確にしやすくなるように声かけをする。<br>● 自分の表現意図がミニチュア・チェアで表現されているかを確認し、一人か二人抽出して、作品を書画カメラで映して見せながら、改善点を発表させる。 | 関<br>創 | ● 造形感覚などを働かせて、ケント紙やスチレンボード、竹ひごなどの材料や用具の特性を生かし、自分の表現意図に合う新たな表現方法を工夫したり、制作の順序などを総合的に考え見通しをもったりしながら、創造的に表現している。<br>【活動の様子　作品】<br><br><br>『ひとつのいのちのいす』 |
| **まとめ　50分**<br>● 造形感覚などを働かせて、自分の表現意図に合う新たな表現方法を工夫する。 | ● つくっている作品の仕上げとして、表面に模様を描き込んだり、木目や石などの材質感を出したり、細かい部品をさらに貼り付けるなど、これまでの表現意図をより明確にするために仕上げをさせる。<br>● 第6時の後半では4人班で互いに表現の意図や工夫点を発表させる。 | 関<br>創 | 【活動の様子　作品　発言】<br>今後の発展<br>3年生では建築模型の制作を行う。<br><br>『小さな森の…迷い人へ』 |

# 「使える」スプーンをつくろう

第2学年　A 表現 (2)(3)　B 鑑賞

時間数 **9** 時間

## 題材設定の理由

工芸の分野には「用の美」という言葉があるが，今回の授業はそこに重点を置きたい。すなわち，道具としての使いやすさと，見た目の美しさの両立である。これまで授業で主に取り組んできた内容とは違い，使えるものをつくる，ということが本題材の大切な部分である。

今回は木材を加工し，スプーンづくりに取り組む。スプーンは直接口に触れるものであり，また何度も洗って使うものである。持ちやすさ，口当たり，すくいやすさ，頑丈さなど確認すべきことは多く，誰が使うのか，どの料理に使うのかによって形や大きさに工夫をしなければならない。また，使う人に愛着をもってもらうためのデザイン性も必要である。それらのことを総合的に考え，決定しながら制作を進める経験をさせたい。そして木に触れ，加工していく中で木のよさに改めて気づかせたい。

## 準備物

（教師）参考資料，角材，鋸，糸のこ刃，彫刻刀，サンドペーパーなど
（生徒）筆記用具，スケッチブックなど

## 学習目標

○使う人の立場や用途を考慮し，作品の形，大きさ等を構想する。
○完成予想図に基づき，道具を駆使して制作する。
○お互いの作品を鑑賞し，制作者として共感的に，また鑑賞者として客観的に自分の考えをもつ。
○完成した作品を使用し，使用感について考える。

## ［共通事項］の例

使う人の気持ちなどを基に，客観的な視点で形や大きさを考え構想を練る。

## 評価規準

| 評価の観点 | 各観点の評価規準例（B） | Aと評価するキーワードの例 |
|---|---|---|
| 美術への関心・意欲・態度 | スプーンのデザインに関心をもち，主体的に創意工夫して表したり，表現の工夫などを感じ取ったりしようとしている。 | 継続的に意欲をもちながら 自主的に必要な資料を用意する など |
| 発想や構想の能力 | スプーンの機能や使いやすさなどから，形や色彩の効果を生かして美しさなどを考え，表現の構想を練っている。 | 目的に合った独自の工夫をし |
| 創造的な技能 | 材料の特性を生かし，表現意図に合う新たな表現方法を工夫するなどして，手順などを総合的に考えながら見通しをもって表現している。 | 効果的，効率的な |
| 鑑賞の能力 | 機能と美しさの調和，つくり手の意図などを感じ取り，生活を美しく豊かにする美術の働きについて理解している。 | 根拠を明確にして深く味わって 広い視点から根拠を明確にして的確に理解し |

## 学習の流れ

関…美術への関心・意欲・態度　発…発想や構想の能力　創…創造的な技能　鑑…鑑賞の能力　【 】…評価方法

デザインや工芸など　表現　2年

| 活動内容 | 指導者の働きかけ | 評価 | 留意点及び評価方法など |
|---|---|---|---|
| **導入（鑑賞）　50分**<br>● ファインアートと工芸作品の違いを考える。<br>● デザインの理由を考える。<br>● アイデアスケッチをする。 | ● ファインアート数点，工芸作品数点を用意し，両者の違いを考えさせ，工芸作品は使えるものだということに気づかせる。<br>● スプーンにも小さいもの，大きいもの，浅いもの，深いものなど様々なデザインが存在することに気づかせ，なぜその形なのか，理由を考える。<br>● 使う人，使う場面を想定し，それにふさわしいスプーンのアイデアスケッチをさせる。 | 関<br><br>発 | ● 両者の違いを見い出させる。<br>● デザインの理由を考えさせる。<br>【活動の様子】<br><br>● 使う時の気持ちになって，発想や構想をさせる。<br>【アイデアスケッチ】 |
| **展開1（制作）　350分**<br>● 道具を使い，アイデアスケッチに基づき，木材を加工する。 | ● 効率的なやり方について助言する | 発<br><br>創 | ● 材料や用具の準備を充実させ，材質感を表現させるための素材見本も用意する。<br>【制作の様子】<br>● 材料や用具の特性を生かし，自分のつくりたいスプーンを，表現方法を工夫して制作させる。<br>【制作途中の作品】 |
| **まとめ（鑑賞）　50分**<br>● 展示会を行う。<br>● お互いの作品を鑑賞し，感想をもつ。 | ● 形や大きさなどを見て，誰が使うのか，どのような用途に使うのかを推測させる。 | 関<br><br>鑑 | ● 機能や使いやすさ，使う際の気持ちを具体的に気づかせる。<br>【鑑賞の様子】<br>【感想の内容】 |

# 私だけの箸置きづくり

第2学年　A 表現 (2)(3)　B 鑑賞　時間数 3時間

## 題材設定の理由

子どもたちは，校外学習で金沢に行き，金箔貼りや伝統玩具の絵付けなど，金沢ならではの伝統文化に触れた。さらに，全員で和菓子づくりを体験し，その形と色彩で，季節を表すという日本の美意識を体験した。その体験を生かし，用と美に対する理解を深めるために，本題材を設定した。

本県には六古窯の一つである越前焼がある。越前の土粘土の触感に親しむとともに，食卓で使う姿を思い浮かべながら箸置きをつくることで，生活に根ざしたデザインのよさを味わわせたい。

## 準備物

（教師）参考資料，越前土粘土，ヘラ，箸置きなど
（生徒）教科書，スケッチブック，筆記用具，古新聞など

## 学習目標

○箸置きの用途や機能，使用する家族の気持ちなどを基に，デザインの構想を練る。
○土粘土の特性を生かして，効果的に表現する。
○土粘土の触感に親しみながら，土粘土の特性を知り，越前焼のよさを味わう。
○土の文化に触れ，そのよさや美しさを学び，生活の中に生かせる焼き物の理解を深める。

## [共通事項] の例

使用する自分のイメージに合った箸置きの形を構想する。

作品例

## 評価規準

| 評価の観点 | 各観点の評価規準例（B） | Aと評価するキーワードの例 |
|---|---|---|
| 美術への関心・意欲・態度 | 昔から生活の中で使われている越前焼に関心をもち，主体的に構想を練ったり粘土や成形のための用具を生かしたりしようとしている。 | 継続的に意欲をもちながら<br>自主的に焼きや箸置きの様々な必要な資料を用意するなど |
| 発想や構想の能力 | 箸置きの用途や機能，使用する自分の気持ちなどを基に，デザインの構想を練っている。 | 目的に合った独創的な構成を工夫し |
| 創造的な技能 | 土粘土の特質である可塑性や収縮などを念頭において，見通しをもって表現している。 | 効果的，効率的な |
| 鑑賞の能力 | 自分に合った箸置きをつくるよさを感じることで，デザインが生活を美しく豊かにしていることを理解している。 | 根拠を明確にして深く味わって<br>広い視点から根拠を明確にして的確に理解し |

## 学習の流れ

関…美術への関心・意欲・態度　発…発想や構想の能力　創…創造的な技能　鑑…鑑賞の能力　【 】…評価方法

| 活動内容 | 指導者の働きかけ | 評価 | 留意点及び評価方法など |
|---|---|---|---|
| **導入（鑑賞）10分**<br>● 箸置きについて知る。<br>● 越前焼の箸置きに触れて、越前焼（焼き物）の特徴を知る。 | ● 箸置きを使ったことがあるか、何のためにあるか知る。<br>● 実際に触れることで、焼成後の作品の質感や触感を理解させる。 | 関<br>鑑 | 【鑑賞の様子】<br>●「家にある」<br>●「和食屋さんで見た」<br>【発言内容】<br>● 釉薬のついているところはつるつるしている。<br>● 土は焼くとかちかちになる。 |
| **展開1（制作）40分**<br>● 土粘土に触ることで粘土の可塑性や収縮性などの特性を知る。<br>● 土粘土の特性について気づいたことを話し合う。<br>● 粘土の特性を考慮しながら、自分を含めた家族に合った箸置きをデザインする。 | ● 土粘土を握ったり、丸めたり、伸ばして、土粘土の特性に気づかせる。<br>● 土粘土の触感や、乾くとひびが入ったり、粘りがなくなったりすることなどの気づきを共有させる。<br>● クロッキーページに箸置きのデザインを描かせる。<br>・自分のイメージに合った形をデザインさせる。<br>・粘土の特性を考慮した美しい形をデザインさせる。 | 関<br>発 | 【活動の様子】<br>● 練り直しやどべ（接着剤）の必要性を伝える。<br>● 本制作のために練り直しをして保管させる。<br>【アイデアスケッチ】<br>● 自分の特徴や好きな物を描き出すことで、イメージを膨らませる。<br>● 粘土を握ったり丸めたりした形の美しさに留意させる。 |
| **展開2（制作）50分**<br>● 決定したデザインを基に箸置きをつくる。 | ● 前回話し合った粘土の特性をキーワードとして掲示する。<br>・大きめにつくる（3割増し）<br>・どべで接着<br>・箸の置き方（くぼみ・穴）<br>・薄すぎ注意 | 発<br>創 | 【制作の様子】<br>● 名前を書いた紙を用意し、作品を並べて乾燥と展示を兼ねる。<br>● 釉薬はクラスで一つに絞らせる。<br>【制作途中の作品】 |
| **まとめ（鑑賞）50分**<br>● 生徒作品鑑賞会・報告会で、家で使った感想を話し合う。<br>● 様々な素材でできた箸置きを見る。 | ● 家で使ってみた感想を発表させる。<br>・用途に合っていたか。<br>・家族の反応。<br>● 様々な素材の箸置きを鑑賞し、デザインが生活を豊かにすることに気づかせる。 | 関<br>鑑 | 【鑑賞の様子】<br>● こうすればもっと使いやすかった、などの意見を出させる。<br>【発言内容】<br>● TPOに合わせた箸置きの使い方を紹介する。 |

デザインや工芸など　表現　2年

# うるし様文様小箱

**第2学年** | **A 表現 (2)(3)** | **B 鑑賞** | 時間数 **8** 時間

### 題材設定の理由

地域には伝統工芸品である漆器があり，生徒は社会科や総合的な学習の時間等を通して，身近に感じている。「日本といえば漆器」と言われるように世界を魅了した美しさとデザインのよさを学習することで，身近にある様々な伝統工芸品にも関心が広がり，理解を深める態度を育てることも期待できる。本題材は，日本の伝統工芸である漆器の鑑賞から始め，小箱（木箱）を制作するものである。漆の漆黒と金色の配色で，自分がつくった篆刻を入れる箱を制作する。また，文様から日本の伝統的な文化（和風）や諸外国の文化（文様の伝播・イスラム美術にみられる絨毯やモスクの連続文様）を比較することで，日本の伝統的な文化や表現様式の特徴を感じ取らせ，国際的な視点から日本美術のよさについて深めることができる題材である。

### 準備物

（**教師**）木箱，墨，アクリル絵の具（金），マスキングテープ，ニス，アイデアスケッチ用ワークシート，鑑賞用漆器，文様の写真や図版など
（**生徒**）彩色筆，面相筆，筆記用具など

### 学習目標

○自分らしい表現を工夫し，よりよい作品を制作しようと粘り強く取り組む。
○文様を理解し，美的感覚を働かせて図案を考え，構想を練る。
○材料や道具を的確に扱い，丁寧に彩色し，創意工夫して表現する。
○作品を鑑賞し，互いのよさを発見し，表現意図や造形的な工夫について批評し合う。
○日本の美術文化の特性やよさに気づく。

### [共通事項]の例

生活を美しく豊かにする美術の働きについての理解を深め，形や色彩，感情効果を生かして表現の構想を練る。

作品例

### 評価規準

| 評価の観点 | 各観点の評価規準例（B） | Aと評価するキーワードの例 |
|---|---|---|
| 美術への関心・意欲・態度 | 日本の伝統的な形や色彩，目的や機能を考えて表現することに関心をもち，主体的に造形的な美しさなどを考えて表現しようとしている。 | 継続的に意欲をもちながら<br>自主的に必要な資料を用意するなど |
| 発想や構想の能力 | 使用する目的や条件，形や色彩の効果を生かして造形的な美しさなどを総合的に考え，感性や想像力を働かせて，文様の構想を練っている。 | 独創的で洗練された構成を工夫し |
| 創造的な技能 | 自分の表現意図に合う新たな表現方法を工夫したり，描画材の特性を生かしたりして，制作の見通しをもって，創造的に表現している。 | 効果的，効率的な |
| 鑑賞の能力 | 制作した作品のよさや美しさ，生活を美しく豊かにする美術の働きについて，見方や理解を深めたりしている。 | 根拠を明確にして深く味わって<br>広い視点から根拠を明確にして的確に理解し |

## 学習の流れ

関…美術への関心・意欲・態度　発…発想や構想の能力　創…創造的な技能　鑑…鑑賞の能力　【　】…評価方法

**デザインや工芸など　表現　2年**

| 活動内容 | 指導者の働きかけ | 評価 | 留意点及び評価方法など |
|---|---|---|---|
| **導入（鑑賞）　50分**<br>● 漆作品の鑑賞と技法について知る（教科書・写真資料・実物の作品）。<br>● 和の文様と他の国の文様を鑑賞し、違いや共通点を考える。 | ● 実際の漆の作品に触れさせ、琳派による漆作品（図版）や制作過程などの鑑賞を通して、漆作品のよさや美しさを味わわせる。<br>● 様々な国の文様を鑑賞させ、共通点や相違点について考えさせる。<br>● 唐草文様に注目させ、デザインの伝播について考えさせる。 | 関<br>鑑 | ● 漆の作品や文様に関心をもち、そのよさを感じ取ろうとしている。<br>● デザインの要素、その表現の工夫の仕方を、話し合いの中で発見しようとしている。<br>【鑑賞の様子】<br>【発表内容】 |
| **展開1（制作）　100分**<br>● デザインのアイデアスケッチをする。 | ● 鑑賞してきた作品を基に、連続文様を考えさせる。<br>● 一つの形（モチーフ）でも構成の方法によっては、様々な表現方法があることを着目させ、自分の表したいデザインをスケッチさせる。 | 関<br>発 | ● 使用する目的や条件を理解し、美しさとバランスを考えて構想を練ることができる。<br>【活動の様子】<br>【アイデアスケッチ】 |
| **展開2（制作）　200分**<br>● 小箱に紙やすりをかけ、墨で地塗りをする。<br>● 決定したデザインを鉛筆で下描きする。<br>● アクリル絵の具(金)で彩色する。<br>● ニスを塗る。 | ● 美しくていねいに仕上げられるように基本的な絵の具、筆の扱い方、マスキングテープの効果的な使い方について、手元がわかるようにTV（実物投影機）などで見せながら説明し、確認をする。<br>● 水の分量、適切な筆の選び方、使い方、塗る順番など基本的なことを確認する。<br>● 集中して取り組める環境づくりに気を配る。 | 発<br>創 | ● アクリル絵の具の特性を生かし、筆やマスキングテープなどを工夫して表現している。<br>【制作の様子】<br>【制作途中の作品】 |
| **まとめ（鑑賞）　50分**<br>● 生徒相互による鑑賞会 | ● 表現の意図などを記入したワークシートを活用して、作品鑑賞をさせる。<br>● 他者の表現から感じたことを含めて、自己評価にまとめさせる。 | 関<br>鑑 | ● 友だちの作品の形や色彩、イメージ、表現の意図、よさや美しさ、表現の面白さを感じ取っている。<br>【鑑賞の様子】<br>【発表内容】 |

# 伝統工芸に触れる〜漆塗りのほう箱づくり〜

第2学年　　A 表現 (2)(3)　　B 鑑賞　　時間数 10時間

## 題材設定の理由

平成20年度の中学校学習指導要領美術科の改訂により，発達段階を考慮し3年間を通して美術文化に関する学習を充実させることが一層重視されている。本学年では1年次に造山古墳群千足装飾古墳石障（岡山県岡山市）の「直弧文」から想起した平面構成を行い美術文化に対する関心を高めた。2年次では，体験的・実感的な学習を通して美術文化への理解や見方を深め，3年次への学習へつなげたいと考える。

本題材は，1年次の平面構成を半立体に発展させたもので，木彫をしたほう箱を漆塗りで仕上げる。漆といえば，英語で"japan"と呼ばれるほど世界的に認められた日本の代表的な伝統工芸である。使用するのは，乾燥が速く扱いやすい水性漆であるが，漆に近い仕上がりを手に入れることができ，漆に関心をもつには十分なものである。日本が世界に誇る伝統工芸に触れ，美術文化に関する興味を高めてほしいという思いで，本題材を設定した。

## 準備物

（教師）参考資料，ほう箱，水性漆，コンパウンド，刷毛，スチールウール，メラミンスポンジなど
（生徒）筆記用具，彫刻刀など

## ［共通事項］の例

形や色彩，感情効果を生かして，光沢や滑らかな肌合いなどの漆の特性や美しい仕上がりを想像し構想する。

## 学習目標

○木彫や漆塗りの技法に関心をもち，主体的に学習に取り組む。
○美的感覚を働かせ，木彫や漆塗りの仕上がりを想像しながら，直線と円弧による図柄を構成し発想・構想する。
○木彫や漆塗りの技法，材料の特性を理解し，仕上がりの美しさを意識して丁寧に制作する。
○他者の作品から，漆塗りの美しさ，図柄や木彫のよさや工夫などを感じ取り，自分の価値意識をもって味わう。

## 評価規準

| 評価の観点 | 各観点の評価規準例（B） | Aと評価するキーワードの例 |
|---|---|---|
| 美術への関心・意欲・態度 | 木彫の技法や漆による表現に関心をもち，主体的に構想を練り，材料や用具，表現方法の特性などから制作の手順などを主体的に考え，表現しようとしている。 | 継続的に意欲をもちながら |
| 発想や構想の能力 | 美的感覚を働かせて直線と円弧による図柄の構成や木彫による装飾を考え，漆塗りの仕上がりを想像しながら，表現の構想を練っている。 | 独創的で洗練された構成を工夫し |
| 創造的な技能 | 材料や用具の特性を生かし，表したいイメージをもちながら，制作の順序などを総合的に考え，見通しをもって表現している。 | 材料や用具の特性を効果的に生かし |
| 鑑賞の能力 | 形などの特徴や印象から全体の感じ，本質的なよさや美しさ，作者の創造的な工夫などを感じ取り，自分の価値意識をもって味わっている。 | 根拠を明確にして深く味わって |

## 学習の流れ

関…美術への関心・意欲・態度　発…発想や構想の能力　創…創造的な技能　鑑…鑑賞の能力　【　】…評価方法

| 活動内容 | 指導者の働きかけ | 評価 | 留意点及び評価方法など |
|---|---|---|---|
| **課題の把握と発想・構想　150分**<br>●木彫の技法や漆塗りの表現，また表現上の注意について理解し，題材への関心を高める。<br>●木彫の仕上がりを想像しながら，直線と円弧でアイデアスケッチを描く。 | ●1年次での平面構成を想起させる。また「薬研彫り」「菱合い彫り」など木彫の技法を紹介する。漆の特性などを紹介し，題材への関心を高める。<br>●後で転写することを考え，作品と同じ大きさのワークシートを用意する。「帯型」「四角型」「三角型」「花型」など，木彫との相性のよい図柄をいくつか示す。 | 関<br>発 | 【学習の態度】<br>【アイデアスケッチ】<br>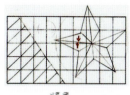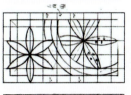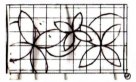 |
| **制作　325分**<br>●アイデアスケッチをほう箱に転写する。<br>●ほう箱に木彫をする。<br><br>●ほう箱を漆塗りで仕上げる<br> | ●カーボン紙を用意し，アイデアスケッチをほう箱に転写させる。<br>●「木彫作業板を使う」「錆びた彫刻刀は研いでもらう」などの安全指導をする。教室片側のカーテンを閉めたり，照明を調整したりし，作品にできる影から仕上がり具合を確認させる。<br>●事前に漆を塗り，磨いて仕上げたものと，そうでない2種類のチップを用意し，簡単に鑑賞させた。また，漆を磨く専門の職人（蝋色師）の映像を見せ，関心を高める。<br>・刷毛を使い，むらなく丁寧に塗るよう指導する。後で磨くことを考慮し，2度塗り以上するように伝える。<br>・刷毛の跡を取るためメラミンスポンジで水研ぎをさせる。<br>・コンパウンドを使い，丁寧に磨かせる。 | 創 | 【制作途中の作品】<br><br>通常の照明↑<br><br>調整した照明↑<br><br>2種類の漆チップ↑<br>（磨いて仕上げた方には写真が写り込んでいる） |
| **相互鑑賞・感想　25分**<br>●作品を相互鑑賞し，ワークシートに感じたことや感想を書く。 | ●「図柄と木彫の相性」，「漆のもつ光沢や滑らかな肌合いなどの魅力」について復習し，鑑賞の視点を確認する。 | 鑑 | 【ワークシートの記述】<br>〈生徒の感想より〉<br>「光沢があって高級品みたいだった」「家でも漆のものを探してみたい」 |

デザインや工芸など　表現　2年

# 3年

# 自画像 ～15年間の技を結集して自分を表現しよう～

**時間数 12時間**

第3学年　A 表現 (1)(3)　B 鑑賞

## 題材設定の理由

義務教育最後の中学三年生，14歳の立志式（立春式）を終えて数ヶ月，それぞれの未来へ向かって羽ばたきの準備をする最後の1年となる。この時期に「自画像」を制作することは多い。そこで，本単元を通して，今の自分だけでなく，今まで支えられて成長してきた"感謝"に気づくことや，これから先の人生の"可能性"に気づかせることで，生きていることのすばらしさを感じることができる心情を育てたいと考えた。また，15年間，言葉を使うより前から身近なもので表現してきた様々な技法を試行錯誤し，表現したい主題を表すものに適した技法や素材を探して，創造的に表現する能力を身につけることができると考えた。「自分」を表現することは「自己の内面の表出」という面からも勇気のいることである。しかし，自己の内面を肯定的に表出し，他者からも肯定的に鑑賞されることで，自己肯定感が高まることは想像できる。進路を控え，不安を抱えたり，自信を失ったりすることの多い中学3年生の段階だからこそ，美術で表現する喜びや他者の表現を賞賛できる心情を育てることは大切であると考え，自信をもって表現できる技法や主題で制作する本題材を設定した。

## 準備物

（教師）ワークシート，各種素材，道具類など
（生徒）教科書，美術資料，各種素材，道具類など

## [共通事項]の例

形や色彩，材料，光の特徴を考え，表したい心情にふさわしい素材を選ぶ。

作品例

## 学習目標

○自分の生い立ちや現在，将来に目を向け制作することで，夢や感謝の気持ちをもつ。
○夢や感情など心の世界を表現するために適切な素材や方法を試行錯誤することで，既習事項を選択，活用する。
○互いの作品を鑑賞することで，表現意図や造形的な工夫について批評し合う。

## 評価規準

| 評価の観点 | 各観点の評価規準例（B） | Aと評価するキーワードの例 |
| --- | --- | --- |
| 美術への関心・意欲・態度 | 夢や感情など心の世界を表現することに関心をもち，主体的に創造的な工夫をして表したり，表現の工夫などを感じ取ったりしようとしている。 | 継続的に意欲をもちながら |
| 発想や構想の能力 | 夢や感情など心の世界を基に主題を生み出し，形や色彩，素材の効果を生かして創造的な構成を工夫し，表現の構想を練っている。 | 主題を深める独創的な構成を工夫し |
| 創造的な技能 | 材料や用具の特性を生かし，表したいイメージをもちながら手順などを総合的に考え，創造的に表現している。 | 材料や用具の特性を効果的に生かして表現を追求し |
| 鑑賞の能力 | 形や色彩，素材などの特徴や印象などから，作者の心情や意図と創造的な表現の工夫などを感じ取り，自分の価値意識をもって味わっている。 | 根拠を明確にして深く味わって |

## 学習の流れ

**凡例:** 関…美術への関心・意欲・態度　発…発想や構想の能力　創…創造的な技能　鑑…鑑賞の能力　【　】…評価方法

**絵や彫刻など　表現　3年**

| 活動内容 | 指導者の働きかけ | 評価 | 留意点及び評価方法など |
|---|---|---|---|
| **導入（鑑賞）　100分**<br>● ワークシート「今を生きるあなた『15の自分』」で，「私は…」を完成させ，自分を見つめる。<br>● 美術資料「顔は語る」を鑑賞し，自画像や肖像画の表現について学ぶ。 | ● 文章構成法を用いて，過去・現在・未来の自分を見つめ，表したい主題を見つける材料の幅を広げさせる。<br>● 15年間，互いの関わりの中で成長してきたことに気づかせ，感謝と敬意の気持ちをもたせるとともに，将来に希望をもたせる。<br>● 自画像や肖像画の表現方法や技法を鑑賞し，主題を表現するために適した技法や色彩・素材に気づかせる。 | 関<br><br>鑑 | ● 自分について深く考えさせ，自己を表現することに意欲をもたせる。<br>【鑑賞の様子】<br>● 作品から感じることや表現技法・形・色彩・素材等から，作者の想いや表現の意図に気づかせる。<br>【発言内容・記述内容】 |
| **展開1（制作）　300分**<br>● 過去，現在，未来の自分について考え，いつの自分をどのような方法で表現するか試行錯誤して，アイデアスケッチをする。<br>● 完成までの時間配分を考え，制作計画を立てる。<br>● アイデアスケッチを基に集めてきた素材を工夫して，制作する。 | ● 自分について広く考えて主題を見つけ，適した表現方法を考えさせる。<br>● 制作時間から配分を考えることで，技法や素材，作品の大きさを考える。<br>● アイデアスケッチで試行錯誤させ，完成をイメージし，素材や技法を工夫して制作させる。 | 発<br><br>創 | ● 様々な技法や素材をイメージして選択させる。<br>【アイデアスケッチ・素材や技法の選択】<br>● 試行錯誤しながら，適した方法で制作させる。<br>【制作の様子】 |
| **展開2（中間鑑賞）　30分**<br>● 自分の作品についてプレゼンテーションを行い，完成度を高めるための意見交換をする。 | ● 話し手と聞き手の役割を明確にし，自分の想いを伝える方法を考えてプレゼンさせるとともに，要点を聞き取ってメモをするようにさせる。<br>● 互いにアドバイスをし合い，完成までの制作の工夫を考えさせるとともに，幅広い表現方法に気づかせる。 | 関<br><br>鑑 | ● プレゼンテーションをすることで，自分の作品の制作意図や表現方法について再考させる。<br>【活動の様子】<br>● 互いの表現のよさや工夫点，主題等をとらえさせることで，さらに完成度を上げるためのアドバイスができるようにさせる。<br>【ワークシートの記述】 |
| **展開3（制作）　120分**<br>● 中間鑑賞会での新たな目標値に向けて，制作・完成させる。 | ● アドバイスや他者の作品から得た情報を生かして，完成度を上げさせる。 | 関<br><br>創 | ● よりよい作品にしようと試行錯誤させる。<br>【活動の様子】<br>● 完成に向けて，主題に適した素材や技法を活用させる。<br>【制作の様子・作品】 |
| **まとめ（鑑賞）　50分**<br>● 制作カードに題名や作者の言葉を書く。<br>● 鑑賞活動をして，鑑賞カードに自分の想いを書くとともに，制作カードの「友達から」欄に感じたことを書く。<br>● 自己評価および感想を書き，活動の成果を振り返る。 | ● 作品から受ける印象を素直に感じてから，題名や作者の言葉を読んだり，作者と交流したりしながら鑑賞させる。<br>● 全活動を振り返り，表現したり鑑賞したりする喜びを味わわせる。 | 関<br><br>鑑 | ● 多様な表現に関心をもって，様々な観点から鑑賞させる。<br>【活動の様子】<br>● 作品から伝わってくる作者の心情をとらえさせる。<br>【鑑賞カードの記述】 |

# 自己との対話

第3学年　A 表現 (1)(3)　B 鑑賞

時間数 9時間

## 題材設定の理由

中学校3年ともなれば，写実的な表現以外にも，抽象的な表現をはじめ，作品の内側に隠されている作者の心情に興味を抱く生徒も多い。また，この時期に自己の進路に向き合うことから，自己を見つめる機会が多くなる。したがって，表面的な顔，形の再現ではなく，自分の姿を通してそこに表れる自身の内面を表現する自画像は，この時期にとても興味深く取り組める題材である。

自己に向き合い主題を見つけ，表現方法を工夫しながら自己との対話を重ねてほしい。そして，この活動を通して，その存在を自分自身が認められるような機会としたい。

## 準備物

（教師）参考資料，キャンバスボード，アクリル絵の具，コンテ，筆，刷毛，ペインティングナイフ，地塗り盛上げ剤，鏡など

（生徒）教科書，筆記用具，色鉛筆など

## 学習目標

○様々な自画像の表現に関心をもち，意欲的に表現の工夫をしたり，感じ取ったりする。
○感じ取ったことや考えたことを基に主題を生み出し，表現の構想を練る。
○表現意図に応じて材料や技法を選び，工夫して表現する。
○作者の心情，表現意図や造形的な工夫を，自分の価値意識をもって鑑賞し合う。

## ［共通事項］の例

形や色彩，材料などの性質や，それらのもたらす感情を理解しながら，自己のイメージをとらえるようにする。

作品例

## 評価規準

| 評価の観点 | 各観点の評価規準例（B） | Aと評価するキーワードの例 |
|---|---|---|
| 美術への関心・意欲・態度 | 様々な自画像の表現に関心をもち，主体的に創造的な工夫をして表したり，表現の工夫などを感じ取ったりしようとしている。 | 継続的に意欲をもちながら |
| 発想や構想の能力 | 自分を深く見つめて，感じ取ったことや考えたことを基に主題を生み出し，表現の構想を練っている。 | 主題を深める独創的な構成を工夫し |
| 創造的な技能 | 形や色彩，材料や用具の特性を生かし，表現意図に合う新たな表現方法を工夫するなどして，創造的に表現している。 | 材料や用具の特性を効果的に生かし |
| 鑑賞の能力 | 造形的なよさや美しさ，自画像に込めた作者の心情や意図と表現の工夫などを感じ取り，自分の価値意識をもって味わっている。 | 根拠を明確にして深く味わって |

## 学習の流れ

関…美術への関心・意欲・態度　発…発想や構想の能力　創…創造的な技能　鑑…鑑賞の能力　【 】…評価方法

| 活動内容 | 指導者の働きかけ | 評価 | 留意点及び評価方法など |
|---|---|---|---|
| **導入（鑑賞）　50分**<br>● 画家や生徒が描いた様々な自画像を鑑賞する。<br>● 作者が何を表現したかったのか話し合う。<br>● 自画像で表現をする意味を考える。 | ● 作者が自画像を描いた時の心情や表したかったことを想像できるように，支援する。<br>● 多様な表現の仕方があることを感じ取らせる。 | 関<br><br>鑑 | ● 様々な表現方法の作品を展示し関心をもたせる。<br>【鑑賞の様子】<br><br>● それぞれの見方や感じ方を発表し，自画像に込めた作者の思いについて話し合わせる。<br>【発言内容】 |
| **展開1（制作）　100分**<br>● イメージマップや文章を書き，描きたい自分について考える。<br>● 材料や技法についても考えながらアイデアスケッチをする。 | ● 数多くの技法を紹介し，自分の表現意図に合った，材料や技法を選択させる。<br>● 参考にする画家がいたら，どんなところを参考にするのかを聞き，支援する。 | 関<br><br>発 | 【活動の様子】<br><br>【アイデアスケッチ】 |
| **展開2（制作）　250分**<br>● アクリル絵の具を使って，下地づくりをする。<br>● 選択した方法で描写をする。 | ● それぞれの表現意図に応じて，色合いや絵の具の濃さ，使う筆などを考えさせる。<br>● 描きながら，思いついた工夫を加えてもよいことを伝える。 | 発<br><br>創 | ● どんな表現を目指しているのか，アイデアスケッチなどを基に，常に支援をする。<br>【制作の様子】<br>【制作途中の作品】 |
| **まとめ（鑑賞）　50分**<br>● 鑑賞会を行う。<br>● 作者の表現したかったことや表現の工夫を考える。<br>● 感じ取ったことを鑑賞カードに記入し発表する。 | ● 相互鑑賞を行い，想像した作者の思いや共感したことなどを鑑賞カードに記入させる。 | 関<br><br>鑑 | ● 友だちの作品のよさや美しさ，表現の工夫を感じ取らせる。<br>【鑑賞の様子】<br>【発言内容・鑑賞カードの記述】 |

絵や彫刻など　表現　3年

# 素材から広がる世界 「いりこの詩(うた)」(色紙画(しきしが))

第3学年　　A 表現 (1)(3)　　B 鑑賞

時間数 **8** 時間

### 題材設定の理由

「いりこ」は鰯の赤ちゃんである。立派な鰯となって，大海原を大集団で銀鱗を煌めかせ，快活に悠々と泳ぎ回ることが夢だった。そして次なる世代への命のバトンタッチ（子孫繁栄）もこの世に生を受けたものとして，重要な自然の摂理でもある。しかし，人間（漁師）の網でとられ，煮られ，干されてこんな姿になってしまった。これもまた，人間として生活を営み，命をつないでいく上ではなくてはならない食や命の連鎖でもある。

生徒たちは，食への感謝とともに実に短命な「いりこ」の存在に触れ，深く観察していく中で何かを感じ取ると思われる。ほのぼのとした或いは力強く描かれた絵と，短くて温かな詩（メッセージ）や作者の印を添えた作品制作を，絵画表現の支持体（画面素材）としては，非常に小さな色紙画に思いを込める。一見自然界の隅っこに追いやられ，日頃の生活の中でその存在を思い起こすこともなかった「いりこ」という素材から広がる世界を表現させたい。

### 準備物

（教師）いりこ，色紙，ワークシート，参考作品，掲示資料，CDデッキ，音楽CD（参考曲）など
（生徒）絵の具セット（水彩・アクリルガッシュ等），筆記具，定規など

### 学習目標

○色紙画への興味と理解を深め，参考作品や友だちの作品などから色紙画のよさや美しさを味わう。
○対象を深く観察したり，心の中にある思いから詩の発想を広げたりし，変化と統一感のある画面構成や色彩によってまとめる。
○水彩（着彩）の技法や美しい線や面を生かした筆のタッチを体得し，にじみやぼかしの効果によるリアルで明快な画面づくりをする。

### ［共通事項］の例

形や色彩，材料の性質や詩の感情効果を生かして構想を練る。

### 評価規準

| 評価の観点 | 各観点の評価規準例（B） | Aと評価するキーワードの例 |
|---|---|---|
| 美術への関心・意欲・態度 | 色紙画の表現に関心をもち，主体的に創造的な工夫をして表したり，表現の工夫などを感じ取ったりしようとしている。 | 継続的に意欲をもちながら |
| 発想や構想の能力 | いりこの気持ちになって感じ取ったことなどを基に主題を生み出し，詩と絵の組み合わせなどを考え，創造的な構成を工夫し，表現の構想を練っている。 | 主題を深める独創的な構成を工夫し |
| 創造的な技能 | 描画材料の特性を生かし，表現意図に合う新たな表現方法を工夫するなどして着彩の順序などを考え，創造的に表現している。 | 描画材料の特性を効果的に生かして表現を追求し |
| 鑑賞の能力 | 造形的なよさや美しさ，詩と絵を組み合わせたイメージを基にした主題と創造的な表現の工夫などを感じ取り，自分の価値意識をもって味わっている。 | 根拠を明確にして深く味わって |

## 学習の流れ

関…美術への関心・意欲・態度　発…発想や構想の能力　創…創造的な技能　鑑…鑑賞の能力　【 】…評価方法

| 活動内容 | 指導者の働きかけ | 評価 | 留意点及び評価方法など |
|---|---|---|---|
| **導入**（色紙画についての理解と学習課題の確認）**50分**<br>●色紙画の表現方法について理解する。<br>●いりこについて知る。<br>●作詩の参考となる楽曲を鑑賞する。 | ●色紙画の特性等を紹介し，表現方法の可能性を知らせる。<br>●いりこの生涯について紹介し，この題材に取り組ませる意義を伝える。<br>●作詩のヒントとなる楽曲を鑑賞する（吉田拓郎氏のアルバム『感度良好波高し』の1曲「マンボウ」（作詞岡本おさみ氏，作曲吉田拓郎氏）。 | 関<br>鑑 | ●色紙は，絵画表現をする画面としては，小さな世界である。いりこが画面のメインであり，大きく描かせる。<br>【学習の態度】<br><br>【授業振り返り用紙の記述】 |
| **展開1**（ワークシートを使った発想と構想）**100分**<br>●いりこをスケッチする（7分間を2回程度で，途中2分間の休憩中に周囲の仲間のスケッチを鑑賞する）。<br>●いりこを観察し，感じたことをまとめ，心の中にある思いから詩の発想を広げる。<br>●自分のねらいに即した印鑑のデザインを工夫する（フルネーム，姓・名の一部，イニシャルやニックネーム，メールアドレス一部など）。<br>●レイアウトの方法を理解し，色紙への収め方や背景の処理を工夫する。 | ●スケッチ，作詩，印鑑のデザイン（陽刻または陰刻の角印），レイアウト（いりこの数，詩の配置，ロケーション）の計画が立てられるワークシートを作成し，思いを整理したり広げたりしながら取り組めるようにする。<br>●導入で紹介した曲の歌詞をプリントで配付し，参考にさせる。心の中にある思いから作詩のイメージを広げさせる。<br>例：●いりこの生涯<br>　　●いりこへの質問や応援歌<br>　　●人間様へのメッセージ<br>　　●いりこと自分の比較など | 関<br>発 | 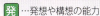<br>●詩は，漢字，片仮名，平仮名や繰り返し方，改行の仕方など様々な言葉の響きや表現方法を説明し，自分の思いを広げられるようにする。<br>【学習の態度】<br><br>【ワークシートの記述・スケッチ】 |
| **展開2**（色紙の下描きと着彩）**200分**<br>●対象物をまた最初からしっかり観察し直す気持ちで思い切り描き込む。<br>●色のつくり方や線や面を生かした筆のタッチ等の着彩の技術を理解し，明快な画面づくりを工夫する。<br>●詩の清書は，面相筆で行う。<br>●印鑑の大きさ（2.0〜2.5cmの正方形） | ●いりこは，将来なるはずだった鰯の大きさで思い切り描かせる。<br>●小グループごとに，着彩の仕方を教師が実演し，混色の仕方や筆のタッチの生かし方など制作の仕上げまでの手順を理解させる。<br>●詩の色は黒に何か色を足す。また文字の形を工夫する。<br>●印鑑は面相筆で丁寧に朱（赤＋橙）描きし，仕上げる。 | 発<br>創 | ●いりこの色は，銀色（白っぽい灰色）をベース色に様々な色が見える。ベース色をたっぷりつくり，12色相環の色を少しずつパレットに出し，それぞれを混色し，ライトグレイッシュトーンの12色相環の色をつくり，着彩するとよい。また，いりこの黒っぽい部分の表現の一例として，青と茶を1：1で混色し着彩するとよい。<br>【制作の様子】<br>【制作途中の作品】 |
| **まとめ**（作品鑑賞）**50分**<br>●自分なりの作品題や「作者のことば」をまとめる。<br>●互いの作品のよさを発見し，「友だちからのことば」の欄にまとめる。<br>●グループごとの合評会を行う。 | ●作品ラベル(キャプション)に「作者のことば」を設け，自己の作品を振り返り，達成感を味わわせる。また「友だちからのことば」も加え，自他の作品のよさを発見したり鑑賞したりする機会を設ける。 | 関<br>鑑 | ●作品寸評依頼を受けた仲間の作品のよい点，参考になった点，今後の制作への助言の3点について，コメントをまとめる。<br>【鑑賞の様子】<br>【作品ラベルのコメント】 |

絵や彫刻など　表現　3年

# 社会の不安や矛盾を基に

第3学年　A 表現 (1)(3)　B 鑑賞

時間数 8 時間

## 題材設定の理由

ピカソのゲルニカを3年生になってから鑑賞させた。生徒は強く訴えたい思いを，描くという行為に乗せて表現できるということを学んだ。彼らを取り巻く社会には，不安や矛盾が多く存在する。何を矛盾と感じ，どのような表現方法で誰に対して叫ぶのか。この題材の出発点には，生徒の描きたい！けど描けない，どうしたらよいかわからないという美術科における大きな課題がある。画家たちの表現における工夫を理論的に読み解き，どのような表現方法をもって自分のテーマ（主題）に取り組むか，について考えさせ，思いや意図を表現していく過程を大切にさせたい。

## 準備物

（教師）参考資料（環境問題や人権，国際理解に関わる問題などの報道画像等），作家作品例（展開1），ワークシート，制作日記など

（生徒）教科書，筆記用具，彩色のための絵の具セット，個々の制作に必要となる材料（コラージュのための印刷物，マスキングテープ）など

## 学習目標

○社会に起こる様々な現象から，何を矛盾と感じるのか，作品の主題を生み出す。
○作品の主題に合った表現方法を選び，制作の構想（作品の構成等）を練る。
○構想を基に，表現方法を工夫し，効果的に表現する。
○構想段階や制作途中，完成した作品を通して，制作者の意図や思いに触れる対話をする。

## [共通事項]の例

形や色彩などの感情効果を考えながら作品の構想を練る。

生徒作品　　　　生徒作品

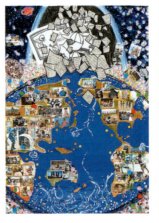

## 評価規準

| 評価の観点 | 各観点の評価規準例（B） | Aと評価するキーワードの例 |
|---|---|---|
| 美術への関心・意欲・態度 | 今日的な課題（環境問題，人権や福祉，国際理解に関わる問題など）への気づきや関心を基に自らの考えをイメージし，表現しようとしている。 | 継続的に意欲をもちながら 自主的に必要な資料を用意する など |
| 発想や構想の能力 | 今日的な課題への気づきや関心を基に主題を生み出し，自分の表したいことをどのように表現するかイメージし，表現の構想を練っている。 | 主題を深める独創的な構成を工夫し |
| 創造的な技能 | 表したいイメージをもちながら，必要な材料や用具，適切な方法を取捨選択し，既学事項を活用しながら，表現している。 | 材料や用具の特性を効果的に生かし |
| 鑑賞の能力 | 自他の作品から作者の意図や思い，それをアピールするための工夫などを感じ取り，自分の価値意識をもって味わっている。 | 根拠を明確にして深く味わって |

## 学習の流れ

関…美術への関心・意欲・態度　発…発想や構想の能力　創…創造的な技能　鑑…鑑賞の能力　【　】…評価方法

| 活動内容 | 指導者の働きかけ | 評価 | 留意点及び評価方法など |
|---|---|---|---|
| **導入（鑑賞）　50分**<br>● 社会の矛盾や不安？<br>・社会の矛盾や不安について知り，自分の制作テーマについて考える。<br>・私の制作テーマを決定する。 | ● 自然災害や人的自然破壊・世界の紛争など矛盾や不安を多く抱えた，報道で取り上げられたことのあるニュース画像等を示す。 | 関<br>鑑 | ● できるだけ，画像を淡々と見せ，教師の主観が入ったコメントを避ける。<br>【活動の様子・発言内容】<br>【制作日記】 |
| **展開1（制作）　50分**<br>● 作品の主題を強調するには？<br>・私のテーマ（主題）を強調するための，具体的画面構成について学ぶ（ジグソー活動）。<br>・私の制作プラン<br>　グループにおける対話から，主題を表現する手段を探る。 | ● 主題を強調するための画面構成を，生徒がよく知る作家作品から選びジグソー活動とする。<br>　A：近づく・遠のく<br>　B：唯一・反復<br>　C：見せる・見せない<br>（例）A：近づく・遠のく<br>「泣く女」リキテンスタイン<br>「冨嶽三十六景」葛飾北斎<br>クローズアップによるインパクトのある表現と，遠景から捉える俯瞰するような表現の作品。 | 関<br>発 | ● A～Cのグループが準備された2作品について，しっかり対話できるようワークシートによりリードする。<br>【グループ対話の様子】<br>【ワークシート・制作日記】 |
| **展開2（制作）　250分**<br>● 制作①～⑤<br>　平面表現をする。<br>　コラージュや彩色等で，思いを伝える努力をする。 | ● 描画，コラージュ，構成画，版画等の具体的な制作方法や，材料については個々の生徒に選択させる。<br>● 必要に応じて，制作途中でグループ内中間発表を行う。 | 発<br>創 | ● 個人の制作プランを大切にしながら，他者の意見も参考にさせる。<br>【制作の様子】<br>【制作途中の作品・制作日記】 |
| **まとめ（鑑賞）　50分**<br>● クラスのNo.1を探せ！<br>お互いの作品のよさや制作の工夫について，相互鑑賞を行う（全体鑑賞会）。 | ● 個々の机上に作品とアピールカードを置き，全員が審査会場のように歩き回り鑑賞する。<br>● 自分にとってNo.1だと思う，他者の作品を，選んだ理由とともに鑑賞シートにしっかり記入させる。 | 関<br>鑑 | ● 鑑賞会の雰囲気をつくる。<br>● 鑑賞のポイントを確認しておく。<br>● 制作者へのインタビューも奨励する。<br>【鑑賞の様子・制作日記】<br>【鑑賞シート・アピールカード】 |

絵や彫刻など　表現　3年

# 墨で表すわたしの短歌の世界

第3学年　A 表現 (1)(3)　B 鑑賞　時間数 7時間

## 題材設定の理由

水墨画は，シンプルかつ繊細な日本の美意識を最も象徴的に表現しており，その精神性の高さから伝統的な文化のよさや美しさを感じ取ることができる。また，これまで使用してきた描画材である絵の具では表現できなかった運筆法の面白さや制限の中から生まれる繊細な表現方法についても学ぶことができる。本題材では，墨一色による描画から生まれる濃淡，遠近，余白などの効果や運筆や描画方法の多彩さを生かして，国語科で制作した短歌の世界を水墨画で描く。子どもたちは，自分が詠んだ短歌の世界の情景を言葉と水墨画の両方で表現することにより，より短歌のイメージを膨らませることができるとともに，作品を通して他者と意見交流することによって，墨が生み出す表情の多彩さに気づくことができ，我が国の伝統的な文化の奥深さにも気づくことができると考える。

## 準備物

(教師) 参考資料，墨，和紙，梅皿，白抜き剤など
(生徒) 教科書，国語の授業で詠った短歌，筆記用具，習字道具など

## [共通事項]の例

墨の濃淡が生み出す形や色彩の感情効果を生かし，表現の構想を練る。

## 学習目標

○水墨画の基本的な表現方法や墨が生み出す感情や表現効果を理解する。
○自分が詠んだ短歌の世界を水墨画で表現する。
○自分なりの価値意識をもってよさや美しさを味わう。

作品例

## 評価規準

| 評価の観点 | 各観点の評価規準例（B） | Aと評価するキーワードの例 |
|---|---|---|
| 美術への関心・意欲・態度 | 墨の特性を生かした表現に関心をもち，主体的に創意工夫して表したり，表現の工夫などを感じ取ったりしようとしている。 | 継続的に意欲をもちながら |
| 発想や構想の能力 | 自分が詠んだ短歌の世界を基に主題を生み出し，単純化や強調などを考え，創造的な構成を工夫し，構想を練っている。 | 主題を深める独創的な構成を工夫し |
| 創造的な技能 | 材料や用具の特性を生かし，表現意図に合う新たな表現方法を工夫するなどして創造的に表現している。 | 墨の特性を効果的に生かして表現を追求し |
| 鑑賞の能力 | 造形的なよさや美しさ，詠んだ短歌の世界を基にした主題と表現の工夫などを感じ取り，自分の価値意識をもって味わっている。 | 根拠を明確にして深く味わって |

## 学習の流れ

関…美術への関心・意欲・態度　発…発想や構想の能力　創…創造的な技能　鑑…鑑賞の能力　【 】…評価方法

| 活動内容 | 指導者の働きかけ | 評価 | 留意点及び評価方法など |
|---|---|---|---|
| **導入（鑑賞）　50分**<br>● 墨を使って自由に描く<br>● 雪舟の「秋冬山水図」を鑑賞し，その魅力について意見交流する。 | ● 墨を使った活動に興味・関心をもつために墨を使って，自由に描く。<br>● 雪舟の水墨画の力強さを感じ取ることができるようにする。 | 関<br>鑑 | 【活動の様子】<br>● 墨が生み出す表情に気づくことができるようにする。<br>【鑑賞の様子】 |
| **展開1（制作）　100分**<br>● 模写をして，水墨画の基本的な表現技法を習得する。<br>● 水墨画の基本的な描き方と墨による表現効果をまとめる。 | ● 調墨や運筆の違いによる表現をまとめたプリントを準備しておく。<br>● 白抜き剤の使用法もおさえる。<br>● 墨の濃淡や運筆による空気感や遠近感の表現や感情の表現に気づかせる。 | 発 | 【習作作品】<br>● 水墨画の表現技法がどんな表現効果を生むのかを全体でまとめておく。 |
| **展開2（制作）　150分**<br>● 国語で詠んだ自分の短歌を水墨画で表す構想を練る。<br>● 技法の検討を兼ねた試作をする。<br>● 決定した技法を用いて本制作をする。 | ● 構想シートで具象と抽象の表現を組み合わせながら構想を練る。<br>● 自分の短歌のイメージに近づけることができるように，技法の検討を兼ねて試作しながら活動を進める。 | 発<br>創 | 【構想シート・制作の様子】<br>● 短歌のイメージに近づけるために，自由に技法を試す時間をつくる。<br>【制作途中の作品】 |
| **まとめ（鑑賞）　50分**<br>● 鑑賞会を行う。<br>● 他の作品から短歌のイメージが伝わってきたところを意見交流する。<br>● 活動を通して，水墨画のよさや美しさについて考えたことをまとめる。 | ● 友だちの作品から短歌のイメージが表れている表現や墨の濃淡が生み出すよさや美しさを感じ取ることができるようにする。 | 関<br>鑑 | 【鑑賞の様子】<br>● 墨が生み出す表情の深まりや想像の広がりを感じ取る。<br>【鑑賞プリントの記述】 |

絵や彫刻など　表現　3年

# キュビスムで描く構想画
~写実から抽象へ・誰にでも描ける抽象画~

第3学年　A 表現(1)(3)　B 鑑賞

時間数 10時間

## 題材設定の理由

中学校における美術授業時間数の減少は授業形態を大きく変えてきた。特に課題設定においては様々な試行錯誤が繰り返されてきている。作品のミニチュア化もその一つかもしれない。「似ているように描けない」という素描を拒否する意識を抽象という手法を借りることで自己の内面を形と色彩のみで表現する新しい描画活動を鉛筆による描画制作にこだわりながら「誰にでも描ける抽象画」として取り組ませたい。その一つ、キュビスムという手法を学ぶことで、自由な発想、様々な表現方法、描く描画の面白さを伝えたい。また、印象派以降の作品から色彩表現、形づくり、構成要素などの異なった抽象作品を鑑賞することで、そこに描かれた作者の思いを読み、どのように表現しているのか、自分の制作につなげていきたい。卒業を控えた3年生が中学時代の思い出となる場面を一つ一つスケッチし、構築されて自分自身の形と色彩の絵画作品になるように取り組ませていきたい。

## 準備物

(教師) 参考資料, 色紙 (ワトソン紙), 鉛筆 (HB～6B), 練り消しゴム, 色鉛筆, 定規, コンパスなど

(生徒) 教科書, 資料集, ノート, 鉛筆, 色鉛筆など

## [共通事項]の例

様々な思いやイメージを、形や色彩の性質、それらがもたらす感情の関係に着目し表現する。

## 学習目標

○鑑賞学習を通して、抽象の魅力を味わい、興味関心をもつ。
○キュビスムの制作方法を理解し、制作する。
○鉛筆による濃淡、タッチでテクスチュアを工夫し彩色する。
○イメージを形と色彩で効果的に表現する。
○完成した作品を鑑賞し、表現意図や造形の工夫について鑑賞し合う。

## 評価規準

| 評価の観点 | 各観点の評価規準例（B） | Aと評価するキーワードの例 |
|---|---|---|
| 美術への関心・意欲・態度 | 自分の感情や心情からイメージを抽象的に表すことに関心をもち、主体的に創造的な工夫をして表したり、表現の工夫を感じ取ったりしようとしている。 | 継続的に意欲をもちながら自主的に必要な資料を用意するなど |
| 発想や構想の能力 | 様々な思いやイメージを基に主題を生み出し、単純化や強調、構成の仕方などを考え、創造的な構成を工夫し、表現の構想を練っている。 | 主題を深める独創的な構成を工夫し、イメージを複数発想しているなど |
| 創造的な技能 | 材料や用具の特性を生かし、表現意図に合う新たな表現方法を工夫するなどして、着彩の順序などを考えながら、創造的に表現している。 | 材料や用具の特性を効果的に生かして表現を追求し、創造的に表現するなど |
| 鑑賞の能力 | 造形的なよさや美しさ、自分の感情を基にした主題と表現の工夫などを感じ取り、自分の価値意識をもって味わっている。 | 根拠を明確にして深く味わって、積極的に自分の作品に生かすなど |

## 学習の流れ

関…美術への関心・意欲・態度　発…発想や構想の能力　創…創造的な技能　鑑…鑑賞の能力　【 】…評価方法

| 活動内容 | 指導者の働きかけ | 評価 | 留意点及び評価方法など |
|---|---|---|---|
| **導入（鑑賞）　50分**<br>● 写実主義から印象派の登場を経て新しい絵画の登場，広がりを知る。<br>● シュルレアリスム，キュビスムなどの抽象絵画を鑑賞する。 | ● 自分の思いを描く絵画と見たまま描く写実絵画との違いを考えさせる。<br>● 抽象作品から作者の思いを考えさせ，作品の構成や色彩についても考えさせて発表させる。 | 関<br>鑑 | ● 抽象絵画に関心をもたせる。<br>【鑑賞の様子】<br>● ワークシートを用いて作品鑑賞をさせる。<br>【ワークシートの記述】 |
| **展開1（練習）　50分**<br>● キュビスムの手法について学ぶ。<br>● キュビスム作品を鑑賞する。<br>● 新しい形をつくる手法を学ぶ。 | ● 写実的に描かれた絵を見ながら，多視点→単純化→再構成を基本にして，分解，省略と再構成させる。<br>● 最初の印象を大切にして特徴を強調して描かせる。<br>● 複雑な形は基本形に置き換えるなど，細部を省略しながら構成させる。<br>● 難しくとらえず，○△□，線で構成できるように助言する。 | 関<br>発 | ● 手順を理解し，スケッチさせる。<br>● 写実と抽象との描き方違いを理解させて対象を観察させる。<br>● 自分の形づくりができているかを見取る。<br>【活動の様子】<br>【練習スケッチ】 |
| **展開2（制作）　100分**<br>● テーマに沿って，3年間を振り返りスケッチする。<br>● 各々の形をキュビスム化する。<br>● 全体の構成を考える。 | ● 印象に残る思い出をメモする気持ちでスケッチさせる。<br>● 特徴的な部分をより大切に描かせる。<br>● 自分の思い出（思い）が伝わる形づくりと構成をさせる。<br>● 主テーマを中心に全体を平面的に構成させる。 | 発<br>創 | ● 資料等も活用してスケッチさせる。<br>● 新しい形づくり，抽象を理解した構成をさせる。<br>【アイデアスケッチ】<br>【制作途中の作品】 |
| **展開3（制作）　250分**<br>● 鉛筆（HB〜6B）で濃淡，タッチを工夫して彩色する。<br>● 様々なテクスチュアを考えて，表現方法を工夫する。<br>● 全体の配色を考えて色鉛筆で着色する。 | ● 強調と省略を考えさせ，線の美しさに気づかせて使い方を工夫させる。<br>● 構成の要素，形の大小，重なりを工夫し，余白がなくなるように変化と統一ある構成をさせる。<br>● 様々なタッチ，濃淡，模様等と個々の特徴を生かし，表現意図を考えた技法にもこだわりをもって制作させる。<br>● 黒と白のバランスに注意させる。<br>● 色鉛筆の使い方に注意を与え，全体の配色を考えて使用させる。 | 発<br>創 | ● 一つの形，一本の線に意味と思いを込めて創造的に表現できるよう指導する。<br>● 一つ一つの面の大きさ，構成による画面の変化に気づかせる。<br>【制作の様子】<br>【完成作品】 |
| **まとめ（鑑賞）　50分**<br>● 自分の作品を振り返り，学習態度や制作の工夫等の自己評価をする。<br>● 作品に描いた「思い」をまとめる。<br>● お互いの作品を鑑賞し合う。 | ● 本時までの活動を振り返らせて，キュビスムの手法について理解できたか，抽象絵画への理解ができたかを確認させる。<br>● 作品に込めた「思い」と作品を掲示，鑑賞し合う。 | 関<br>鑑 | ● 互いの作品に込められた思いを読み取らせる。<br>● ワークシートにより，個々の批評が的確か，よさを認められているかを見取る。<br>【鑑賞の様子】<br>【発表内容】 |

絵や彫刻など　表現　3年

# わたしが出会う「私の世界」

第3学年　A 表現 (1)(3)　B 鑑賞　時間数 12 時間

### 題材設定の理由

中学校3年生は，義務教育最後の学年として将来への建設的な夢を描くことのできる存在である。そこで本題材では，生徒の内に秘めた「私の世界」の表出を通して，自身を見つめ，願いや思いを確認したり整理したりすることで，自己実現や自己肯定感の向上を目指したい。したがって，生徒の複雑に絡み合う感情を表現するために，それぞれ技法の美しさや特徴を生かしながら，一つの世界として画面に融合させる。中心となる技法は，緻密で根気の要る"点描"，おぼろげで偶然性の強い泡による"背景"，意図的で強く明瞭である"平塗り"。これらはまるで生徒の現在を表しているかのようである。生徒に，作品は自らの分身であるという意識のもと，美しい作品を通して自らの可能性を考えさせたい。そのため，作品の主題について，表現と鑑賞の両面から自分でイメージを深めたり友だちと話し合ったりすることによって追求させたい。

### 準備物

(教師) 参考資料，画用紙，トレーシングペーパー，耐水性ペン（1mm 程度），マスキングテープ，食器用洗剤，ストローなど
(生徒) 様々な写真などの資料，筆記用具，はさみ，液体糊，アクリル絵の具など

### 学習目標

○「私の世界」を表現技法や形，色彩の効果を生かし，伝えたい内容を発想豊かに画面構成する。
○陰影を意識した点描の緻密な表現と，泡による不思議な効果をアクリル絵の具によって一つの世界にまとめる。
○完成した作品を鑑賞し，表したい世界についての表現意図や創造的な工夫について伝え合い，互いのよさを認め合う。

### [共通事項] の例

形や色彩などの感情効果を考えながら作品の構想を練る。

作品例

### 評価規準

| 評価の観点 | 各観点の評価規準例（B） | Aと評価するキーワードの例 |
|---|---|---|
| 美術への関心・意欲・態度 | 表現や鑑賞の活動に関心をもち，自分や相手の作品をよりよくするために意欲的に学習しようとしている。 | 継続的に意欲をもちながら自主的に必要な資料を用意するなど |
| 発想や構想の能力 | 自分自身を見つめ感じ取ったことなどを基に主題を生み出し，イメージを自由な発想で膨らませ，自己の世界を多様な方法で豊かに表現する構想を練っている。 | 主題を深める独創的な構成を工夫し |
| 創造的な技能 | 描画材料や用具の特性を生かし，主題に合う表現方法を工夫するなどして，手順などを総合的に考えながら，見通しをもって表現している。 | 効果的，効率的な |
| 鑑賞の能力 | これまでの学習と関連付けて，グループで主題や思いを共有し，作品の美しさや工夫，作者の意図などを感じ取り，味わっている。 | 根拠を明確にして深く味わって |

| 学習の流れ | 関…美術への関心・意欲・態度　発…発想や構想の能力　創…創造的な技能　鑑…鑑賞の能力　【　】…評価方法 |

| 活動内容 | 指導者の働きかけ | 評価 | 留意点及び評価方法など |
|---|---|---|---|
| **導入（鑑賞）　50分**<br>● 参考作品の特徴を探る。4～5人のグループで作品の主題や素材，技法，工夫について話し合い，考えをまとめる。<br>● 参考作品を手掛かりとして，自身の主題について考える。 | ● 作者の主題を表現技法や形，色彩などから読み取るように促す。<br>● 作品を全体や部分といった様々な視点から見たり，いくつかの作品と比較したりすることで，それぞれの作品の工夫に気づかせる。 | 関<br>鑑 | ● 作者が作品に込めた思いや考えなどを画面から読み取らせる。<br>【鑑賞の様子】<br>● 作品の表現やその工夫を話し合いの中で発見させる。<br>【発言内容】 |
| **展開1（点描 制作）　150分**<br>● 画面構成のアイデアスケッチをし，主題について発想豊かに考えをまとめ，構想を練る。<br>● 主題に合った資料を収集する。<br>● トレーシングペーパーを資料の上に重ね，耐水性ペンで丁寧に点描する。<br>● 完成物を，はさみで切り取る。 | ● 主題を表現するために，画面構成について生徒同士で意見交換をさせる。<br>● 資料の形や陰影，質感，立体感にこだわって点を打つ数を調整するように声掛けをする。 | 発<br>創 | ● 点描の組み合わせや画面構成に至るまで，作者の意図を確認しながら制作を進める。<br>【アイデアスケッチ】<br>【制作途中の作品】 |
| **展開2（背景 制作）　50分**<br>● 絵の具に洗剤と水を混ぜ，ストローで泡立てたものを画用紙に付け，背景をつくる。<br>● 乾かした背景に，点描を構成して貼り付ける。 | ● 泡のもつ不思議で美しい重なりによって主題や点描に合わせた背景を仕上げられるように，泡のつくり方や画面への塗り方を説明する。<br>● 生徒の質問に「なぜそう思うの？」と問い直したり「本当にそれでいいの？」と追求を掘り下げたりするような言葉かけを行う。 | 発<br>創 | ● 制作上の生徒の工夫を全体に紹介し，学級で共有する。<br>【制作の様子】<br>【制作途中の作品】<br>工夫の例：背景の濃淡を絵の具の量で調整する，息をゆっくり吹いて大きい泡をつくる，画用紙を泡に当てる等。 |
| **展開3（平塗り 制作）　300分**<br>● 鉛筆で下描きをする。平塗りの部分は目印の×印をつける。<br>● 下描きを黒絵の具で斑なく塗る。 | ● 点描や背景の美しさ，主題を表現するための工夫がより発揮されるように，何度も画面を確認させる。<br>● 斑なく着色するため絵の具や水分量，筆などの確認をする。 | 発<br>創 | ● 離れて作品を見て，画面の美しさやまとまりを確認する。<br>● 制作途中の作品をグループ内で作品を見て回り，受ける印象や助言を伝え合い，新しい気づきを加えてよりよくしようとする。<br>【制作の様子】<br>【制作途中の作品】 |
| **まとめ（鑑賞）　50分**<br>● 鑑賞会を行い，主題について点描や背景，平塗りを踏まえて発表する。<br>● 鑑賞者に作品や発表から感じ取ったことや疑問点などを伝えてもらい，発表者は補足があれば説明をする。 | ● 作品の主題や込めた思い，美しさや表現の工夫などの考えを文章にまとめ，具体的に語らせるようにする。 | 関<br>鑑 | ● 友だちの作品の主題やよさ，美しさ，表現の面白さを感じ取らせる。<br>【鑑賞の様子】<br>【発表内容】 |

絵や彫刻など　表現　3年

# 抽象彫刻に挑戦!!

第3学年　A 表現 (1)(3)　B 鑑賞

時間数 **10** 時間

## 題材設定の理由

　中学校の中で3年生という成長した段階で，1・2年生での美術の学習で学んだことはもちろん，あらゆる教科での学習や自己の人生経験を基に，抽象彫刻に挑戦させたいという願いからこの題材を設定した。
　21世紀の現代では，公共の場に美しい造形作品が置かれていることが多く，生徒たちも幼いころから何気なく接している。今回抽象彫刻を制作することで，環境と彫刻の調和，彫刻の役割，環境と人との関わりについて考えるきっかけにしたいと思った。また，作品自体は小さいものではあるが，自分たちの街の有名な作品に自分の作品を重ねてイメージを巡らせることで，生涯に渡って美術を愛好する心情と豊かな情操を養うことをねらいとした。

## 準備物

（教師）参考資料（図・写真），ワークシート，バルサ角材（5×5×15cm），ロックナイフ，彫刻刀，紙やすり，アクリル絵の具など
（生徒）教科書，資料集，スケッチブック，鉛筆，資料など

## ［共通事項］の例

　形や色彩，材料などの感情効果を生かして作品の構想を練る。

作品例

## 学習目標

○表したい主題を考え，アイデアスケッチを描きながら構想する。
○表したい立体のイメージを基に，用具を効果的に使い分け，表したい立体を表現する。
○作品を鑑賞し，制作の意図や工夫を感じ取る。

## 評価規準

| 評価の観点 | 各観点の評価規準例（B） | Aと評価するキーワードの例 |
|---|---|---|
| 美術への関心・意欲・態度 | 抽象的な立体表現に関心をもち，主体的に創造的な工夫をして表したり，表現の工夫などを感じ取ったりしようとしている。 | 継続的に意欲をもちながら自主的に必要な資料を用意しようとしている。 |
| 発想や構想の能力 | 自然物や心のイメージなどを基に主題を生み出し，単純化や強調，構成の仕方などを考え，創造的な構成を工夫し，表現の構想を練っている。 | 主題を深める独創的な構成を工夫し，試行錯誤しながら構想を練っている。 |
| 創造的な技能 | 材料の性質や用具の特性を生かし，表現意図に合う新たな表現方法を工夫するなどして創造的に表現している。 | 材料や用具の特性を効果的に生かして表現を追求し，制作している。 |
| 鑑賞の能力 | 造形的なよさや美しさ，表したいイメージを基にした主題と創造的な表現の工夫などを感じ取り，自分の価値意識をもって味わっている。 | 根拠を明確にして深く味わい，自分の価値意識をもって味わっている。 |

## 学習の流れ

関…美術への関心・意欲・態度　発…発想や構想の能力　創…創造的な技能　鑑…鑑賞の能力　【　】…評価方法

| 活動内容 | 指導者の働きかけ | 評価 | 留意点及び評価方法など |
|---|---|---|---|
| **導入（鑑賞）50分**<br>●モエレ沼公園（イサム・ノグチ）の鑑賞<br>・札幌を代表するアートを体感できる公園の魅力や，抽象彫刻の美しさ，環境との調和について味わう。 | ●身近に素敵なアートがあることに気づかせる。<br>●イサム・ノグチの情熱的な生き方に気づかせる。 | 関<br>鑑 | ●札幌らしさを感じる抽象彫刻に関心をもたせる。<br><br>【鑑賞の様子】<br>【ワークシートの記述内容】 |
| **展開1（制作）100分**<br>●抽象彫刻のイメージづくり<br>・自分なりの主題を決める。（美しい，楽しい，鋭いなど）<br>・材料の条件を理解する。（バルサ材5×5×15cm） | ●難しく考えさせない指導の工夫をする。<br>●参考作品の効果的提示に留意する。 | 関<br>発 | ●頭に浮かんだものをどんどんスケッチする。<br>【活動の様子】<br>【アイデアスケッチ】<br>●油粘土，紐いじりの偶然から発想させる。<br>●具体物の単純化を考えさせる。<br>●○，△，□などの図形から発想させる。 |
| **展開2（制作）200分**<br>●材料への彫刻<br>・図案を転写する。<br>・糸鋸，カッターナイフを使用し彫刻を進める。<br>・紙やすりで仕上げる。 | ●糸鋸で削れるものは削らせる。<br>●紙やすりは120，240，320，800番を使用し，仕上げさせる。 | 発<br>創 | ●粗め〜細めで磨くことによって完成度を高める。<br><br>【制作の様子】<br>【制作途中の作品】 |
| **展開3（制作）100分**<br>●塗装<br>・アクリル絵の具の特性を理解し，塗装する。（ジェッソで下塗りする→絵の具×2から3→ものによってはグロス仕上げ） | ●筆の使い方，絵の具の水加減について指導する。<br>●金，銀，絵の具も今回は使用可なことを伝える。 | 発<br>創 | ●時間をかけて高級素材に取り組ませることにより，絵の具や塗りの美しさ，楽しさに気づかせたい。<br>【制作の様子】<br>【制作途中の作品】 |
| **まとめ（鑑賞）50分**<br>●鑑賞・交流<br>・鑑賞ワークシート記入。<br>・表現意図や，制作上の工夫について発表し合い互いの作品のよさを味わう。 | ●表現意図，イメージを相手にわかりやすく伝えるよう指導する。 | 関<br>鑑 | ●友人の作品の形のよさや美しさ，意味を感じ取らせる。<br>【鑑賞の様子】<br>【発表内容】 |

絵や彫刻など　表現　3年

# パブリック・アートに挑戦 〜札幌の街に彫刻を〜

第3学年　A 表現 (1)(3)　B 鑑賞　時間数 11時間

## 題材設定の理由

「パブリック・アート」は美術作品を街の広場や公園などの公共の場に設置・展示され、いつでも年齢や性別を問わず自由に鑑賞ができる身近な「アート」である。しかしながら生活の中でそれを意識してよさを味わったり、その存在意義について考えることはほとんどない。中学校年代の子どもたちにとって美術作品を鑑賞するということはとても崇高で特別なことであり、美術館やアトリエで作品を鑑賞することだととらえている者も多くいる。そこで本題材ではイサム・ノグチ氏が設計した「モエレ沼公園」をはじめ、札幌に点在する野外彫刻作品の鑑賞を通して身近な生活の中で生きる美術の役割について気づかせたい。また、身近な地域のよさや美しさについて様々な視点から見つめ直し、自分の見方や感じ方を基にイメージを膨らませ、抽象彫刻で生き生きと表現させたい。

## 準備物

**(教師)** モエレ沼公園をはじめ札幌各地にある野外彫刻の写真（プレゼンテーションソフトを使って提示）、油粘土、高麗石、彫刻刀、印刀、精密ヤスリ、ニードル、電動鋸、ケント紙、イラストボード、色鉛筆、色画用紙、クレヨンなど

**(生徒)** 新聞紙、ポスターカラーセット、教科書、資料集、スケッチブック、筆記用具など

## 学習目標

○主題などを基に想像力を働かせて、空間や材料から受けるイメージを大切にしながら心豊かな表現の構想を練る。
○パブリックアートの役割や抽象作品のよさや美しさについて関心をもち、想像力を働かせて主体的に表現しようとする。
○材料や用具の特性を生かし、完成のイメージをもちながら、自分の表現意図に合う表現方法を工夫し、創造的に表現する。

○完成した作品を鑑賞し表現意図や造形的なよさや美しさ、表現の工夫について感じ取り批評し合う。

## [共通事項]の例

環境や空間を意識した抽象的な表現の考え方を知り、形や色彩がもたらす印象や効果について考え、心豊かな表現の構想を練る。

作品例

## 評価規準

| 評価の観点 | 各観点の評価規準例（B） | Aと評価するキーワードの例 |
|---|---|---|
| 美術への関心・意欲・態度 | パブリックアートや抽象的な立体作品に関心をもち、想像力を働かせて主体的に表現しようとしている。 | 継続的に意欲をもちながら、自主的に必要な資料を用意する。 |
| 発想や構想の能力 | 感性や想像力を働かせて、自分たちの住む街の特徴について考え、自分なりのイメージを基に主題を生み出し、形や色彩の効果を生かして、構想を練っている。 | 主題を基に、形や色彩の効果を生かし、単純化や省略などを考えながら、独創的な表現の構想を練っている。 |
| 創造的な技能 | 材料や用具の特性を生かし、表したいイメージをもちながら自分の表現意図に合う新たな表現方法を工夫するなどして創造的に表現している。 | 材料や用具の特性を効果的に生かし、表現方法を工夫して創造的に表現している。 |
| 鑑賞の能力 | 形や色彩などの特徴や印象から、作者の心情や意図、創造的な表現の工夫を感じ取り、自分の価値意識をもって味わっている。 | 根拠を明確にして作品全体のイメージや、作者の意図を感じ取り、自分の価値意識をもって味わっている。 |

## 学習の流れ

凡例: 関…美術への関心・意欲・態度　発…発想や構想の能力　創…創造的な技能　鑑…鑑賞の能力　【 】…評価方法

絵や彫刻など　表現　3年

| 活動内容 | 指導者の働きかけ | 評価 | 留意点及び評価方法など |
|---|---|---|---|
| **導入（鑑賞）　50分**<br>● イサム・ノグチとモエレ沼公園の映像を視聴する。<br>● 自分なりに思ったことや感じたことをワークシートにまとめる。 | ● イサム・ノグチの作品や生い立ちについて知る。<br>● 思いを込めて作品を制作することや，作品に込められたメッセージについて考えるよう促す。 | 関<br>鑑 | 【鑑賞の様子】<br>【ワークシートの記述】<br>● 作者の作品づくりと人生観の関係性について触れる。<br>● 身近な環境の中に見られる彫刻などの造形的な美しさなどを感じ取る。 |
| **展開1（制作）　50分**<br>● 札幌の街の様々な抽象彫刻作品を鑑賞する。<br>● 鑑賞レポートを作成する。 | ● プレゼンテーションソフトを使って事前に撮影してきた様々な立体彫刻の写真を鑑賞する。<br>● 自分の身の周りにある野外彫刻作品について調べ，レポートにまとめるように促す。 | 関<br>発 | 【鑑賞の様子】<br>● 自分の身の周りにも抽象彫刻作品があることに気づかせ，積極的にレポートを作成するよう指導する。<br>【鑑賞レポートの記述】<br>● 図書室やPC教室などの活用を行う。 |
| **展開2（制作）　100分**<br>● 具象と抽象の違いについて考える。<br>● 私たちの住む街のイメージについて自分なりに考え，作品制作の主題（テーマ）を決定する。<br>● アイデアスケッチをする。 | ● 具象と抽象の違いについて考える。<br>　具象：イメージが限定されるもの。<br>　抽象：イメージが限定されず，多様に想像ができるもの。<br>● 街のイメージや作品を置きたい空間の特徴などをマッピングを使って考えるよう促す。<br>● 造形的なイメージの膨らませ方の例を提示して考えさせる。<br>例1：草木や動物など，自然物からイメージを膨らませるなど。<br>例2：風や雷など，自然現象からイメージを膨らませるなど。 | 関<br>発 | 【活動の様子】<br>● イメージがなかなか膨らませられない生徒には油粘土を渡し，完成をイメージさせながらモデリングさせ，それをスケッチするように促す。<br>【アイデアスケッチ】 |
| **展開3（制作）　200分**<br>● 決定したデザインを高麗石に下書きする。<br>● 印刀，彫刻刀，精密ヤスリを使って彫刻する。 | ● 道具の特徴と基本的な扱い方について確認をする。<br>● 形の効果や単純化，省略などを考えながら制作するように促す。 | 発<br>創 | ● 実物投影機で道具と基本的な使い方の説明を行う。<br>【制作の様子】<br>【制作途中の作品】 |
| **展開4（制作）　100分**<br>● 空間の効果について考えさせ，背景を制作する。 | ● 抽象作品と空間の関係性を考えて，表現意図に合った背景を考えるよう促す。<br>● 空間の効果をねらった考え方の例を挙げる。<br>例1：調和：空間に溶け込ませる。<br>例2：変化：空間に変化をつける。<br>例3：主役：作品を空間の象徴に。 | 発<br>創 | 【制作の様子】<br>● 背景の画材や表現方法は自分の表現意図に合ったものを選択し，準備を行う。<br>【完成作品】 |
| **まとめ（鑑賞）　50分**<br>● 作品鑑賞会を行う。<br>● 作者の意図や表現方法の工夫について考える。 | ● 作者の作品に込めた思いや色彩や形の工夫など，そのよさを味わう。<br>● 生活を美しく豊かにする美術の働きについて考えるよう促す。 | 関<br>鑑 | 【鑑賞の様子】<br>【ワークシートの記述】 |

# 植物を基にした抽象彫刻をつくろう

第3学年　A 表現 (1)(3)　B 鑑賞　時間数 12時間

## 題材設定の理由

中学1年生では「粘土でミニシャツ制作」で彫刻の基本を学習し，2年生では「具象物でイメージの世界」を立体表現する作品に取り組んだ。表現の世界をさらに広げるために，3年生では抽象彫刻に取り組ませたいと考えた。ガウディのサグラダファミリアを例に，植物をイメージのよりどころとして，粘土で制作する学習形態とした。各自の選んだ植物の特徴をとらえ，作品に生かしながら抽象化の方法を考えさせ，その流れを一度スケッチさせることで，イメージの再構築をさせようと考えた。素材は軽量粘土なので，細部までの表現が可能である。粘土を動かしながらさらなるイメージへと発展させることができる。形の完成後は着色によって，色での感覚も養いたい。

## 準備物

（教師）合成粘土，学習カード，流れの用紙，抽象化の参考例，粘土べら，木工ボンド，つま楊枝（ジョイントの芯材として）など

（生徒）身近な植物のスケッチ（夏休み課題），スケッチブック，教科書，美術資料，筆記用具，絵の具など

## 学習目標

○資料集を使い，抽象彫刻について理解する。
○「○△□」を使って抽象表現へのイメージトレーニングをする。
○各自の植物スケッチを基に，アイデアを練る。
○アイデアの流れをプリントにまとめてみて抽象化を決定する。
○完成予想図を描いてみて，粘土で制作する。
○乾燥後，色の効果を考えて着色する。
○作品を鑑賞し，制作の意図や工夫を感じ取る。

## [共通事項]の例

現代彫刻に見られる表現方法を参考に形や色彩の感情効果を生かし，構想を練る。

作品例

## 評価規準

| 評価の観点 | 各観点の評価規準例（B） | Aと評価するキーワードの例 |
|---|---|---|
| 美術への関心・意欲・態度 | 抽象彫刻に関心をもち，主体的に創造的な工夫をして表したり，表現の工夫などを感じ取ったりしようとしている。 | 継続的に意欲をもちながら自主的に必要な資料を用意するなど |
| 発想や構想の能力 | 植物のイメージを基に主題を生み出し，単純化や強調，構成の仕方などを考え，創造的な構成を工夫し，表現の構想を練っている。 | 主題を深める独創的な構成を工夫し |
| 創造的な技能 | 材料や用具の特性を生かし，表現意図に合う新たな表現方法を工夫するなどして創造的に表現している。 | 材料や用具の特性を効果的に生かし |
| 鑑賞の能力 | 造形的なよさや美しさ，主題と表現の工夫などを感じ取り，自分の価値意識をもって味わっている。 | 根拠を明確にして深く味わって |

| 学習の流れ | 関…美術への関心・意欲・態度　発…発想や構想の能力　創…創造的な技能　鑑…鑑賞の能力　【　】…評価方法 |

絵や彫刻など　表現　3年

| 活動内容 | 指導者の働きかけ | 評価 | 留意点及び評価方法など |
|---|---|---|---|
| **導入（鑑賞）　50分**<br>● 抽象彫刻の特徴を知り学習カードにまとめる。<br>●「○△□」で平面的な抽象感覚を確かめる。<br>● 抽象化の要素を知り，各自の考えに生かしてアイデアスケッチを始める。 | ● 夏休みの課題に，身近な植物のスケッチをさせる<br>● 具象と抽象の違いに気づかせ，抽象作品のできるまでをイメージさせる。<br>● イメージカードに「○△□」を使った平面抽象を考えさせる。<br>● スケッチブックに思いついた案を描かせる。 | 関<br><br>鑑 | ● 具象彫刻と抽象彫刻の作品の違いに気づくことができる。<br>【学習の態度】<br><br>● イメージをカードに描く。<br>● 作品のイメージをスケッチブックに描く。<br>【カードやスケッチブックの内容】 |
| **展開1（発想・構想）　150分**<br>● アイデアスケッチを決定する。<br>● 考え方の流れをプリントにまとめる。 | ● アイデアのヒントを提示する。<br>・単純化・省略・強調<br>・繰り返し・積み重ね・再構築　など<br>●「流れ」の記入例を提示する。<br>・スケッチブックを見直し，アイデアの流れを描いてみることによって，さらなるひらめきに出会わせる。 | 発 | ● より抽象化をめざし，創意工夫がなされている。<br><br>● アイデアの流れに，さらに枝分かれしたアイデアが見られるよう示唆する。<br>【「アイデアの流れ」カード】 |
| **展開2（制作）　350分**<br>● 学習カードに完成予想図を描く。<br>● 粘土で制作する。 | ● 完成予想図を描くことによって，でき上がりの大きさや向きや量感を予想させる（粘土を使い切る大きさの作品を目指す）。<br>● つくる手順を考えさせる。<br>・上に伸びたり広がったりする作品はあらかじめ粘土で芯をつくって固めておくとつくりやすい（使用する粘土の性質から，乾いても継ぎ足して制作できることを告げる）。 | 発<br><br>創 | ● 完成予想図が全体の形がわかる方向から描かせる。<br>【学習カード】<br>● 粘土の特性を生かして，つくり方の手順を考え，制作させる。<br><br>● 制作途中に絵の具を練り込んだりする方法もあることを示唆する。<br>【制作途中の作品】 |
| **まとめ（自己評価・鑑賞）　50分**<br>● 自己の作品について，感想や意見，解説などをカードに書く。<br>● 作品を展示して，互いに鑑賞する。 | ● 作品の仕上がりの様子や，着彩の仕方など，自分の反省と他の意見を比較しながら，自己の作品を見つめさせる。<br>● 他の作品のよさを認め，意図やねらいに気づかせる。 | 関<br><br>鑑 | ● よさや作品としての美的センスなどを感じ取らせる。<br>【鑑賞の様子】<br>【鑑賞カード・自己評価カード】 |

# 交いの美を見つめて～甲斐絹の美しさ～

第3学年　B鑑賞　時間数 1時間

## 題材設定の理由

山梨県の甲斐絹という伝統工芸の巧みな技から生み出される美しさ，作品への思いなどのメッセージ性をもった布を鑑賞することで，既成概念にとらわれず，各自の価値観で布を観察し，新たな価値意識が生み出されると考えた。また，工芸品の色彩や形態，素材，文化性に触れることで，美術文化の継承の大切さについて考えることができると思う。そして，友だちと感じたことや考えを伝え合い鑑賞し合う活動を通してお互いの価値を認め合い，身近な美術を鑑賞する楽しみや喜びを味わい，自分の価値意識を深く見つめることができると考えこの題材を設定した。

指導に当たっては，復刻した甲斐絹や他の絹織物，昔の羽織などを示し，より深く伝統工芸の意義や美しさを考えさせるようにしたい。また，鑑賞中にグループ活動を行う場を設けることで，感じ方や見方を広げて鑑賞ができるようにし，小さな集団で生徒が自由に，そして感性豊かに発想ができるような雰囲気をつくり，より深い鑑賞ができるようにしたい。

## 準備物

（教師）繭玉，甲斐絹，白布，蚕のDVD　昔の羽織，ワークシート，記入用シート，ペン，顕微鏡，虫眼鏡，写真など
（生徒）筆記用具など

## ［共通事項］の例

素材のよさや特性，形や色彩などに着目し価値意識を深める。

江戸時代の羽織
（裏地に甲斐絹を使用）

繭玉

蚕と桑葉

## 学習目標

○地域の身近な美術や伝統と文化に対する理解を深める。
○伝統工芸のよさや美しさ，巧みな技の中から見出される美しさなどを味わう。
○美術文化の継承の大切さや工芸品の創造への関心を高める。

## 評価基準と「4つの力」

### 評価規準

| 評価の観点 | 各観点の評価規準例（B） | Aと評価するキーワードの例 |
|---|---|---|
| 美術への関心・意欲・態度 | 身の回りの造形や美術作品，生活を美しく豊かにする美術の働きや美術文化などに関心をもち，主体的に見て，感じ，継承と創造への関心を高めようとしている。 | 継続的に意欲をもちながら |
| 鑑賞の能力 | 感性や想像力を働かせて，造形的なよさや美しさ，創造的な表現の工夫，目的や機能との調和のとれた洗練された美しさなどを感じ取り，味わい，生活を美しく豊かにする美術の働きや美術文化などについて理解を深めている。 | 根拠を明確にして深く味わって 広い視点から根拠を明確にして的確に理解し |

### 4つの力

美術文化への関心を…　　　　　　　　　　手と目とを使って
　　　　　　　　　　　　　　　　　　　　そして心も…

| Ⅰ「高める」 | Ⅱ「思い付く」 | Ⅲ「工夫する」 | Ⅳ「深める」 |

## 学習の流れ

関…美術への関心・意欲・態度　発…発想や構想の能力　創…創造的な技能　鑑…鑑賞の能力　【　】…評価方法

| 活動内容 | 指導者の働きかけ | 評価 | 留意点及び評価方法など |
|---|---|---|---|
| **導入　5分**<br>● 繭玉，蚕の映像，絹糸の束を見る。<br>● 甲斐絹と白い布を見る。<br>●「4つの力」を確認する。 | ● 繭玉を見たり触れさせたりし，絹について理解させる。<br>●「4つの力」を提示し，今日の学習の確認をする。 | 関 | 【学習の態度】 |
| **展開1（前段）　15分**<br>● 導入で提示した布をじっくり見る。<br>● 触ったり，虫眼鏡や顕微鏡を使ったりして，3種類の布を見比べ，違いや感想を提示用シートに班で記入する。<br>● 記入用シートを黒板に提示する。<br>● 色の付いた布が甲斐絹であることを知る。<br> | ● 触らずに布を見るように説明する。<br>● 様々な方法で鑑賞する。<br>● 疑問（赤），感想（青）をペンで記入する。記入した所に名前を書く。<br>● 意見交換やイメージを言葉にできるように助言する。<br>　→甲斐絹について話をする。<br> | 鑑 | ● 甲斐絹の美しさや機能などに関心をもつ。<br>【鑑賞の様子・つぶやき・記入シート】<br><br> |
| **展開2（後段）　20分**<br>● 布を織った職人さんの話を聞く<br>● 疑問に思ったことに対して話を聞き，甲斐絹への思いを知る。<br>● 話を聞いて，もう一度布を鑑賞する。鑑賞しながら職人さんに質問をし，考えを深める。<br> | ● 生徒の疑問に答え，甲斐絹を考えるきっかけとなるような話をする。<br>● なぜ甲斐絹を継承し，伝統文化を守っているのかを伝える。 | 鑑 | ● 甲斐絹の創造的な表現の工夫などを感じ取る。<br>【鑑賞の様子・つぶやき・記入シート】<br> |
| **まとめ　10分**<br>● 感想をワークシートに記入し，発表する。<br>● 江戸時代の甲斐絹を使った羽織と現代の甲斐絹で作られたネクタイを紹介する。<br> | ● 伝統工芸の継承や授業の内容について感想が書けるようにする。<br>● 時代に合わせた伝統の継承の仕方があることを伝える。<br> | 鑑 | ● 自分の価値意識をもって味わい，理解を深める。<br>【記入シート・発言の内容】<br> |

デザインや工芸など　鑑賞　3年

# 目指せ！ネイルアーティスト

第3学年　A 表現 (2)(3)　B 鑑賞

時間数 **6** 時間

## 題材設定の理由

本校では生徒全員にTPC（タブレット型パソコン）が貸与され，すべての教科や学校行事で積極的に利活用されている。美術の授業においても一斉指導は電子黒板で行い，観賞や資料探しはTPCで行うことが定番となっている。しかし実際の制作は，やはり手を動かしてみないと始まらないので，風景を描いたり，色面構成やクロッキーに取り組んだりと，1年生のうちから基礎・基本の徹底には力を入れている。だが昨今，さまざまな情報を得ている子どもたちは，それだけでは満足してくれない。そこで，短時間ながら発想力と技能が問われ，しかも子どもたちが喜んで飛びついてくれる題材として「ネイルアート」を試してみることにした。前半は色鉛筆を用いてのアイデアスケッチ，後半はマニキュアを用いて実際の制作。およそ1cm四方の小さなものだが，一人一人の個性が詰まった作品が期待できると思う。

## 準備物

（教師）Power Point資料，アイデアスケッチ用ケント紙，評価表，ネイルチップ，マニキュア，トップコート，リムーバー，ストーンパウダーなど
（生徒）筆記用具，色鉛筆，TPC（資料集めに利用）など

## ［共通事項］の例

色彩や図柄の工夫による表現の多様性を意識し，構想を練る。

## 学習目標

○独自のテーマを追求し，色彩や図柄を工夫して表現の構想を練る。
○材料や用具の特性と装飾性などを総合的に考慮して，見通しをもって表現する。
○友だちのよさを認めながら，互いに批評し合うなどして，作品を幅広く味わう。

## 評価規準

| 評価の観点 | 各観点の評価規準例（B） | Aと評価するキーワードの例 |
|---|---|---|
| 美術への関心・意欲・態度 | ネイルアートに関心をもち，主体的に創意工夫して表したり，表現の工夫などを感じ取ったりしようとしている。 | 継続的に意欲をもちながら |
| 発想や構想の能力 | 身につける人の好みやTPOを考慮し，造形的な美しさを色彩や図柄などの効果を生かして総合的に考え，表現の構想を練っている。 | 独創的で洗練された構成を工夫し |
| 創造的な技能 | 材料や用具，表現方法の特性を理解し，自分なりの工夫を加えながら，着彩の順序などを総合的に考え，見通しをもって表現している。 | 効果的，効率的な |
| 鑑賞の能力 | 色彩や図柄などの美しさの調和と，作品に込められた作者の思いや願いなどを感じ取り，自分の価値意識をもって味わっている。 | 根拠を明確にして深く味わって広い視点から根拠を明確にして的確に理解し |

## 学習の流れ

関…美術への関心・意欲・態度　発…発想や構想の能力　創…創造的な技能　鑑…鑑賞の能力　【　】…評価方法

| 活動内容 | 指導者の働きかけ | 評価 | 留意点及び評価方法など |
|---|---|---|---|
| **導入（説明・鑑賞）20分**<br>● ネイルアートについて知る。<br>● さまざまなネイルアートを鑑賞する。 | ● Power Pointで、材料や用具、制作過程についての資料を準備する。<br>● 参考のために先輩の作品を用意する。<br>● 個人用のTPCを使い、自由に検索させる。<br>● 漫然と見るのではなく、自分の表現の方向性を意識させながら鑑賞させる。 | 関<br><br>鑑 | ● 電子黒板を用いて一斉指導をし、関心をもたせる。<br><br>【鑑賞の様子】<br>● 検索ワードを「ネイルアート」に限る。<br><br>【後日の筆記テスト】 |
| **展開1（制作）80分**<br>● 色鉛筆を用いてアイデアスケッチをする。 | ● 身につける人を自由に想定させ、その人の好みやTPOを考慮するよう指示する。<br>● 指先を模した印刷を施したアイデアスケッチ用のケント紙を準備する。 | 発 | ● 色鉛筆では表現しにくいところもあるので、大まかな下絵でよいことを伝える。<br><br>【制作の様子・アイデアスケッチ】 |
| **展開2（制作）170分**<br>● アイデアスケッチを基に、ネイルチップに彩色する。<br>● 色彩や図柄との調和を考え、自分なりの工夫を加えた装飾を施す。 | ● ベースコートからトップコートへと進む制作過程の再確認をする。<br>● 美しく仕上げるために、基本的な用具の使い方について再確認する。<br>● 互いに教え合い、励まし合って、丁寧な制作を心がけるよう指示する。 | 発<br>創 | ● 時間短縮のため、片手分（5個）の制作とする。<br>● 電子黒板を自由に操作できるようにして、再確認しやすい環境を整える。<br><br>【制作の様子】<br>【制作途中の作品】 |
| **まとめ（鑑賞）30分**<br>● 自分の作品について感想を書き、評価をする。<br>● 友だちの作品を鑑賞し、気づきを書く。 | ● 工夫した点や作品のよさを中心に評価させる。<br>● 友だちの思いや願いなどを感じ取れた生徒に発表させる。 | 関<br>鑑 | ● 友だちの計画性や発想のよさ、努力する態度などに気づかせる。<br>【鑑賞の様子】<br>【感想文・評価表・発表内容】 |

デザインや工芸など　表現　3年

# 長崎くんちん手んげんばプロデュースすうで
## ～長崎くんち手ぬぐいをプロデュースしよう～（版画）

**第3学年** | **A 表現 (2)(3)** | **B 鑑賞** | 時間数 **6**時間

### 題材設定の理由

長崎では10月に伝統行事である「くんち」が行われる。特に諏訪神社で行われるくんちは全国的にも有名で各地から多くの観光客が訪れる。本校梅香崎地区でも「大浦くんち」が行われ，生徒たちにとっても大変身近で，心躍るものとなっている。そこで，本題材では，くんちの出し物にちなんでつくられる「手ぬぐい」に着目した。7年に一度，奉納踊りを見せる踊り町では，出し物を生かしたデザインの手ぬぐいを制作している。長方形の手ぬぐいの中に龍やコッコデショといった様々な絵柄が美しく見る者を楽しませるようにデザインされている。これもまた，県内外のくんちファンには楽しみの一つでもある。そこで，長崎・くんちをテーマにオリジナルの手ぬぐいを制作することで，身近な伝統文化のよさを再確認することができると考える。

### 準備物

（教師）パソコン，テレビ，書画カメラ，くんち長崎の風景写真や資料，ワークシート，インク，手ぬぐい，シルクスクリーン版，スキージ，古布など

（生徒）新聞紙，ティッシュペーパー，パレット，セロハンテープなど

### ［共通事項］の例

模様の形や色彩がもたらす感情効果を生かし，構想を練る。

### 学習目標

○くんちを通して身近な伝統文化のよさを再確認し，生活の中の美術に興味関心をもつ。
○手ぬぐいの形を考慮し，空間構成を工夫したデザインをする。
○シルクスクリーンの特性を知り，効果的に手ぬぐいに印刷する。
○表現活動や鑑賞会を通して，お互いの作品のよさや美しさを発見し，認め合う。

### 評価規準

| 評価の観点 | 各観点の評価規準例（B） | Aと評価するキーワードの例 |
|---|---|---|
| 美術への関心・意欲・態度 | くんち手ぬぐい制作に関心をもち，主体的に創意工夫して表したり，表現の工夫などを感じ取ったりしようとしている。 | 継続的に意欲をもちながら 自主的に必要な資料を用意する など |
| 発想や構想の能力 | 写真や資料などを基に単純化や強調，構成の仕方などを考え，模様の形や色彩などを簡潔にしたり総合化したりするなどして表現の構想を練っている。 | 独創的で洗練された構成を工夫し |
| 創造的な技能 | カッティングシートを使ってシルクスクリーン版の制作を行い，インクの色を考え，スキージで手ぬぐいの布に刷るなど，手順などを総合的に考えながら見通しをもって創造的に表現している。 | 効果的，効率的な |
| 鑑賞の能力 | 模様のデザインや配置の工夫から，洗練された美しさやつくり手の意図などを感じ取り，自分の評価意識をもって味わっている。 | 根拠を明確にして深く味わって |

## 学習の流れ

関…美術への関心・意欲・態度　発…発想や構想の能力　創…創造的な技能　鑑…鑑賞の能力　【 】…評価方法

| 活動内容 | 指導者の働きかけ | 評価 | 留意点及び評価方法など |
|---|---|---|---|
| **導入（鑑賞）　50分**<br>● 題材の学習活動について知る。<br>● 題材の学習活動への（関心・意欲・態度）を高める。 | ● 教師が数枚のくんち手ぬぐいを見せ，班で鑑賞会を行い，そのもののよさ，美しさについて話し合い関心を深める。<br>● 長崎やくんちのよさについて改めて再確認し，自分の中のイメージを膨らませる。 | 関<br>鑑 | ● デザインの要素，その表現の工夫の仕方を，話し合いの中で発見させる。<br>【鑑賞の様子】<br>● くんち手ぬぐいに関心をもたせ積極的に資料集めをさせる。<br>【発言内容】 |
| **展開1（制作）　50分**<br>● 写真や資料などを基に単純化した模様を考える。<br>● 単純化した模様を基に構図を練り，アイデアスケッチ（下絵）をする。 | ● 龍踊りやコッコデショといったくんちの出し物をすべて挙げ，その中から自分がつくりたいものを選ぶようにする。<br>● 単純化した模様がすべてくんちに関連するものではなく，長崎らしい模様も考えてよいものとする。<br>● 古典的な和風柄なども参考にさせ，一助とする。 | 関<br><br>発 | 【学習の態度】<br><br>【アイデアスケッチ】<br>単純化した模様をリズミカルに並べるなど構図にもこだわるように伝える。 |
| **展開2（制作）　150分**<br>● シルクスクリーン版の制作手順を理解する。<br>● 下書きに沿ってカッティングシートを切り抜く。<br>● 切り抜いたシートをシルクスクリーン版に接着させる。<br>● 印刷台を準備する。<br>● インクの色を考え，スキージで手ぬぐいの布に刷る。 | ● シルクスクリーンの技法を踏まえて活動を理解させる。<br>● 下絵の線に沿って図柄の部分を切り抜くように指示する。<br>● 切り抜いたシートを上にスクリーンを置いて密着させる。<br>● 布と印刷面が素早く離れるように，枠の裏面に2～3mmの厚紙を敷き，版の浮かしをつくる。<br>● 布を版の下に入れ，インクを版上に置き，スキージの角度に注意して一定の強さで刷る。 | 発<br><br>創 | ● 手元がわかるようにTVなどで見せながら説明をする。<br>【制作の様子】<br><br>【制作途中の作品】 |
| **まとめ（鑑賞）　50分**<br>● 友だちの作品を鑑賞し，自分の意見を発表し合う。 | ● 自らの作品に愛着をもち，誇りをもって紹介することができるように班での話し合いのルールを設定し，説明する。 | 関<br>鑑 | 【鑑賞の様子】<br>● 友だちの作品の意味，よさや美しさ，表現の面白さを感じ取らせる。<br>【発表の内容】 |

デザインや工芸など　表現　3年

# 卒業制作　ポップアップブック

第3学年　　A 表現 (2)(3)　　B 鑑賞　　時間数 14時間

## 題材設定の理由

本校では第1学年から第3学年までに，日本美術史・西洋美術史を学ぶ。卒業にあたり，義務教育最後の集大成として3年間で学んだ美術史をまとめ1冊の「ポップアップブック」を制作することで，卒業記念になり，生徒が生涯に渡って，制作した「本」を愛好していくことをねらいとしている。この本の制作にあたり，自分が興味のある美術史もしくは作家について，自ら調査・情報を収集する関心・意欲・態度，発想や構想の力を高め，ポップアップブックの「表紙」制作では，今までに積み上げた水彩画およびレタリングの技能を発揮し，「ポップアップ」制作では，身近な紙を使って小学校第3・4学年で既習する「飛び出すカード」による紙工芸をさらに発展させることができる。古今東西の美術作品を立体化するという，世界にたった一つしか存在しない作品を制作する喜びもある。また，自分の制作した本は，自分の思いが大きい。そのため，友だちの前で本の説明を堂々とアピールをすることができる。それにより「言語活動の充実」につながる。この制作は美術教育のすべての分野を含んでいるので，「総合的な美術」とも言える。

## 準備物

(**教師**) パワーポイントによる参考資料（日本美術史・西洋美術史，ポップアップブックの参考作品，ポップアップブックの制作手順），ポップアップ制作に必要なあらゆる種類の用紙，カッターナイフ，カッターマット，はさみ，50cm 定規など

(**生徒**) 収集した資料，水彩絵の具，ポスターカラー，三角定規，糊など

## 学習目標

○古今東西の美術史の学習を達成する。
○水彩画，レタリング，紙工芸，本のデザインを表現する。
○完成した作品を鑑賞し，自分の作品をアピールすることで自分の学んだことを改めて理解すると同時に，友だちの作品のよさを味わう。

## [共通事項]の例

調査した作品の形や色彩，紙工芸に使う種類の特徴などを基に，表現の構想を練る。

表紙・裏表紙

ポップアップ

## 評価規準

| 評価の観点 | 各観点の評価規準例（B） | Aと評価するキーワードの例 |
|---|---|---|
| 美術への関心・意欲・態度 | メッセージを伝えるポップアップブックの表現に関心をもち，主体的に創意工夫して表したり，表現の工夫などを感じ取ったりしようとしている。 | 継続的に意欲をもちながら 自主的に必要な資料を用意する など |
| 発想や構想の能力 | メッセージが伝わるように，形や色彩の効果を生かして，わかりやすさや美しさなどを考え，表現の構想を練っている。 | 独創的で洗練された構成を工夫し |
| 創造的な技能 | 紙や描画材料の特性を生かし，表現意図に合う新たな表現方法を工夫するなどして，手順などを総合的に考えながら見通しをもって表現している。 | 効果的，効率的な |
| 鑑賞の能力 | 伝えることと形や色彩などとの調和のとれた洗練された美しさ，ポップアップブックの効果などを生かしたつくり手の意図などを感じ取り，自分の価値意識をもって味わっている。 | 根拠を明確にして深く味わって 広い視点から根拠を明確にして的確に理解し |

## 学習の流れ

関…美術への関心・意欲・態度　発…発想や構想の能力　創…創造的な技能　鑑…鑑賞の能力　【 】…評価方法

| 活動内容 | 指導者の働きかけ | 評価 | 留意点及び評価方法など |
|---|---|---|---|
| **導入（鑑賞）50分**<br>● 卒業制作「ポップアップブック」の制作手順を知る。<br>● 「本」として制作したい内容を決定し、「表紙部」と「ポップアップ部」に分けて制作計画を立てる。<br>● 「表紙」と「ポップアップ」のアイデアスケッチをする。 | ● 事前に、これまでの復習である日本美術史、西洋美術史をパワーポイントで復習を行う。<br>● ポップアップブックの作品例を示す。<br>● 紙による立体化（ポップアップ）の仕組みを教え、考えさせる。 | 関<br><br>鑑 | ● 本の制作に必要な資料を意欲的に収集できているかを見取る。<br>【鑑賞の様子】<br>● 周囲の生徒同士が、制作する本について話し合う時間を設定する。<br>【話し合いの様子】 |
| **展開1（制作：表紙の部）300分**<br>● 表紙の構想を練り、レイアウトを考える。<br>● 表紙の「絵画」部分は水彩絵の具で着彩する。<br>● 「題字」や「作者名（自分の名前）」部分はレタリングを行い、ポスターカラーで着彩する。<br>● 「本のコメント」「出版社」「値段」「バーコード」をペンで記載する。<br>● 表紙をラミネート加工する。 | ● 「本」は、本屋の棚に置くことを想定し、どんなレイアウトデザインが人の目を引くかを考えさせる。<br>● 「水彩画の着彩の仕方」「レタリングのかき方」「ポスターカラーの着彩の仕方」の基礎基本を復習させる。<br>● ラミネート加工機の使い方を学ばせる。 | 発<br><br>創 | ● 自分が計画した本の内容に合う表紙絵やレタリングによる本のレイアウトができているかを見取る。<br>【制作の様子】<br>● 創造的な水彩表現方法ができているか、レタリング着彩において、ポスターカラーで溝引き等の技法が正確に表現できているかを見取る。<br>【制作途中の作品】<br>● 途中作品を発表し合ったりして生徒がお互いのよさや、制作のヒントを学ぶ。<br>● 途中作品を教室の前面に掲示し、人の目を引く作品になっているかを確認させる。 |
| **展開2（制作：ポップアップの部）300分**<br>● 自分が表現したい場面を紙で立体的に表現する工夫をアイデアスケッチで表現する。<br>● 自分がつくりたいポップアップのミニチュア（4分の1）の試作品を作成し、ポップアップの構造を確認する。<br>● ポップアップの部品をつくり、水彩絵の具で着彩する。<br>● ポップアップの台紙を着彩し、部品を貼付する。<br>● ポップアップ部と表紙部を貼り合わせ、製本を行う。 | ● ポップアップの制作方法を三つに分け、自分のつくりたいポップアップの制作方法を確認させる。<br>● 小4で学んだ「飛び出すカード」を復習する。<br>● 自分のつくりたい場面がポップアップで表現できるかを、試作品で確認させる。<br>● ポップアップの制作が、部品づくり、着彩をする、部品を貼り付ける台紙に着彩をする手順であることを伝え、制作させる。<br>● 表紙部とポップアップ部の貼り付け製本方法を教える。 | 発<br><br>創 | ● 紙工芸の構造を理解し、そのもち味の生かし方を考えて、立体的・独創的で豊かな発想ができたかを見取る。<br>【アイデアスケッチ】<br>● 独自のアイデアを、試作品で繰り返し試し、立体的な構造を工夫し、実際に紙で立体表現ができたかを見取る。<br>【作品】<br>● ポップアップの部品が細かいので、各自、袋を用意させ、毎時間ごとに袋の中に細かい部品や制作途中の紙を片付けさせる。<br>● どうすればページを開くと「飛び出す」か、理解が不十分な生徒に試作品段階で指導する。 |
| **まとめ（鑑賞）50分**<br>● 作品発表会を行う。<br>● 本の出版社代表として、どのようにその本を「売り込む」か工夫し、みんなの前で自分の作品をアピールする。<br>● 友だち一人一人の本の制作のよさをノートに記入する。<br>● 発表の仕方がよい生徒もノートに記入する。 | ● 発表の仕方を伝える。 | 関<br><br>鑑 | ● 自分の選択した本の時代や作家を深く理解し、その説明をする。<br>【鑑賞の様子】<br>● 自分が工夫した点を的確にアピールする。<br>● 発表後、記入したノートを提出させ、鑑賞の様子を評価する。<br>【ノートの記述】 |

デザインや工芸など　表現　3年

# 標識で案内！ 安全に○○中学校へ避難

第3学年　A 表現 (2)(3)　B 鑑賞　時間数 9時間

## 題材設定の理由

不特定多数の人々に，様々な情報や複雑な事柄をわかりやすく正確に伝えるときに役立つピクトグラムについて理解する。また，それを通してユニバーサルデザインについて考える。

災害時に小中学校は地域の広域避難場所となる。その際，避難や支援物資を受けとるための情報を，文字だけでなく絵文字を通して必要な情報を示せば，混乱した状況下でもひと目で情報がわかり，また言語の違う国の人々が避難してきても役立つ。そこで，本校の設備を踏まえて避難に必要な情報を盛り込んだ場面設定用紙（食堂でパン，おにぎり，水，スープがもらえる。冷水機は水道管が破裂したため飲めない。体育館で毛布2枚を受け取れるなど）を基に，注意・警告・禁止・指示・案内の標識から必要なものを制作し，どのようにしたら避難者へわかりやすく正確に情報を伝えられるかを考える。

## 準備物

**(教師)** ワークシート，アイデアシート，キャプション用紙，鑑賞シート，振り返りシート，色画用紙，カッター，カッティングマット，はさみ，糊，ラミネーター，ラミネートシート，実物投影機，パソコン，プロジェクター，スクリーンなど

**(生徒)** 教科書，筆記用具など

## ［共通事項］の例

情報伝達に適切な色と単純化された形に着目し，理解する。

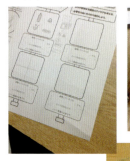

## 学習目標

○場面設定からそこに必要な標識をグループで考え，意見交流し自他の発想の違いを知り，個人の制作においてよりよい標識のデザインとなる構想を練る。
○切り絵でピクトグラムを単純化し，離れて見ても伝わる形を追求する。
○場面設定をもとに発想された標識であるか，鑑賞から自他の作品の表現方法の違いに対し価値意識をもって味わう。

## 評価規準

| 評価の観点 | 各観点の評価規準例（B） | Aと評価するキーワードの例 |
|---|---|---|
| 美術への関心・意欲・態度 | 標識という用途から簡潔なデザインになるよう興味・関心をもち，主体的に制作に取り組もうとしている。 | 継続的に意欲をもちながら |
| 発想や構想の能力 | 目的や条件などを基に形や色彩などの組み合わせを簡潔にするための構成を考え，表現するための構想を練っている。 | 独創的で洗練された構成を工夫し |
| 創造的な技能 | 発想・構想したことを基に，ピクトグラムで表す意味を効果的な形と色彩で表現している。 | 材料や用具の特性を効果的に生かし |
| 鑑賞の能力 | 自他の作品の鑑賞を通して，標識にするための表現の工夫，作者の意図などを感じ取り，自分の価値意識をもって味わっている。 | 根拠を明確にして深く味わって |

## 学習の流れ

関…美術への関心・意欲・態度　発…発想や構想の能力　創…創造的な技能　鑑…鑑賞の能力　【 】…評価方法

デザインや工芸など　表現　3年

| 活動内容 | 指導者の働きかけ | 評価 | 留意点及び評価方法など |
|---|---|---|---|
| **導入（標識について）　100分**<br>● ユニバーサルデザイン，ピクトグラム，JISが定める標識に用いられる形と色彩について知る。 | ● 多くの人々を対象とし使用されているデザインであること。また，身の回りのデザインについても興味をもたせる。 | 関 | ● 目的や機能についての工夫，簡潔な形による意味の伝達，標識に用いる形や色彩，その用途や違いについてなど，関心をもって取り組ませる。<br>【活動の様子】 |
| **展開1（制作）　50分**<br>● ピクトグラムの特徴と表現方法を知るため，人型ピクトグラムを描く。<br>● 各自のワークシートを実物投影機にてスクリーンに映し出し，全体で鑑賞する。 | ● 人型ピクトグラムを単純化するポイントを示す。<br>● 単純化のポイントを観点に鑑賞することを促す。 | 関<br>発 | ● 身体の特徴や関節の動きを意識し，ピクトグラムとしての条件を基に，なるべく簡潔な形で表そうとしている。<br>【活動の様子】<br>【ワークシート】<br>● 自他の表現方法の違いを知ろうと関心をもって鑑賞をしているかなどを見取る。 |
| **展開2（制作）　250分**<br>● 4人1グループで，場面設定から必要な標識を考え，発想を交流し構想を練る。<br>● 個人で標識として必要なピクトグラムを考えアイデアスケッチをする。また，標識として成立するよう適した配色を考える。<br>● アイデアスケッチを基に，色画用紙とはさみなどを用いて標識をつくる。<br>● 完成作品はラミネート加工し，キャプションを書く。 | ● 場面設定から，必要な標識を発想し，構想を練るよう促す。<br>● 標識に用いるピクトグラムとして，離れて見てもわかりやすい簡潔な形と配色になっているか，確認を促す。<br>● 毎時間始めに，他クラスの制作の様子を画像で紹介し，完成度の追求や，制作手順の確認などを行う。<br>● キャプションには，どのような場面で使われる標識かを書くよう促す。 | 発<br>創 | ● 場面設定に必要な標識をグループでの話し合いによって考え出すようにさせる。<br>● 標識の内容が伝わるピクトグラムとなるよう離れて見てもわかる形の簡潔さを追求させる。<br>【制作の様子・アイデアスケッチ】<br>● アイデアスケッチを基に，標識としての完成度を追求し，適した道具を用いて表現意図に合うような制作を促す。<br>【制作途中の作品・完成作品】 |
| **まとめ（鑑賞）　50分**<br>● クラス全員分の作品を鑑賞，コメントシートに感想を記す。 | ● 離れて見ても表現意図が伝わる内容，単純化された図案であるかを観点に鑑賞を促す。<br>● 自他の作品に対する表現方法や発想の違いを知り，自分の価値意識をもって味わう。 | 関<br>鑑 | ● 自他の作品に対する表現方法や発想の違いを知り，自分の価値意識をもって鑑賞をしているかなどを見取る。<br>【鑑賞の様子】<br>【コメントシートの記述】 |

# 校内に，こんなピクトがあったらいいな

第3学年　A 表現 (2)(3)　B 鑑賞

時間数 **7** 時間

### 題材設定の理由

本校の近くには国道や駅があり，生徒たちは様々なサインを目にしている。しかし，じっくりと見ていることは少ない。改めて身の回りにあるピクトグラムに注目し，伝えるための様々な工夫，形や意図によって年齢や国を超えて情報を伝達することができるデザインのすばらしさに気づかせたい。本題材では，校内に必要と思われるピクトグラムを制作する。実用性に加え，美しさやユーモアなどを込めてデザインすることで，美術が生活を豊かにするために役立つことを実感させたい。

### 準備物

（教師）参考資料，TV，実物投影機，配色カード，ケント紙（A4），ラミネーター，ラミネーターフィルムなど

（生徒）いろいろなピクトグラム，教科書，筆記用具，コンパス，定規，アクリル絵の具など

### 学習目標

○ピクトグラムの役割と形や色彩の効果を考え，他者の立場に立って，伝えたい内容を構想する。
○伝えたい内容を絵の具などの材料を生かして効果的に表現する。
○完成した作品を鑑賞し，表現意図や造形的な工夫について批評し合い，生活を豊かにするデザインの働きについて理解する。

### ［共通事項］の例

形や色彩などの感情効果を生かしながら，構想を練る。

生徒作品 1 　生徒作品 2

生徒作品 3 　生徒作品 4

### 評価規準

| 評価の観点 | 各観点の評価規準例（B） | Aと評価するキーワードの例 |
|---|---|---|
| 美術への関心・意欲・態度 | ピクトグラムに関心をもち，主体的に創意工夫して表したり，表現の工夫などを感じ取ったりしようとしている。 | 継続的に意欲をもちながら　自主的に必要な資料を用意する　など |
| 発想や構想の能力 | 伝えたい内容を多くの人々に伝えるために形や色彩などの効果を生かして，わかりやすさや美しさを考え，ユーモアなどを込めてピクトグラムのデザインの構想を練っている。 | 独創的で洗練された構成を工夫して |
| 創造的な技能 | 描画材料の特性を生かし，表現意図に合う新たな表現方法を工夫するなどして，手順などを総合的に考えながら見通しをもって表現している。 | 効果的，効率的な |
| 鑑賞の能力 | 伝えることと形や色彩などとの調和のとれた洗練された美しさ，つくり手の意図などを感じ取り，生活を美しく豊かにする美術の働きについて理解している。 | 根拠を明確にして深く味わって　広い視点から根拠を明確にして的確に理解し |

## 学習の流れ

凡例: 関…美術への関心・意欲・態度　発…発想や構想の能力　創…創造的な技能　鑑…鑑賞の能力　【 】…評価方法

デザインや工芸など　表現　3年

| 活動内容 | 指導者の働きかけ | 評価 | 留意点及び評価方法など |
|---|---|---|---|
| **導入（鑑賞）50分**<br>● ピクトグラムの役割を知る。<br>● いろいろなピクトグラムを鑑賞し，デザインの要素，工夫の違いを考える。<br>● 「校内にあったらいいな」と思うピクトグラムを考える（課題を把握する）。 | ● 事前に資料集めの課題を出しておく。<br>● どのような場所で，どのようにピクトグラムが役立っているか考えさせる。<br>● いろいろな資料や教科書を提示し，伝えたい内容を想像させ，形や色彩についての工夫を考えたり，書かせたりする。<br>● 校内で，日常呼びかけていること，守ってほしいこと，初めて来る方にとって便利だと思うものはないか考えさせる。 | 関<br>鑑 | ● ピクトグラムに関心をもたせ，積極的に資料を集めさせる。<br>【鑑賞の様子】<br>● テーマ，デザインの要素，その表現の工夫の仕方を，話し合いの中で発見させる。<br>【ワークシートの記述・発言内容・板書の記述】<br>● ワークシートに記入させたり，グループで話し合い，その内容を代表者が発表したり，板書させたりするなどして，テーマに広がりをもたせる。 |
| **展開1（制作）100分**<br>● 何のためのピクトグラムなのか，目的を考えながら効果的なデザインのアイデアスケッチをする。 | ● 様々な工夫を促すキーワードを提示する（生徒からの気づきも含めて）。例：体と頭のバランス，単純化，身の回りの情景，枠の色，形（○△□など），大きさ，ユーモア，ポジとネガ，色の意味，配色など。 | 関<br>発 | 【活動の様子】<br>【アイデアスケッチ】 |
| **展開2（制作）150分**<br>● 決定したデザインをケント紙に描く。<br>● アクリル絵の具で彩色する。集中して取り組む。<br>● 完成作品をラミネートする。 | ● 美しく丁寧に仕上げられるように基本的な絵の具，筆の扱い方について確認をする。<br>● 水の分量，混色する色の配合，適切な筆の選び方，使い方，配色カードの使い方など，基本的なことを確認する。<br>● 材料は，ケント紙にアクリル絵の具で描く（生徒作品1）他に，白いプラスチック板に黒のビニールシートを貼り合わせたものでカッターナイフで筋を入れてはがせるきりえ（生徒作品2・3・4）や白ダンボール紙に白，赤，青，黄の粘土（混色可能）を貼り付けて表現するなど，生徒の実態に合わせて選ぶこともできる。 | 発<br>創 | ● 塗る時に，手元がわかるように，近くに生徒を集めたり，実物投影機を用いてTVなどで見せるなどして説明をする。<br>【制作の様子】<br>【制作途中の作品】 |
| **まとめ（鑑賞）50分**<br>● 鑑賞会を行う。<br>● 形や色彩からどのような意味のピクトグラムか，鑑賞者に答えてもらう。<br>● 発表者は何か補足があれば説明をする。<br>● 自分がつくったピクトグラムの掲示場所を考え校舎配置図に記入する。 | ● 相互鑑賞によって，形や色彩がコミュニケーションツールとしての役割を果たしているのか検証させる。<br>● 鑑賞により，形や色彩から作品のねらいや目的を考えて発表をする。<br>● 校舎の配置図の拡大図を掲示し，印をつけさせる。<br>● 放課後実際に設置させる。 | 関<br>鑑 | ● 友だちの作品の意味，よさや美しさ，表現の面白さを感じ取らせる。<br>【鑑賞の様子】<br>【発表の内容】 |

# ワンルーム・マイ・ミュージアム

第3学年　A表現(2)(3)　B鑑賞　時間数 9時間

**題材設定の理由**

本校の3年生を対象にした美術のアンケート調査によると，「中学生になって美術館に足を運んだことがある」と答えた生徒は1割程度で，決して多くなかった。また，美術館に足を運んだ理由として「親に連れて行かれた」という項目が最も多く，自ら興味・関心を抱いて美術館に足を運んだ生徒はほとんどいなかった。さらに，学校では，さまざまな美術館のチラシを配付しているが，そのチラシを気にも留めず，かばんの中に仕舞い込む姿は珍しくない。しかし，「絵を描くことは苦手でも，見ることは好き」と答えた生徒は，実に7割を超えた。そこで，このような「絵を描くことは苦手でも，見ることは好き」という実態を生かし，自分の気に入った作品を選んで「オリジナルの美術展」を企画する題材を考えた。

**準備物**

（教師）作品の画像，木枠，ケントボード，ラベルシート，色鉛筆，各種資料など
（生徒）教科書，資料集，筆記用具，調べ学習のプリントなど

**［共通事項］の例**

形や色彩，材料の性質から伝わる感情効果を理解し，それらを基に発想し，構想を練る。

**学習目標**

○主体的に美術展の企画に取り組むことで，美術を愛好する心情を深める。
○他者に対して自分の企画の魅力やテーマを伝えるための構想を練る。
○形や色彩のもつ表現効果などの特性を考えながら，工夫して表現する。
○作品の背景を見つめたり，作家の生き方との関わりを捉えたりするなどして，幅広い視点で鑑賞する。

**評価規準**

| 評価の観点 | 各観点の評価規準例（B） | Aと評価するキーワードの例 |
|---|---|---|
| 美術への関心・意欲・態度 | 著名な美術作品に関心をもち，仲間と関わり合いながら見方や理解を深め，主体的に美術展の企画に取り組もうとしている。 | 自ら参考となる資料を進んで準備するなどして，継続的に意欲をもちながら制作に取り組もうとしている。 |
| 発想や構想の能力 | 自分が心動かされて選んだ作品群からテーマを発想し，他者に対して自分の企画の魅力やテーマをわかりやすく美しく伝えるための構想を練っている。 | 独創的で洗練された美しさを踏まえて美術展の企画を練っている。 |
| 創造的な技能 | 伝えたい内容を他者にわかりやすく伝えるために，形や色彩のもつ表現効果などの特性を生かし，形成や着彩の順序などを考えながら，見通しをもって表現している。 | 用具やコンピュータなどの特性を十分に理解し，自分の表現意図に合う新たな表現方法を工夫するなどして効果的に表現している。 |
| 鑑賞の能力 | 伝えることと美術作品などとの調和のとれた美しさ，つくり手の意図などを感じ取り，自分の価値意識をもって味わっている。 | 作品の背景や作家の生き方などに思いをめぐらせたりしながら幅広い視点で味わっている。 |

## 学習の流れ

**関**…美術への関心・意欲・態度　**発**…発想や構想の能力　**創**…創造的な技能　**鑑**…鑑賞の能力　【　】…評価方法

デザインや工芸など　表現　3年

| 活動内容 | 指導者の働きかけ | 評価 | 留意点及び評価方法など |
|---|---|---|---|
| **導入（鑑賞）50分**<br>● 自分のお気に入りの作品や作家をグループや学級で紹介し合う。<br>● 仲間と情報を共有したり，意見を交流したりすることで，多様な見方や感じ方で作品を見つめる。 | ● 事前に調べ学習の課題を出しておく。<br>● 解説などから知識を得ることも大切であることを伝えるが，それ以上に自分の感性で捉えた作品の第一印象を大切にするようにさせる。 | 関 | ● インターネットや図録，美術書などを使って，著名な作家の作品について調べさせる。<br>【学習の態度】 |
| **展開1（鑑賞）50分**<br>● マイ・ミュージアムに飾りたい作品を選ぶ。 | ● 第一印象を大切にして作品を選ばせるが，作品を選んだ根拠を明確にして，文章で記述させる。 | 鑑 | ● 全員の調べ学習のプリントをスキャンしてデータ化し，PC室を使って，学級の全体で情報を共有できるようにする。<br>【文章の記述内容】 |
| **展開2（発想・構想）50分**<br>● 選んだ作品群から共通項などを見つけ，マイ・ミュージアムのテーマを考える。 | ● テーマを考えるためのヒントとして，観点となるキーワードを提示する。<br>キーワード例：時代・色彩・形・素材・平面・立体・国・人物・風景・静物など | 発 | ● インターネットを活用して，美術館のHPを閲覧したり，美術館が配信している企画展のチラシを参考資料として提示したりして，ヒントを与える。<br>【制作の様子】 |
| **展開3（制作）100分**<br>● コンピュータを使って，マイ・ミュージアムのジオラマを試作する。 | ● WORDで制作を行うため，図の書式設定などの基本的な操作方法を指導する。<br>● 実際の1/10サイズに縮尺した大きさで配置させる。<br>● 完成した壁・床面データをラベルシートに印刷させてケントボードに貼り付け，仮組みをさせる。 | 創 | ● 教師用のPCをモニタリングさせながら説明する。<br>● 160cmを想定した人のシルエットを配置させることで，作品と人との大きさを比べ，作品のスケールを実感させる。<br>【制作途中の作品】 |
| **展開4（鑑賞）50分**<br>● 試作したジオラマを使ってアドバイス活動を行い，鑑賞者（他者）の視点に立って自分の作品を見つめる。 | ● 仲間の作品のよい点を認めつつ，根拠を明らかにさせながら鑑賞者の視点に立って，作品の改善点を批評し合うことができるように働きかける。 | 鑑 | ● アドバイス活動のプリントなどに，アドバイスの例文を載せたり，机間指導したりし，文章で表現することが苦手な生徒を支援する。<br>【話し合いの様子】 |
| **展開5（制作）100分**<br>● アドバイスを基にして，改善案を検討する。<br>● 改善案を基にして，試作を再構築し，作品を完成させる。 | ● 完成した壁・床面データをラベルシートに印刷させて木枠に貼り付けさせる。<br>● バナー（宣伝看板）や作品の解説を制作させる。 | 創 | ● 制作したバナー<br>【作品】 |
| **まとめ（鑑賞）50分**<br>● 鑑賞会を行う。<br>● 題材を振り返り，まとめをする。 | ● 自分の企画のねらいや主題が相手に伝わるように発表する。<br>● 相互鑑賞をすることで，人によって様々な見方や感じ方があることを知る。 | 鑑 | ● 文章の内容の多さではなく，作品や作家について理解しようとする姿勢を評価する。<br>【文章の記述内容】 |

# 卒業記念制作 ～自分だけの手づくりアクセサリーをつくろう～

第3学年　A 表現 (2)(3)　B 鑑賞

時間数 **7時間**

### 題材設定の理由

高等学校には，履修の関係により教科としての美術から離れてしまったりする生徒や，義務教育の過程で美術に対して苦手意識をもっていたりする生徒が多いと授業者は感じている（授業者は高等学校で4年間勤務した経験がある）。

そこで，美術は生活を豊かにするためのものであるという意識をもって義務教育の最後を締めくくらせたいという思いから，アクセサリーという生徒にとって身近であり，興味をもって取り組みやすい本題材を設定した。

### 準備物

（**教師**）参考資料，ワークシート，ピューター，コルクシート（※1），イラストボード（※2），板×8（※3），厚紙，カッター，カッターマット，はさみ，木工用ボンド，カセットコンロ，鍋×2，割り箸，目玉クリップ×8，棒やすり，耐水ペーパー♯600, 1000，ウェス，金属用研磨剤，ペンチ，鑑賞シート，装飾用のヒモとビーズ（※1, 2, 3は10cm×5cm程度にカット）など
（**生徒**）教科書，筆記用具など

### ［共通事項］の例

飾る，使うなどの目的を実現するため，形や色彩の感情効果を生かし，構想を練る。

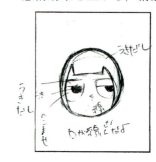 

アイデアスケッチの例

### 学習目標

○中学校生活最後の制作という思いを込めて，意欲的に取り組む。
○用途や形を考え，「自分が持ち続けたいと思うデザインは何か」を考えて制作する。
○自他の作品と，それぞれの思い入れのよさを感じ取り，味わう。

### 評価規準

| 評価の観点 | 各観点の評価規準例（B） | Aと評価するキーワードの例 |
|---|---|---|
| 美術への関心・意欲・態度 | 自分で使い続けるという意識をもち，そのためのデザインを考え，各工程を丁寧かつ主体的に行おうとしている。 | 継続的に意欲をもちながら 自主的に必要な資料を用意する など |
| 発想や構想の能力 | 自分自身を振り返り，自分が持ち続けることを想定してデザインの構想を練っている。 | 独創的な構成を工夫し |
| 創造的な技能 | デザインや材料に適した型の作成ができ，実用的で整った形に表現している。 | 材料や用具の特性を効果的に生かし |
| 鑑賞の能力 | 自他の作品のよさや美しさ，作品に込められた作者の思いを感じ取り，自分の価値意識をもって味わっている。 | 根拠を明確にして深く味わって |

## 学習の流れ

凡例: 関…美術への関心・意欲・態度　発…発想や構想の能力　創…創造的な技能　鑑…鑑賞の能力　【 】…評価方法

| 活動内容 | 指導者の働きかけ | 評価 | 留意点及び評価方法など |
|---|---|---|---|
| **導入（鑑賞）　50分**<br>● 中学校生活最後の制作であることと，卒業後の記念になる作品であることを知る。<br>● 金属の材質や色などに興味をもち，自分自身と向き合ってデザインを考える。 | ● 実際に作品の例を手に取らせ，多用な表現手段があることを知らせる。<br>● この先使い続けたいデザインを考えさせる。その際，自分のオリジナルであり，流行に左右されないデザインを考えるよう強調する。 | 関<br>鑑 | ● 参考作品を直接触らせ，アクセサリーに関心をもたせる。<br>● 制作工程を図にしたものを黒板に貼り，理解を促す（以降の活動でも同様）。<br>【鑑賞の様子】<br>【ワークシートの記述】 |
| **展開1（制作）　100分**<br>● 制作したい形に応じてどのような型の構造になるのかを理解して，型を作成する。 | ● デザインに応じた型の作成方法を理解させる。また，型に施したデザインは，実際に作品になった時に左右反転することを確認する。<br>注：鋳込みは安全面に十分留意して行う。 | 関<br>発 | 【活動の様子】<br>【完成した型と溶けた金属】 |
| **展開2（制作）　170分**<br>● 用具の使用法を理解し，丁寧な研磨を行う。<br>● 作品の雰囲気に合った，装飾を施す。 | ● 研磨の仕組みと用具の特性を確認させながら，安全に留意して研磨させる。<br>● 装飾は作品や用途を考えさせた上で，部品を選択させる。 | 発<br>創 | 【制作の様子】<br>【制作途中の作品】 |
| **まとめ（鑑賞）　30分**<br>● できあがった作品を展示し，制作の感想と，作品の解説を述べる。 | ● 展示された作品を鑑賞する際，それぞれの制作者の思いがあることを理解させ，大切に扱うよう助言する。 | 関<br>鑑 | ● そのデザインにどのような思いが込められているかを感じ取らせる。<br>【鑑賞の様子】<br>【鑑賞シートの記述】 |

デザインや工芸など　表現　3年

# 手鏡づくり

第3学年　A 表現 (2)(3)　B 鑑賞

時間数 **9** 時間

## 題材設定の理由

本校の生徒は，自分で制作した作品を大切にする傾向がある。「自分で使ってみたくなる手鏡」をデザイン，制作することによって，生活の中のデザインをより実感できると考える。教科書の題材名は「みんなのためのデザイン」なので，身の回りの生活品のデザインと関連した題材設定になっている。

自分が実際に使える手鏡を制作し，使用することで，身の回りの生活用品や公共施設のデザインにどのような工夫がされているかを探る力が育つと考えた。優れたデザインとは使う人や，多くの人の要望に応えられるものである。課題制作ではテーマを設定し，構想を練り，図案に描いてコンセプトを明確にする。さらに完成した作品を発表鑑賞することで，デザインの幅広さと楽しさを感じ取らせたい。

## 準備物

（教師）参考資料，参考作品，図案用紙，予備のポスターカラー，水性クリアニス，手鏡本体など
（生徒）教科書など

## 学習目標

○使いやすい形や機能を考え，材料やつくり方を工夫する。
○工夫したことをまとめ，発表する。
○身の回りの生活品や公共施設のデザインについて，使いやすさや安全性などの観点から評価し，より多くの人々が快適に使えるデザインの特徴について学ぶ。

## ［共通事項］の例

「用と美の調和」を考え，形や色彩，材料の感情効果を生かして構想を練る。

作品例

## 評価規準

| 評価の観点 | 各観点の評価規準例（B） | Aと評価するキーワードの例 |
|---|---|---|
| 美術への関心・意欲・態度 | 多くの人に使いやすくデザインされているものに関心をもち，主体的に創意工夫して表したり，表現の工夫などを感じ取ったりしようとしている。 | 継続的に意欲をもちながら |
| 発想や構想の能力 | 使いやすさについて話し合いながら，形や色彩などの効果を生かして使いやすさや美しさを考え，表現の構想を練っている。 | 独創的な構成を工夫し |
| 創造的な技能 | 使いやすい形や機能を考え，材料や用具の特性を生かし，つくり方を工夫して表現している。 | 材料や用具の特性を効果的に生かし |
| 鑑賞の能力 | つくり手の工夫した点や意図を感じ取り，自分の価値意識をもって味わっている。 | 根拠を明確にして深く味わって |

## 学習の流れ

関…美術への関心・意欲・態度　発…発想や構想の能力　創…創造的な技能　鑑…鑑賞の能力　【 】…評価方法

デザインや工芸など　表現　3年

| 活動内容 | 指導者の働きかけ | 評価 | 留意点及び評価方法など |
|---|---|---|---|
| **導入（鑑賞・図案）展開1（図案制作）100分**<br>● 教科書の読み合わせ。<br>● 過去の手鏡生徒作品。<br>● 図案の説明を受け，アイデアスケッチの構想を練る。<br>● 図案の制作。<br>● 色・彫りの指定を書き込み，色彩を鉛筆の明暗で表現する。 | ● 教科書を読み合わせをする中で，身の回りの生活用品のデザインを理解させる。<br>● 過去の生徒作品を鑑賞し，「自分で使ってみたくなる手鏡」をデザインする発想のきっかけを掴ませる。<br>● 図案を制作する途中に中間チェック（個別指導）を行い個人の発想を生かす指導をする。<br>● 図案の完成度の高さが，手鏡本体の完成度の高さに繋がることを理解させる。 | 関<br><br>発 | ● 過去の生徒作品に関心を示し，表現の工夫を発見させる。<br>【鑑賞の様子】<br>● 自分の好きなものをデザインを通して表現しようと創意工夫させる。<br>● 形や色の発想を広げ，図案に完成予想図として表現させる。<br>【アイデアスケッチ】 |
| **展開2（制作）150分**<br>● 紙やすりで表面を削る。<br>● 図案を見て，手鏡本体に下絵を描く。<br>● 図案を確認し，手鏡本体に彫りを施す。 | ● デザインによって，2〜3の紙やすりで角を丸くさせる。<br>● 下絵を濃く描かせる。<br>● 彫りの安全指導を行い，中間チェックで指導する。 | 発 | ● 全体指導で簡潔に説明を行い理解させる。<br>【制作の様子】<br> |
| **展開3（制作）150分**<br>● 図案の色指定を確認し，ポスターカラーで彩色する。<br>● 彩色は基本，二度塗り。<br>● 全面，側面，背面の3面の彩色をしっかり行う。<br>● 全体を見直す。<br>● ニスを二度塗りする。 | ● 材質が木で水分を吸収するので，彩色は水分を少なめに行う。<br>● ポスターカラーの色味と発色をよくするために，二度塗りすることを理解させる。 | 創 | ● 計画に沿って，彩色させる。<br>【完成作品】<br> |
| **まとめ（鑑賞）50分**<br>● 鑑賞会を行う。<br>● 鑑賞用紙に作品についての説明と感想を記入する。<br>● 黒板前で，一人1分程度で作品を提示して発表する。<br>● 鑑賞用紙に記入する。 | ● 作品のねらい，目的，形や色の理由を発表する。<br>● 相互鑑賞を行い形や色を通して自己表現のよさを理解する。<br>● 印象に残った作品の理由を記入し言語活動の充実を図る。 | 関<br>鑑 | ● 友だち作品の個性的なよさや美しさを感じ取る。<br><br>【鑑賞の様子】<br>【鑑賞用紙の記述】 |

# きみもデザイナー

第3学年　A 表現 (2)(3)　B 鑑賞

時間数 5時間

## 題材設定の理由

より安全，よりコンパクトを追求したはさみや書きやすさや握り心地を追求したシャープペンシルなど，次から次に工夫された新しいデザインの文房具が商品化されている。ユニバーサルデザインの商品や洗練されたデザインの生活雑貨を鑑賞しながら，造形的なよさや美しさと目的や機能との調和について考えさせる。また，日常生活の中での「困り」や「不便」を解決するための商品を企画，デザインさせ，使う人の立場になって考えたり，デザインしたりすることで，思いやりや優しさ，人とのつながりが大切であることに気づかせたい。自分のアイデアやデザインの特徴を相手にわかりやすく工夫して伝えるプレゼンテーションを体験させ，これらの様々な活動を通して，美術の果たす役割について広く考えさせたい。

## 準備物

（教師）書画カメラ，スクリーン，参考商品（UD表示商品），バネ付きロックはさみ，カスタネットはさみ，プニョプニョマグネット（生活雑貨），ピノキオ漏斗，ハリねずみクリップ置き，顔型蝿たたきなど
（生徒）筆記用具，色鉛筆，マーカーなど

## 学習目標

○使用する人の立場になって商品の構想を練る。
○自分のアイデアを相手にわかりやすく伝えるために効果的に表現する。
○互いの作品を発表，鑑賞し合い，アイデアのよさや造形的な工夫について話し合う。

## ［共通事項］の例

形や色彩，素材の感情効果を理解し，構想を練る。

作品例

## 評価規準

| 評価の観点 | 各観点の評価規準例（B） | Aと評価するキーワードの例 |
|---|---|---|
| 美術への関心・意欲・態度 | 商品の機能やデザインに関心をもち，主体的に創意工夫して表したり，表現の工夫などを感じ取ったりしようとしている。 | 継続的に意欲をもちながら自主的に必要な資料を用意するなど |
| 発想や構想の能力 | 使う人の気持ちや機能，造形的な美しさなどを総合的に考え，表現の構想を練っている。 | 目的に合った独創的な工夫をし |
| 創造的な技能 | 材料や用具の特性を生かし，表現方法を工夫するなどして，手順を考えながら見通しをもって表現している。 | 効果的，効率的な |
| 鑑賞の能力 | 造形的なよさや美しさと目的や機能の調和を感じ取り，生活を美しく豊かにする美術の働きについて理解している。 | 根拠を明確にして深く味わって広い視点から根拠を明確にして的確に理解し |

## 学習の流れ

関…美術への関心・意欲・態度　発…発想や構想の能力　創…創造的な技能　鑑…鑑賞の能力　【　】…評価方法

| 活動内容 | 指導者の働きかけ | 評価 | 留意点及び評価方法など |
|---|---|---|---|
| **導入（鑑賞）　50分**<br>● いろいろな商品を鑑賞し，その商品の特徴について考える。<br>● 私たちの生活を便利にしたり，楽しくしたり，豊かにする商品を企画・デザインする。 | ● ユニバーサルデザインの商品と，生活を豊かにする美しさや楽しさのある商品を提示し，商品の特徴やよさについて班で話し合い発表させる。<br>● 日常の生活の中で不便や困りを思い出させアイデアをメモさせる。 | 関<br>鑑 | ● 実物の商品を手に取り使用することで商品の特徴に気づかせる。<br>【鑑賞の様子】<br>● デザインの特徴を班の中で話し合いながら発見する。<br>【発言内容・ワークシートの記述内容】 |
| **展開（制作）　100分**<br>●「きみもデザイナー」企画書を制作する。 | ● 企画書作成のポイントを確認させる。<br>・魅力的なネーミング<br>・使用方法や特徴は視覚的に<br>・吹き出しや部分拡大<br>・多方向からのスケッチ<br>・着色やカラーバリエーション | 発<br>創 | ● 参考資料を提示し，配色やレイアウトのよい例や悪い例を紹介する。<br>【制作の様子・アイデアスケッチ】<br>【企画書の描画やレイアウト】 |
| **まとめ（鑑賞）　100分**<br>● プレゼンテーションについて学ぶ。<br>● 発表原稿を準備しプレゼンテーションの練習をする。<br>● 自分の企画書をスクリーンに映しながら発表する。<br>● 互いの商品についての感想や質問，改善点を伝え合う。 | ● プレゼンテーションに必要な三要素を確認させ，自分の伝えたいことを効果的に伝えることの大切さに気づかせる。<br>● 友だちの発表を聞いて，商品について質問があればさせる。<br>● よいと思ったところや感想，改善点を付箋に書き交換させる。<br>● プレゼンテーション評価の視点<br>①発想・アイデア<br>②絵や図のわかりやすさ<br>③説明のわかりやすさ | 関<br>鑑 | 【鑑賞の様子】<br>● 書画カメラで企画書を写しながら説明させる。<br>【発表内容】<br>● 自分の価値意識をもって積極的に鑑賞する。 |

デザインや工芸など　表現　3年

# おもてなしを彩ろう!! ～紙でつくるナプキンリング～

**第3学年**　A 表現 (2)(3)　B 鑑賞

**時間数 5時間**

### 題材設定の理由

一枚の紙を加工することによって起こる形の変化に興味をもち，紙のもつ可能性，デザインの可能性を考える。

毎日の食事のテーブルセッティングにナプキンリングをプラスすることで生まれる彩りが，そこにいる人にどのような楽しさ，感動を与えられるのかを考える。そのナプキンリングを使う場面，使う人のことを思い，おもてなしをデザインする。

### 準備物

（教師）参考資料，ケント紙，色上質紙，和紙など数種の紙，マスキングテープ，両面テープ，デザインナイフ，カッターマットなど
（生徒）教科書，筆記用具，コンパス，カッティング定規，はさみ，糊など

### 学習目標

○実際に用いられる場面を想定し，どのような演出効果が得られるのかを考える。
○素材の特質を考え，そのよさや美しさについて興味関心を高め，丁寧な作品づくりをする。
○完成した作品を鑑賞し，表現意図や造形的な工夫など話し合い，批評し合うなどして，美しさやよさを感じ取り味わう。

### [共通事項] の例

形や色彩，使用する材料の性質や感情効果を生かして構想を練る。

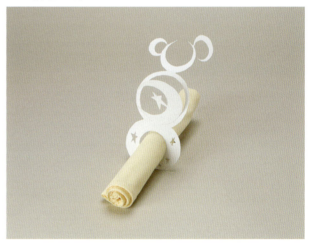

作品例

### 評価規準

| 評価の観点 | 各観点の評価規準例（B） | Aと評価するキーワードの例 |
|---|---|---|
| 美術への関心・意欲・態度 | 紙での装飾表現に関心をもち，主体的に創意工夫して表したり，表現の工夫などを感じ取ったりしようとしている。 | 継続的に意欲をもちながら |
| 発想や構想の能力 | 使用する者の気持ちや機能，造形的な美しさなどを総合的に考え，表現の構想を練っている。 | 独創的な構成を工夫し |
| 創造的な技能 | 紙や用具の特性を生かし，表現意図に合う新たな表現方法を工夫するなどして，制作の順序などを総合的に考え，見通しをもって表現している。 | 効果的，効率的な |
| 鑑賞の能力 | 造形的なよさや美しさ，目的や機能との調和のとれた洗練された美しさなどを感じ取り見方を深め，作品などに対する自分の価値意識をもって味わっている。 | 根拠を明確にして深く味わって 広い視点から根拠を明確にして的確に理解し |

## 学習の流れ

関…美術への関心・意欲・態度　発…発想や構想の能力　創…創造的な技能　鑑…鑑賞の能力　【 】…評価方法

デザインや工芸など　表現　3年

| 活動内容 | 指導者の働きかけ | 評価 | 留意点及び評価方法など |
|---|---|---|---|
| **導入（鑑賞） 50分**<br>● ナプキンリングの役割を知る。様々な場面で使用されているナプキンリングを知ることで、デザインの要素、工夫の違いを考える。<br>● どのような場面で、誰のためにどのような演出ができるのかを考える。 | ● いろいろな資料を提示し、それぞれ、どのような目的の作品なのか、紙の特性をどのように生かしているかなど、工夫点や表現方法のよさについて発表させる。 | 関<br>鑑 | ● 発想や表現方法のよさを発言の中で発見させる。<br>【鑑賞の様子】<br>【発言内容・ワークシートの記述】 |
| **展開1（制作） 50分**<br>● 数種類の紙の特性を理解する。<br>● 使用する場所と目的を設定し、形や色彩の効果的なデザインのアイデアスケッチをする。 | ● 紙の特性を体験させる。<br>　・切る　・丸める　・折る<br>　・ねじる　・編む　・破る<br>　・組む　・切込みを入れるなど。<br>● 図鑑や写真資料などを基にイメージを膨らませ、形や大きさ、色彩などの具体的な条件を考えさせワークシートに記入させる。 | 関<br>発 | ● 立体的な折り目の入れ方や、紙を曲面にする、美しい折り目の入れ方などを伝える。<br>【活動の様子】<br>【アイデアスケッチと文章】 |
| **展開2（制作） 100分**<br>● アイデアスケッチを基に目的に合った紙を選ぶ。<br>● 紙の特性を生かし、表したいイメージを表現する。 | ● 紙の加工方法を応用して、自分独自の表現に高めていけるようにする。 | 関<br>創 | ● 演出効果を期待したい場所や場面、使用する目的や相手のことを考えて、内容に応じた材料や用具の生かし方を考え表現させる。<br>【制作の様子】<br>【制作途中の作品】 |
| **まとめ（鑑賞） 50分**<br>● 作品の鑑賞会で発表を行う。 | ● 作品を鑑賞し、目的や機能と形や色彩などの美しさ、作品全体のイメージ、使う人に対する作者の心遣いなど、作品に込められた作者の思いを感じ取らせる。 | 関<br>鑑 | ● 形や色彩などの特徴や印象から、表現の工夫、面白さを感じ取らせる。<br>【鑑賞の様子】<br>【発言内容】 |
| **〈 授業外 〉**<br>●【完成作品等からの評価】<br>●【ワークシートからの評価】 | | 発<br>創<br>鑑 | ● 発・創については完成作品から再度評価し、授業内での評価を確認し、必要に応じて修正する。 |

資料提供・協力
大分県立美術館，DNP アートコミュニケーションズ，東京国立近代美術館，東京美術倶楽部，富山県立近代美術館，美術著作権協会，PPS 通信社

美術のレシピ
-全国の中学校美術実践事例集-

2017年（平成29年）3月15日　初版発行
編集者　日本文教出版編集部
発行者　佐々木秀樹
発行所　日本文教出版株式会社
　　　　http://www.nichibun-g.co.jp/
　　　　〒558-0041 大阪市住吉区南住吉4-7-5　TEL:06-6692-1261
デザイン　株式会社 木元省美堂
印刷・製本　株式会社 木元省美堂

©2017 Nihon Bunkyo Shuppan　Printed in Japan
ISBN978-4-536-60084-2

定価はカバーに表示してあります。　本書の無断転載・複製を禁じます。
乱丁・落丁本は購入書店を明記の上，小社大阪本社業務部（TEL:06-6695-1771）あてにお送りください。送料小社負担にてお取り替えいたします。